21世纪新概念教材·高等职业教育现代物流管理专业教材新系

U0648302

XIANDAI WULIU
ZONGHE JINENG SHIXUN

现代物流
综合技能实训

教学做一体化教程 （第三版）
JIAO XUE ZUO YITIHUA JIAOCHENG

岗课赛证融通教材

高 飞 崔大巍 主 编

杜旭阳 张润卓 副主编

东北财经大学出版社 大连
Dongbei University of Finance & Economics Press

图书在版编目（CIP）数据

现代物流综合技能实训：教学做一体化教程/高飞，崔大巍主编. —3版. —大连：东北财经大学出版社，2023.8
（21世纪新概念教材·高等职业教育现代物流管理专业教材新系）
ISBN 978-7-5654-4896-6

Ⅰ.现… Ⅱ.①高… ②崔… Ⅲ.物流管理-高等职业教育-教材 Ⅳ.F252.1

中国国家版本馆CIP数据核字（2023）第134309号

东北财经大学出版社出版
（大连市黑石礁尖山街217号 邮政编码 116025）
网 址：http://www.dufep.cn
读者信箱：dufep@dufe.edu.cn

大连东泰彩印技术开发有限公司印刷 东北财经大学出版社发行
幅面尺寸：185mm×260mm 字数：401千字 印张：17.5
2023年8月第3版 2023年8月第1次印刷
责任编辑：郭海雷 张爱华 责任校对：包利华
封面设计：原 皓 版式设计：原 皓

定价：45.00元

教学支持 售后服务 联系电话：(0411) 84710309
版权所有 侵权必究 举报电话：(0411) 84710523
如有印装质量问题，请联系营销部：(0411) 84710711

第三版前言

本教材自2017年3月出版以来，得到了广大师生的认可。尤其是基于工作过程，将工作任务转化成学习任务的编写形式，方便了学生在完成学习任务的过程中更好地掌握相关的理论知识，实现理实交融，提升了学生分析问题和解决问题的能力，激发了学生学习的积极性和主动性。第三版教材做了较大拓展、完善和补充，进一步展现了智慧物流技术，将物流服务师、物流职业技能等级认证、物流职业技能大赛进行了有机融合；在内容编排上以典型行业的产供销供应链为基础，按照目标企业的中基层管理者工作流程确定工作任务，并根据岗位职责及其对知识、技能、素养的要求，将工作任务转化成学生能动手操作的学习任务，并整合知识点。本教材分为布局规划、采购管理与库存控制、运输管理、仓储管理、配送管理、成本管理6个项目、27个技能训练任务，并且技能训练中还有强化训练任务。另外，本教材通过二维码"扫一扫"的方式提供讲解和操作演示，是党的二十大报告中提到的"推进教育数字化"在职业教育物流类专业教学中的积极探索，便于学生和社会学习者进行自主学习、随时学习。

本教材具有如下特点：

（1）对接标准，定位明确。

本教材对接《物流管理职业技能等级及要求》行业标准，有机衔接教育部最新物流专业教学标准，融入行业标杆企业岗位需求，主要以家电、汽车、食品和饮料行业的产供销供应链流程为主线，重点研究其符合职业教育物流与供应链管理相关专业人才培养目标定位的中基层管理岗位的工作任务和岗位职责，及其对知识、能力和素养的要求，并将其转化成学生能动手操作的学习任务。

（2）产教融合，理实一体。

本教材动态融入企业的新技术、新工艺、新流程、新产品、新方法，充分反映现代物流发展最新进展。注重以真实生产项目、典型工作任务、案例等为载体组织教学单元，校企合作开发高质量理实一体产教融合的教学项目，其目的是通过将典型工作任务转化为学生能动手操作的学习任务的形式，在理论和实践之间架起有效桥梁，使学生在完成学习任务过程中，实现理论知识与实践技能同步提升，这是有效地解决目前职业教育物流与供应链管理相关专业教学过程中部分存在理实脱节问题的较好途径。

（3）兼顾操作性和系统性。

本教材将工作任务转化成学生能动手操作的学习任务，并以步骤化的形式引导学习者完成该学习任务。每个实训任务由实训目标、实训要求、实训过程、技能强化、效果评价构成，每个实训过程包含任务发布、背景知识、任务实施、课堂讨论4个环节，操作性极强。同时，采用3种方法兼顾系统性：第一，主线明确并贯串始终，主要以家电、汽车、食品和饮料行业的产供销供应链流程为主线并贯串于所有教学单元中;第二,类比提炼,在确定一项工作任务时,至少比较3家企业,并提炼出共性;第三,及时拓展,在完成学习任务后,再给出拓展任务并由学生独立完成,以便能举一反三,探索规律。

(4)符合学情,思政育人。

本教材以工作任务为导向,在内容选取及编排设计上,符合技术技能人才成长规律和学生认知特点,紧扣服务学生成长成才和就业创业编写,内容科学先进、针对性强,以理实一体、产教融合、解决实际问题并探索一定规律为目标。这种思想适合职业院校学生感性思维活跃和动手能力强的特点。有针对性的学习任务和丰富的网络学习平台教学资源,可以满足学生不同方式的学习要求,有利于提升学生学习的积极性和主动性,同时突出学生职业道德和职业精神培养,全面提升学生的综合素养。

(5)满足物流管理1+X证书制度试点和考核需要。

本教材是院校教师、教材、教法改革的阶段性成果,有助于推进专业设置与产业需求对接、课程内容与1+X职业能力标准对接、教学过程与生产过程对接,满足相应考核需要。

本教材可作为应用型本科和高等职业院校物流管理专业、电子商务专业、市场营销专业的教学用书或培训教材,对工商企业采购人员及物流从业人员也有重要指导作用和参考价值。为方便教学,本教材配有课程标准、实施方案、业务表单等辅助教学资源,请任课教师登录东北财经大学出版社的网站(www.dufep.cn)免费下载使用。

本教材由盘锦职业技术学院高飞和崔大巍担任主编,盘锦职业技术学院杜旭阳、辽宁经济职业技术学院张润卓担任副主编,京东教育集团王姝、盘锦职业技术学院张艳丽、盘锦职业技术学院史纪、盘锦职业技术学院韩祥祚、盘锦职业技术学院孙玉苹、黑龙江商业职业学院王英伟参与编写。本教材的具体编写分工为:高飞负责编写项目1、项目3,崔大巍负责编写项目2,杜旭阳负责编写项目5,张润卓负责编写项目6,孙玉苹负责编写技能训练4.1,张艳丽负责编写技能训练4.2,史纪负责编写技能训练4.3和4.4,韩祥祚负责编写技能训练4.5和4.6,王姝负责编写技能训练4.7,王英伟负责编写技能训练4.8。东北财经大学出版社的郭海雷编辑对本教材的出版给予了大力的支持和协助,在此表示衷心的感谢。

编　者

2023年6月

目 录

项目 1　布局规划

【项目概要】

仓库布局是在一定区域或库区内，对仓库的数量、规模、地理位置和仓库设施、道路等各要素进行的科学规划和总体设计。应在充分利用现有仓库内部空间的情况下，根据存储物资特点、公司财务状况、市场竞争环境和顾客需求情况等来适时改变仓库布局。仓库建设规划的合理性将对仓库的设计、施工、运用、作业的质量和安全，以及所处地区或企业的物流合理化产生直接和深远的影响，因此学习仓库布局科学规划方法对发挥仓库在物流中的作用有着重要意义。

本项目以合理进行仓库布局为目标，依据《通用仓库等级》（GB/T 21072—2021）、《通用仓库及库区规划设计参数》（GB/T 28581—2021）、《物流设施设备的选用参数要求》（GB/T 39660—2020）、《建筑设计防火规范》（GB 50016—2018）等，进行仓库选址规划、仓库容量规划、EIQ分析、仓库布局规划，使学生掌握仓库布局规划的方法。

【项目导学】

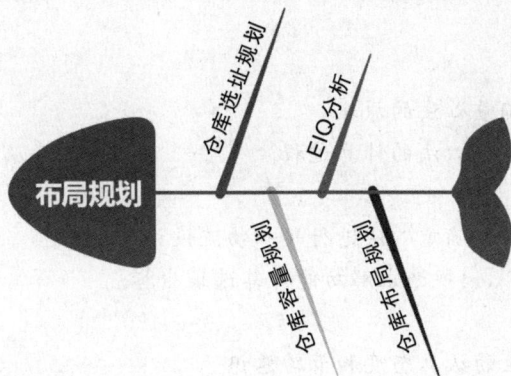

技能训练 1.1
仓库选址规划

- ■ 实训目标
- ■ 实训要求
- ■ 实训过程
- ■ 技能强化
- ■ 效果评价

■ **实训目标**

知识目标：

(1) 熟悉精确重心法的原理。

(2) 掌握精确重心法的计算过程。

能力目标：

(1) 能够采用精确重心法进行单一物流设施选址。

(2) 能够用 Excel 规划求解功能计算选址坐标。

素养目标：

(1) 培养学生的认真态度和节约意识。

(2) 培养学生的逻辑思维和信息素养。

■ **实训要求**

(1) 事先分组，每 4~6 名同学分为 1 组，每组选出 1 名组长，相互协作，共同完成任务，需要提交小组作业和个人练习作业。

(2) 用 Excel 完成任务，需要在机房上课，安装 office2010 以上版本。

(3) 采用规划求解功能求解选址坐标。

实训过程 //////......

任务发布

百嘉物流公司拟在某地建设一仓库，用作当地货物中转。该仓库主要存储2个供应商的木材，并供应给3家客户，供应商和客户的坐标位置、货运量和运输费率见表1-1-1。

表1-1-1　　　　　　供应商和客户的坐标位置、货运量和运输费率

地点	货运量（吨）	运输费率（元/吨公里）	横坐标（公里）	纵坐标（公里）
供应商1	2 000	0.05	3	8
供应商2	3 000	0.05	8	2
客户1	2 500	0.08	2	5
客户2	1 000	0.08	6	4
客户3	1 500	0.08	8	8

要求：

（1）请采用重心法求解该仓库的建设地点，使运输总成本最低。

（2）请采用Excel进行重心法求解。

背景知识

仓库选址是指在一个具有若干供给点及若干需求点的经济区域内选一个地址规划设置仓库的过程。仓库的选址是仓库规划中至关重要的一步，仓库的位置直接影响货物流转速度和流通费用，也关系到企业对客户的服务水平和服务质量，最终影响企业的利润。本任务是一类单设施选址问题，精确重心法是求解这类问题最有效的算法之一。

1.精确重心法假设

精确重心法是一种布置单个设施的方法。这种方法考虑现有设施之间的距离和运输的货物量，经常被用于中间仓库或分销仓库的选择。这种方法假设：

（1）需求量集中在某一点上。

（2）不同地点的仓库建设费用、运营费用相同。

（3）运输费用随运输距离成正比增加。

（4）运输线路为空间直线距离。

2.精确重心法原理

精确重心法的思想是在确定的坐标中，各个原材料供应点坐标位置与其相应供应量、运输费率之积的总和等于场所坐标位置与各供应点供应量、运输费率之积的总和。精确重心法中的坐标系可以根据情况对应建立，在国际选址中，经常采用经度和纬度建立坐标。

假设有一系列点代表生产地和需求地，各自有一定量货物需要以一定的运输费率运向待定仓库，或从仓库运出，现在要确定仓库应该位于何处才能使总运输成本最小？我们以该点的运输量乘以到该点的运输费率再乘以到该点的距离，求出上述乘积之和最小的点，即：

$$minTC = \sum_{i=1}^{n} V_i R_i d_i$$

式中：TC——总运输成本；

V$_i$——i点的运输量；

R$_i$——到i点的运输费率；

d$_i$——从位置待定的仓库到i点的距离。

$$d_i = k \sqrt{(X_i - X)^2 + (Y_i - Y)^2}$$

式中：k代表一个度量因子，将坐标轴上的一单位指标转换为通用的距离单位，如公里等。

上述公式在求解的过程中需要先对目标函数求偏微分，再使用迭代的方法，计算过程繁琐，在这里我们使用Excel进行求解。

🚚 任务实施

★步骤1：总费用的Excel表达。

首先，用函数表示d$_i$，如图1-1-1所示。

H3 | =SQRT((D3-F$3)^2+(E3-G$3)^2)

地点	运输量	运输费率(元/吨公里)	位置		选址位置		运输距离
			横坐标	纵坐标	横坐标	纵坐标	
供应商1	2000	0.05	3	8			8.544004
供应商2	3000	0.05	8	2			8.246211
客户1	2500	0.08	2	5			5.385165
客户2	1000	0.08	6	4			7.211103
客户3	1500	0.08	8	8			11.31371

图1-1-1 计算运输距离

接下来，用函数表示运输费用和费用合计，如图1-1-2所示。

地点	运输量	运输费率(元/吨公里)	位置		选址位置		运输距离	运输费用
			横坐标	纵坐标	横坐标	纵坐标		
供应商1	2000	0.05	3	8			8.544004	854.400375
供应商2	3000	0.05	8	2	=B3*C3*H3		8.246211	1236.93169
客户1	2500	0.08	2	5			5.385165	1077.03296
客户2	1000	0.08	6	4	=SUM(I3:I7)		7.211103	576.888204
客户3	1500	0.08	8	8			11.31371	1357.64502
总运输费用								5102.89825

图1-1-2 计算运输费用

★步骤2：调用Excel规划求解功能。

Excel文件→选项→加载项→转到→勾选"规划求解加载项"→确定，如图1-1-3所示。

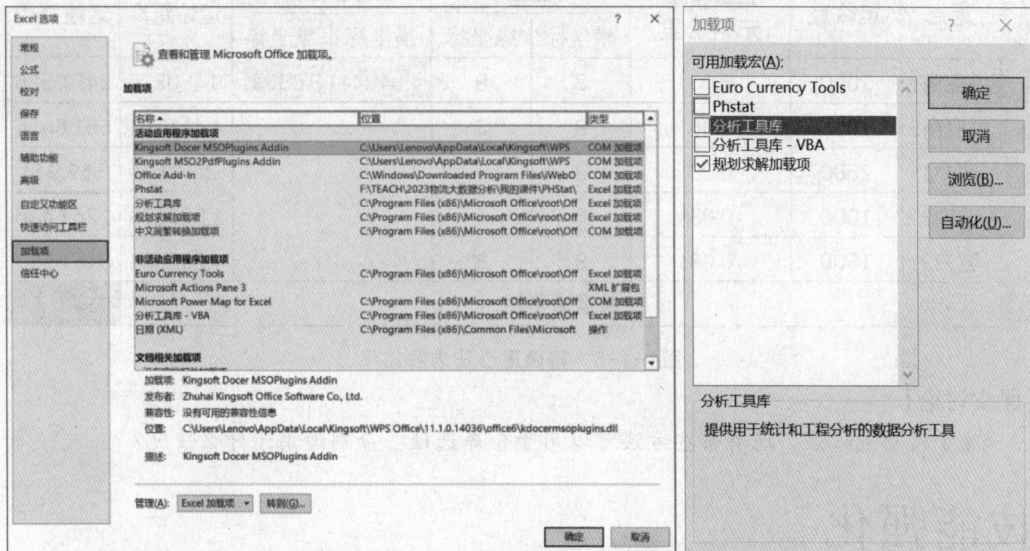

图1-1-3 规划求解功能调用

★步骤3：Excel规划求解设置。

进行规划求解设置，如图1-1-4所示。

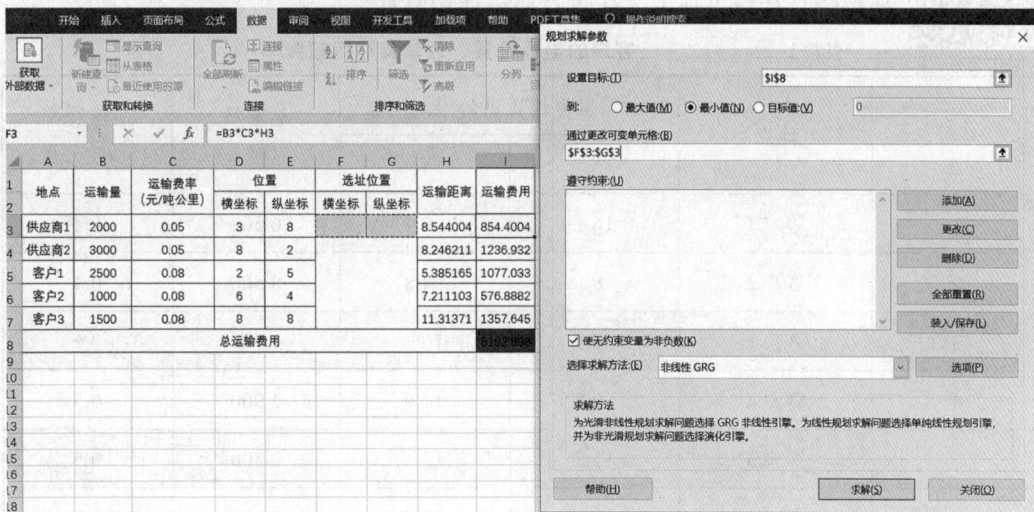

地点	运输量	运输费率（元/吨公里）	位置		选址位置		运输距离	运输费用
			横坐标	纵坐标	横坐标	纵坐标		
供应商1	2000	0.05	3	8			8.544004	854.4004
供应商2	3000	0.05	8	2			8.246211	1236.932
客户1	2500	0.08	2	5			5.385165	1077.033
客户2	1000	0.08	6	4			7.211103	576.8882
客户3	1500	0.08					11.31371	1357.645
			总运输费用					6102.898

图1-1-4 Excel规划求解设置

（1）找到规划求解，数据→规划求解。

（2）设置目标单元格：I8。

（3）勾选"最小值（N）"。

（4）设置可变单元格：F3和G3。

（5）设置约束条件：本任务中无约束条件。

（6）求解结果，如图1-1-5所示。

	A	B	C	D	E	F	G	H	I
1	地点	运输量	运输费率（元/吨公里）	位置		选址位置		运输距离	运输费用
2				横坐标	纵坐标	横坐标	纵坐标		
3	供应商1	2000	0.05	3	8	4.84841	5.08631	3.450536	345.0536
4	供应商2	3000	0.05	8	2			4.411104	661.6656
5	客户1	2500	0.08	2	5			2.84972	569.944
6	客户2	1000	0.08	6	4			1.583108	126.6486
7	客户3	1500	0.08	8	8			4.292094	515.0513
8	总运输费用								2218.363

图1-1-5   精确重心法求解结果

【课堂讨论】

除了精确重心法，还有哪些方法可以用于仓库选址？分别适用于什么情况？

技能强化

操作视频1.1

某物流企业要在某地建设一仓库，为10家客户提供仓储运输服务。已知各客户的坐标位置、运输量和运输费率（见表1-1-2），请采用精确重心法确定最佳建设地点，使得总运输费用最低。

表1-1-2   客户的坐标位置、运输量和运输费率

序号	地点	坐标位置（公里）		运输量（吨）	运输费率（元/吨公里）
		X_i	Y_i		
1	客户1	16.1	9.2	6 500	0.4
2	客户2	8	4.8	8 500	0.4
3	客户3	7.9	10	1 500	0.5
4	客户4	9.8	11.9	2 000	0.5
5	客户5	11.7	12	2 500	0.5
6	客户6	10.9	10.5	2 100	0.5
7	客户7	12.8	10.6	2 200	0.5
8	客户8	13.6	6.8	2 000	0.5
9	客户9	10	7	1 200	0.5
10	客户10	12	4.8	1 500	0.5

效果评价 ///////.○○○○○○○○○

"仓库选址规划"技能训练评价见表1-1-3。

表1-1-3　　　　　　　　"仓库选址规划"技能训练评价

考核项目	考核内容	得分	备注
训练任务 （集体50%）	学习态度端正（10分）		
	按时上交完成（10分）		
	团队分工协作（10分）		
	积极主动训练（10分）		
	数据设置正确（30分）		
	规划求解正确（30分）		
	合计		
练习任务 （个人50%）	学习态度端正（10分）		
	按时上交完成（10分）		
	独立自主完成（10分）		
	积极主动训练（10分）		
	数据设置正确（30分）		
	规划求解正确（30分）		
	合计		
总分			
小组名称	小组成员		
自我评价			
教师点评			

技能训练 1.2
仓库容量规划

■ 实训目标
■ 实训要求
■ 实训过程
■ 技能强化
■ 效果评价

■ **实训目标**

知识目标：

（1）熟悉库存分类管理。

（2）掌握吞吐量计算方法。

（3）掌握出库量预测方法。

能力目标：

（1）能够计算总吞吐量、分类吞吐量。

（2）能够预测库存需求并进行分析。

素养目标：

（1）培养学生的思考习惯和全局意识。

（2）培养学生的科学思维和规划意识。

■ **实训要求**

（1）事先分组，每4~6名同学分为1组，每组选出1名组长，相互协作，共
同完成任务，需要提交小组作业和个人练习作业。

（2）用Excel完成任务，需要在机房上课，电脑安装office2010以上版本。

实训过程 ///////////○○○○○○○○○○

🎧 任务发布

万盛商贸根据公司业务发展考虑在某地新建仓库，公司目前在该地的商品吞吐量情况见表1-2-1。公司根据目前订单状况对未来5年的销售金额、平均销售价格进行预测，得出未来销售金额为30亿元/年，平均销售价格是800元/箱。预计5年后食品日均出库量占总日均出库量的65%，其中，A类商品价值较高且流通速度快，日均出库量占总日均出库量的10%；B类商品日均出库量占总日均出库量的60%；C类商品日均出库量占总日均出库量的30%。5年后通过业务流程的完善，预计食品类商品平均在库天数在目前的基础上减少2天，日用品减少1天。仓库每月业务工作日为25天。

表1-2-1　　　　　　　　　　　　　　商品吞吐量情况

商品ABC分类	品种数（个）	日均出库量（箱）	库存量（箱）	平均在库天数（天）
食品A	115	530	4 240	8
食品B	270	3 220	32 200	10
食品C	865	1 550	23 250	15
合计	1 250	5 300	59 690	-
日用品A	88	351	2 106	6
日用品B	102	2 013	16 104	8
日用品B	200	980	11 760	12
合计	390	3 344	29 970	-
总计	1 640	8 644	89 660	-

要求：

（1）预测5年后的总吞吐量。

（2）预测5年后的分类吞吐量。

（3）根据新的平均在库天数条件，进行库存需求分析。

♻ 背景知识

吞吐量是指一段时期内进、出仓库的货物数量。吞吐量是衡量吞吐规划的量化指标。吞吐量是实体货物流动的情况，当货物仅存在信息传递但没有真正入库或出库时，不计入吞吐量。在零售物流中，一段时间内入库量、出库量、销售量会趋近于平衡，我们可以用销售数量推测出库数量，得到下列公式：

$$出库数量 \approx 销售数量 = \frac{销售金额}{平均销售价格}$$

在推算仓库吞吐量时，采用日均出库量更有意义，得出公式：

$$日均出库量 = \frac{出库数量}{出库日}$$

式中：出库日是这段时间内实际配送活动天数。

在实际业务中，因为仓库商品一般采用 ABC 分类管理，所以在预测吞吐量时，需要结合分类结果，来估算不同品类商品的吞吐需求。

根据商品日均出库量与平均在库天数可求出商品库存量：

商品库存量＝商品日均出库量×商品平均在库天数

任务实施

★步骤 1：预测 5 年后的总吞吐量。

$$出库数量 \approx 销售数量 = \frac{3\,000\,000\,000}{800} = 3\,750\,000（箱）$$

$$日均出库量 = \frac{3\,750\,000}{25 \times 12} = 12\,500（箱）$$

★步骤 2：预测 5 年后的分类吞吐量。

首先将上步预测的日均出库量 12 500 箱写入预测数据中日均出库量总计栏，之后按照 65% 计入食品类商品日均出库量合计栏（8 125），按照 35% 计入日用品类商品日均出库量合计栏（4 375），最后按照 A 类 10%、B 类 60%、C 类 30% 的比例分别计算食品和日用品各类商品的日均出库量预测值，最终得到表 1-2-2。

表 1-2-2　　　　　　　　　　　　　分类吞吐量预测

分类商品名称	当前数据		预测数据	
	日均出库量（箱）	百分比	日均出库量（箱）	百分比
食品 A	530	10%	812.5	10%
食品 B	3 220	60.8%	4 875	60%
食品 C	1 550	29.2%	2 437.5	30%
合计	5 300	100%	8 125	100%
日用品 A	351	10.5%	437.5	10%
日用品 B	2 013	60.2%	2 625	60%
日用品 B	980	29.3%	1 312.5	30%
合计	3 344	100%	4 375	100%
总计	8 644	—	12 500	—

★步骤3：设定新库存周转目标。

根据企业经营管理目标，5年后通过业务流程的完善，预计食品类商品平均在库天数在目前的基础上减少2天，日用品减少1天，列出预测平均在库天数，见表1-2-3。

表1-2-3　　　　　　　　　　　　平均在库天数

分类商品名称	当前平均在库天数（天）	预测平均在库天数（天）
食品A	8	6
食品B	10	8
食品C	15	13
日用品A	6	5
日用品B	8	7
日用品B	12	11

★步骤4：进行库存需求分析。

根据商品日均出库量与平均在库天数可预测商品库存量，得出表1-2-4最后一列。由结果可知，企业若想规划建设新仓库能够满足5年后的业务需求，其仓容量应不小于110 562.5箱。

表1-2-4　　　　　　　　　　　　库存周转目标

分类商品名称	日均出库量（箱）		平均在库天数（天）		库存量（箱）	
	当前数据	预测数据	当前数据	预测数据	当前数据	预测数据
食品A	530	812.5	8	6	4 240	4 875
食品B	3 220	4 875	10	8	32 200	39 000
食品C	1 550	2 437.5	15	13	23 250	31 687.5
合计	5 300	8 125	—	—	59 690	75 562.5
日用品A	351	437.5	6	5	2 106	2 187.5
日用品B	2 013	2 625	8	7	16 104	18 375
日用品B	980	1 312.5	12	11	11 760	14 437.5
合计	3 344	4 375	—	—	29 970	35 000
总计	8 644	12500			89 660	110 562.5

【课堂讨论】

周转天数和周转率有何关系？对仓容量规划有何影响？

技能强化 ///////////。。。。。。。。。。

操作视频1.2

　　强盛商贸根据公司业务发展考虑在某地新建配送中心，公司目前在该地的商品吞吐量情况见表1-2-5。公司根据目前订单状况对未来3年的销售金额、平均销售价格进行预测，得出未来销售金额为20亿元/年，平均销售价格是400元/箱。预计3年后日用品日均出库量占总日均出库量的60%，其中，A类商品价值较高且流通速度快，日均出库量占总日均出库量的10%；B类商品日均出库量占总日均出库量的60%；C类商品日均出库量占总日均出库量的30%。3年后通过业务流程的完善，预计食品类商品平均在库天数在目前的基础上减少1天，日用品减少2天。仓库每月业务工作日为28天。

表1-2-5　　　　　　　　　　　　　商品吞吐量情况

商品ABC分类	日均出库量（箱）	库存量（箱）	平均在库天数（天）
食品A	530	3 180	6
食品B	3 220	22 540	7
食品C	1 550	12 400	8
合计	5 300	38 120	—
日用品A	300	2 100	7
日用品B	1 800	14 400	8
日用品B	900	8 100	9
合计	3 000	24 600	—
总计	8 300	62 720	—

要求：

（1）预测3年后的总吞吐量。

（2）预测3年后的分类吞吐量。

（3）根据新的平均在库天数条件，进行库存需求分析。

效果评价 ///////////。。。。。。。。。。

　　"仓库容量规划"技能训练评价见表1-2-6。

表1-2-6　　　　　　　　　"仓库容量规划"技能训练评价

考核项目	考核内容	得分	备注
训练任务 （集体50%）	学习态度端正（10分）		
	按时上交完成（10分）		

续表

考核项目	考核内容	得分	备注
训练任务 （集体50%）	团队分工协作（10分）		
	积极主动训练（10分）		
	总吞吐量正确（10分）		
	分类吞吐量正确（25分）		
	需求预测正确（25分）		
	合计		
练习任务 （个人50%）	学习态度端正（10分）		
	按时上交完成（10分）		
	独立自主完成（10分）		
	积极主动训练（10分）		
	总吞吐量正确（10分）		
	分类吞吐量正确（25分）		
	需求预测正确（25分）		
	合计		
总分			
小组名称		小组成员	
自我评价			
教师点评			

技能训练 1.3
EIQ 分析

■ 实训目标
■ 实训要求
■ 实训过程
■ 技能强化
■ 效果评价

■ **实训目标**

知识目标：

（1）了解 EIQ 分析的统计方法。

（2）理解 EIQ 分析的含义。

（3）掌握 EIQ 分析的步骤。

能力目标：

（1）能够整理分析数据。

（2）能够绘制分析图表。

（3）能够提出规划建议。

素养目标：

（1）培养学生数据意识和科学思维。

（2）培养学生优化意识和创新思维。

■ **实训要求**

（1）事先分组，每4~6名同学分为1组，每组选出1名组长，相互协作，共同完成任务，需要提交小组作业和个人练习作业。

（2）用Excel完成任务，需要在机房上课，电脑安装office2010以上版本。

实训过程 ////////.·oooooooo

任务发布

　　强盛商贸拟在某地新建仓库，在进行仓储规划设计时，公司进行了详细的需求分析，表1-3-1为该公司在该地某段时间的订单单品分行信息汇总表。请根据上述信息，采用EIQ分析的方式，对物流中心的订单情况进行分析，为该仓库的拣选方式、拣选点数、功能区设计等的规划设计提供理论依据。

表1-3-1　　　　　　　　　　　　　客户订单信息表

订单编号	品项编号	商品名称	数量（箱）
E1	I1	儿童网面运动鞋白色CHN22	11
E1	I5	儿童网面运动鞋白色CHN26	3
E2	I8	儿童网面运动鞋白色CHN29	13
E3	I8	儿童网面运动鞋白色CHN29	29
E5	I6	儿童网面运动鞋白色CHN27	4
E1	I6	儿童网面运动鞋白色CHN27	5
E5	I10	儿童网面运动鞋白色CHN31	6
E9	I3	儿童网面运动鞋白色CHN24	1
E3	I2	儿童网面运动鞋白色CHN23	16
…	…	…	…

　　要求：

　　（1）统计商品品项，确定拣选点数。

　　（2）整理数据，制作EQ、IQ、EN、IK分析图。

　　（3）依据数据结果对仓库规划提出建议。

背景知识

　　EIQ分析就是利用"E""I""Q"这3个物流关键要素，来研究配送中心的需求特性，为配送中心提供规划依据。其中，E是指"entry"，I是指"item"，Q是指"quantity"，即是从客户订单的订货次数、品项和数量出发，进行配送特性和出货特性的分析。通过EIQ分析，可以从订单的详细内容中了解客户订单的订货次数、品项及数量等关键规划要素之间的关系，这对仓库规划和改善具有重要意义。

1.EIQ分析步骤

（1）资料收集与取样。

进行分析之前需要先收集商品历史订单资料，见表1-3-1。若EIQ的资料量过大，不易处理时，通常可依据物流作业的规律，抓取一段时期内的资料加以分析。同时，可依商品特性或客户特性将订单资料分成数个群组，针对不同的群组分别进行EIQ分析。

（2）资料分解与整理。

获取原始资料后，应按照出货订单（E）、出货品项（I）、订单出货量（Q）这3个物流关键要素，对资料做进一步的分解、整理，来研究物流配送中心的需求特性。EIQ资料统计格式见表1-3-2。

表1-3-2   EIQ资料统计格式

出货订单（E）	出货品项（I）						订单出货量（Q）	订单出货品项数（N）
	I1	I2	I3	I4	I5	…		
E1	Q11	Q12	Q13	Q14	Q15	…	Q1	N1
E2	Q21	Q22	Q23	Q24	Q25	…	Q2	N2
E3	Q31	Q32	Q33	Q34	Q35	…	Q3	N3
E4	Q41	Q42	Q43	Q44	Q45	…	Q4	N4
…	…	…	…	…	…	…	…	…
单品出货量（q）	q1	q2	q3	q4	q5	…	Q	N
单品出货次数（K）	K1	K2	K3	K4	K5	…	–	K

注：Q1（订单E1的出货量）=Q11+Q12+Q13+Q14+Q15+…

q1（品项I1的出货量）=Q11+Q21+Q31+Q41+…

N1（订单E1的出货品项数）=计数（Q11，Q12，Q13，Q14，Q15，…）>0者

K1（品项I1的出货次数）=计数（Q11，Q21，Q3l，Q41，…）>0者

N（所有订单的出货总品项数）=计数（N1，N2，N3，N4，…）>0者

K（所有品项的总出货次数）=K1+K2+K3+K4+K5+…

一般收集到的企业订单出货资料，通常量庞大且格式不易直接应用，最好能从企业信息系统的数据库中直接取得电子化数据，便于数据格式转换，也便于借助计算机运算功能处理大量信息。

（3）统计分析与制图。

订单出货资料按此分解之后，就可以开展EQ、EN、IQ、IK这4个类别的分析了，EQ、EN、IQ、IK分析的含义和主要目的见表1-3-3。

表1-3-3   EQ、EN、IQ、IK分析的含义和主要目的

分析项目	含义	主要目的
订单数量（EQ）分析	单张订单出货数量的分析	研究订单对货物搬运作业能力的要求
订单品项数（EN）分析	单张订单出货品项数的分析	研究订单对拣选设备及作业能力的要求
品项数量（IQ）分析	每单一品项（SKU）出货量的分布分析	研究出货的拆零比例
品项受订次数（IK）分析	每单一品项（SKU）出货次数的分布分析	对拣选作业频率的统计，主要决定拣选作业方式和拣选作业区的规划

在进行EQ、EN、IQ、IK等分析后，还应将所得出的分析数据加以图表化，这些数据、图表即为EIQ的资料分析结果。

（4）得出分析结论。

2.EIQ分析方法

EIQ分析以量化的分析为主，常用的包括柏拉图分析、次数分布、ABC分析及交叉分析等，下面分别进行说明。

（1）柏拉图分析。

在一般物流中心的作业中，如将订单或单品品项出货量经排序后绘图（EQ、IQ分布图），并将其累计量以曲线表示出来，即为柏拉图。此为数量分析时最基本的绘图分析工具，如图1-3-1所示。其他只要可表示为项与量关系的资料，均可以柏拉图方式表达。

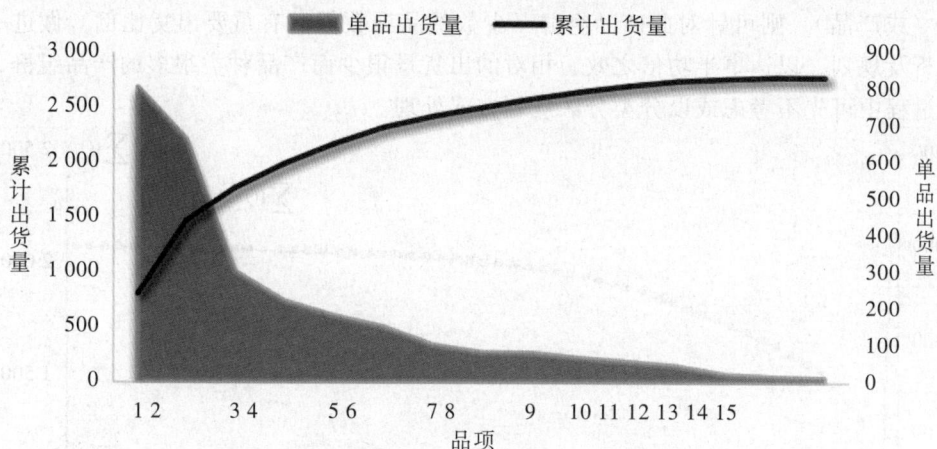

图1-3-1 产品别出库量的IQ分布

（2）次数分布。

若想进一步了解产品别出货量的分布情形，可将出货量范围做适当的分组，并计算各产品出货量出现于各分组范围内的次数，进行次数分布分析，如图1-3-2所示。

次数分布图的分布趋势与资料分组的范围有密切关系，在适当的分组之下，可得到进一步有用的资讯，并找出数量分布的趋势及主要分布范围。资料分组的过程仍有赖于规划分析者的专业素养与对资料认知的敏感性，以快速找出分组的范围。

（3）ABC分析。

在制作EQ、IQ、EN、IK等统计分布图时，除可由次数分布图找出分布趋势，进一

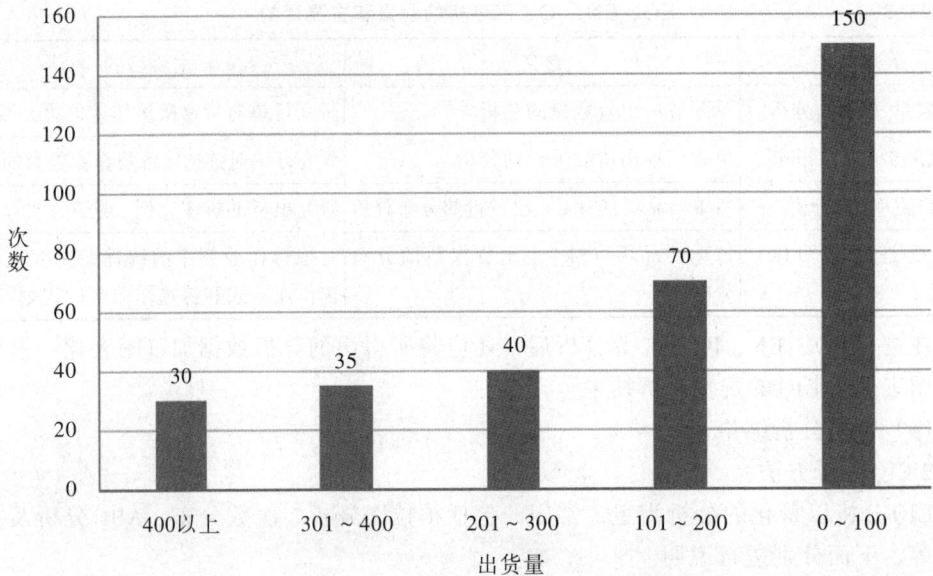

图1-3-2 出货量的品项次数分布图

步可由ABC分析将一特定百分比内的主要订单或产品找出，以做进一步的分析及重点管理，如图1-3-3所示。通常先以出货量排序，以占前20%及50%的订单件数（或品项数），计算所占总出货量的百分比，并作为重点分类的依据。如果出货量集中在少数订单（或产品），则可针对此产品组群（少数的品项数但占有重要出货比例）做进一步的分析及规划，以达事半功倍之效。相对的出货量很少而产品种类很多的产品组群，在规划过程中可先不考虑或以分类分区规划方式处理。

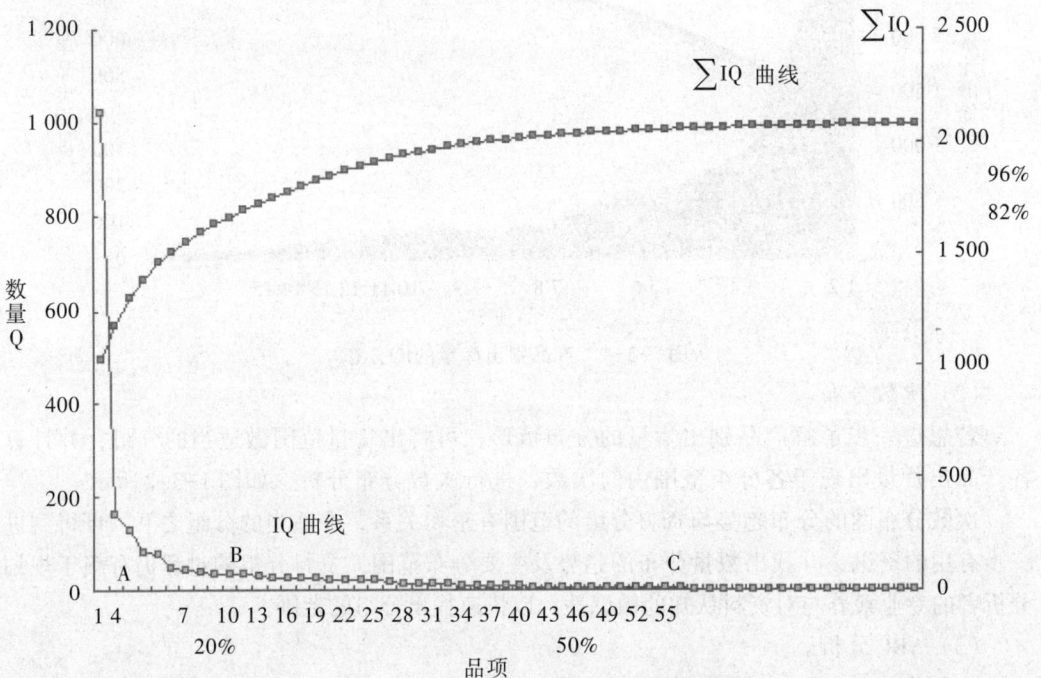

图1-3-3 ABC分类图

（4）交叉分析。

在进行 EQ、IQ、EN、IK 等 ABC 分析后，除可就订单资料个别分析外，亦可以就其 ABC 的分类进行组合式的交叉分析。如以单日别及年别的资料进行组合式的交叉分析，或其他如 EQ 与 EN、IQ 与 IK（如图 1-3-4 所示）等，均可分别进行组合式的交叉分析，以找出有利的分析资讯。其分析过程：先将两组分析资料经 ABC 分类后分为 3 个等级，经由交叉组合后，产生 3×3 的 9 组分类资料，再逐一就各组分类资料进行分析探讨，找出各组分类资料中的意义及其代表的产品组群。在后续的规划中，如结合订单出货与物性资料，亦可产生有用的交叉分析数据。

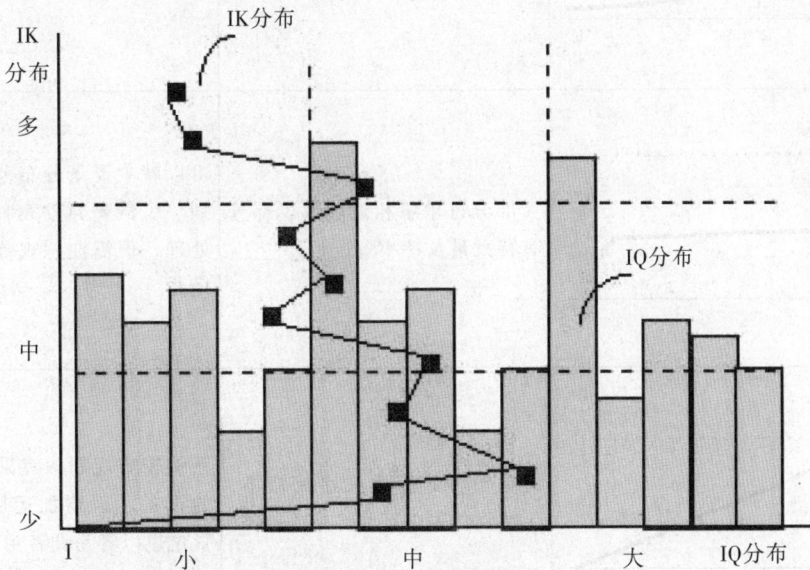

图1-3-4　IQ及IK的交叉分析

3.EIQ 分析图解

EIQ 分析图解是量化资料分析过程最重要的步骤，通常需要对各个图表进行认真分析，并配合其他相关资料交叉分析，做出综合判断。

（1）订单数量（EQ）分析。

此分析主要可了解单张订单订购量的分布情形，可用于决定订单处理的原则、拣货系统的规划，并将影响出货方式及出货区的规划等，通常以单一营业日的 EQ 分析为主。EQ 分布图类型、分析及应用见表 1-3-4。

（2）品项数量（IQ）分析。

此分析主要可了解各类产品出货量的分布状况，分析产品的重要程度与运量规模，可用于仓储系统的规划选用、储位空间的估算，并将影响拣货方式及拣货区的规划等。IQ 分布图类型、分析及应用见表 1-3-5。

（3）订单品项数（EN）分析。

此分析主要可了解订单别订购品项数的分布，对于订单处理的原则及拣货系统的规划有很大的影响，并将影响出货方式及出货区的规划等，通常需配合总出货品项数、累计出货品项数及总品项数 3 项指标综合参考。EN 分布图类型、分析及应用见表 1-3-6。

表1-3-4   EQ分布图类型、分析及应用

EQ分布图类型	分析	应用
	为一般配送中心常见模式，由于订单量分布呈两极化，可利用ABC分析做进一步分类	规划时可将订单分类，少数而量大的订单可做重点管理，相关拣货设备的使用也可分级
	大部分订单量相近，仅少部分有特大量及特小量	可以就主要量分布范围进行规划，少数差异较大者可以特例处理，但需注意规范特例处理模式
	订单量分布呈逐次递减趋势，无特别集中于某些订单或范围	系统较难规划，宜采用泛用型的设备，以增加运用的弹性，货位也以容易调者为宜
	订单量分布相近，仅少数订单量较小	可区分成两种类型：大多数订单可以采用批处理方式进行规划；部分少量订单以零星拣货方式进行规划
	订单量集中于特定数量而无连续递减，可能为整数（箱）出货或为大型货物的少量出货	可采用较大单元负载单位进行规划，而不考虑零星出货

表1-3-5   IQ分布图类型、分析及应用

IQ分布图类型	分析	应用
	为一般配送中心常见模式，由于各产品出货量分布呈两极化，可利用ABC分析做进一步分类	规划时可将产品分类，据此划分存储区，各类产品存储单位、存储水平可设定不同水平
	大部分产品出货量相近，小部分产品的订购量很多或很少	以订购量相似的大部分产品为对象进行拣选作业优化，对少数差异较大者可以做出特例处理
	各产品出货量分布呈逐次递减趋势，无特别集中于某些订单或范围	系统较难规划，宜采用泛用型的设备，以增加运用的弹性，货位也以容易调者为宜
	各产品出货量相近，仅部分品项出货量较少	可区分成两种类型：大多数产品可采用统一串行接力拣选方式进行规划；部分少量产品可以零星拣选方式进行规划
	产品出货量集中于特定数量而无连续递减，可能为整数（箱）出货或为大型产品的少量出货	可采用较大单元负载单位进行规划，或以重量型存储设备进行规划，但需配合产品特性加以考虑

表1-3-6　　　　　　　　　　　EN分布图类型、分析及应用

EN分布图类型	分析	应用
	单一订单的出货项数较小，EN=1的比例很高，总品项数不大且与总出货项数差距不大	订单出货品重复率不高，可考虑订单拣取方式或批量拣取方式，配合边拣边分类作业
	单一订单的出货项数较大，EN≥10，总出货品项数及累计出货品项数均仅占总品项数的小部分，通常为经营品项数很多的物流中心	可以采取订单别拣取方式作业，但由于拣货区路线可能很长，可以订单分割方式分区拣货再集中拣货，或以接力方式拣货
	单一订单的出货项数较小，EN=1的比例较高，由于总品项数很多，总出货品项数及累计出货品项数均仅占总品项数的小部分	可以按订单拣货，并将拣货区分区规划，由于各订单品项数较少，可将订单以区域排序并采取分区的方式拣货
	单一订单的出货项数较大，而总品项数不多，累计出货品项数较总出货品项数多出数倍，并且较总品项数多，订单出货品项重复率高	可以批量拣取方式作业，另须参考物品特性及物量大小决定是在拣取时分类还是在拣出后再分类
	单一订单的出货项数较大，而总品项数亦多，累计出货品项数较总出货品项数多出数倍，并且较总品项数多	可考虑以批量拣取方式作业，但若单张订单品项数多且重复率不高，需考虑分类的困难度，否则可采取订单分割方式拣货

（4）品项受订次数（IK）分析。

此分析主要分析产品别出货次数的分布，对于了解产品别的出货频率有很大的帮助，主要功能可配合IQ分析决定仓储与拣货系统的选择。另外，当存储、拣货方式已确定后，有关储区的划分及储位配置，均可利用IK分析的结果作为规划参考的依据，基本上仍以ABC分析为主，从而决定储位配置的原则。IK分布图类型、分析及应用见表1-3-7。

表1-3-7　　　　　　　　　　　　　IK分布图类型、分析及应用

IK分布图类型	分析	应用
K（出货次数）曲线图，横轴O→I，纵轴K，区间划分为 A、B、C	为一般物流中心常见模式，由于出货次数分布呈两极化，可利用ABC分析做进一步分类	规划时可依产品分类划分储区及储位配置，A类可接近出入口或便于作业之位置及楼层，以缩短行走距离；若品项多，可考虑作为订单分割的依据来分别拣货
K（出货次数）曲线图，横轴O→I，纵轴K	大部分产品出货次数相近，仅有少数产品出货次数极大或极小	针对出货次数相近的大部分产品进行拣选作业优化研究，对少数出货次数极小或极大的产品单独处理

任务实施

★步骤1：资料分解与整理。

由于资料的收集与取样已完成（见表1-3-1），我们可以采用数据透视表，按照表1-3-2的形式对订单数据进行整理，得到表1-3-8。

表1-3-8　　　　　　　　　　　　　订单出库分解表　　　　　　　　　　　　单位：箱

出货订单	商品类目														
	I1	I2	I3	I4	I5	I6	I7	I8	I9	I10	I11	I12	I13	I14	I15
E1	11	2	0	1	3	5	1	26	1	13	8	2	12	3	3
E2	9	7	0	2	2	1	0	13	1	0	5	1	4	1	1
E3	12	16	2	3	3	5	11	29	3	0	3	1	1	2	2
E4	11	11	1	3	3	3	4	29	3	6	3	1	7	2	2
E5	11	7	1	5	5	4	3	24	1	6	6	1	7	3	3

续表

出货订单	商品类目														
	I1	I2	I3	I4	I5	I6	I7	I8	I9	I10	I11	I12	I13	I14	I15
E6	8	1	1	2	2	2	1	5	1	5	2	1	6	1	1
E7	11	7	1	4	4	4	1	24	1	6	4	3	11	2	2
E8	22	11	0	11	11	9	13	26	2	8	4	1	11	4	4
E9	0	8	1	5	5	6	2	29	1	3	17	5	11	2	2
E10	12	8	0	5	5	5	1	28	2	0	4	1	8	1	1
E11	5	4	1	1	1	1	4	13	1	3	3	1	2	0	0
E12	13	8	1	13	13	6	4	22	7	8	9	3	9	8	8
E13	58	8	2	24	24	15	11	43	4	12	14	6	16	5	5
E14	19	5	1	8	8	11	4	12	1	4	11	3	2	8	8
E15	14	2	1	5	5	7	1	11	3	7	3	3	1	0	0
E16	11	11	1	3	3	11	3	23	3	11	5	1	6	3	3
E17	15	6	0	4	4	5	2	13	1	6	11	2	5	2	2
E18	7	4	1	1	1	5	8	11	2	0	8	1	3	2	2
E19	12	5	0	5	5	4	4	13	2	4	3	2	1	1	1
E20	22	13	2	8	8	11	1	34	4	13	18	5	15	5	5
E21	8	7	1	7	8	1	4	28	2	11	15	5	18	0	0
E22	7	2	0	1	1	2	0	6	0	0	4	1	3	1	1
E23	4	0	0	0	0	5	2	12	1	8	4	4	11	1	1
E24	18	9	1	8	8	8	7	27	4	7	6	3	15	6	6
E25	165	11	2	45	45	56	9	83	24	14	36	11	43	19	19
E26	12	6	1	6	6	8	8	23	2	1	9	3	9	2	2
E27	17	2	1	7	7	6	13	17	3	1	13	5	2	4	4
E28	7	4	1	2	2	2	1	11	1	4	3	2	4	2	2
E29	23	11	1	12	12	9	8	24	4	8	11	3	9	1	1
E30	23	5	1	11	11	11	5	24	2	3	11	4	5	3	3

★步骤2：统计分析与制图。

（1）EQ分析。

将各订单（E）按照数量（Q）排序，得到表1-3-9。

表1-3-9　　　　　　　　　　　　　　　　　EQ数据表　　　　　　　　　　　　　　　　单位：箱

订单	E25	E13	E20	E8	E29	E24	E12	E30	E21	E14	E27	E16	E26	E9	E3
数量	582	247	164	137	137	133	132	122	115	105	102	98	98	97	93
订单	E1	E4	E5	E7	E10	E17	E15	E19	E18	E23	E28	E2	E11	E6	E22
数量	91	89	87	85	81	78	63	62	56	53	48	47	40	39	29

根据表1-3-9数据输出EQ分析图，如图1-3-5所示。

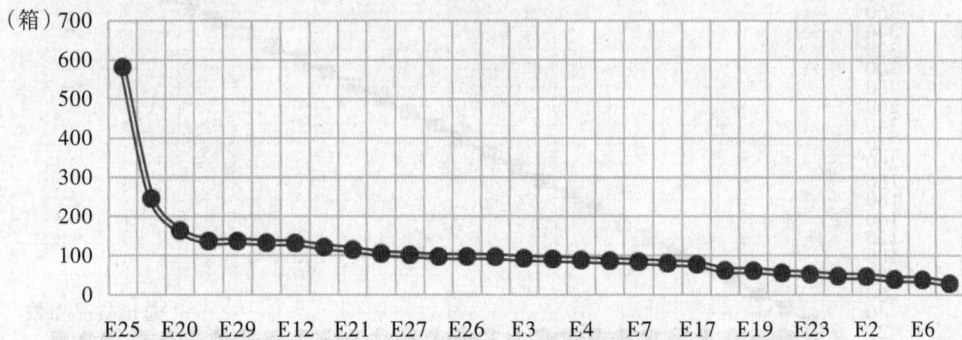

图1-3-5　EQ分析图

（2）IQ分析。

将各品项（I）按照数量（Q）排序，得到表1-3-10。

表1-3-10　　　　　　　　　　　　　　　　IQ数据表　　　　　　　　　　　　　　　单位：箱

品项	I8	I1	I13	I11	I6	I5	I4	I2	I10	I7	I15	I14	I9	I12	I3
数量	683	567	257	253	228	215	212	201	172	136	94	94	87	85	26

根据表1-3-10数据输出IQ分析图，如图1-3-6所示。

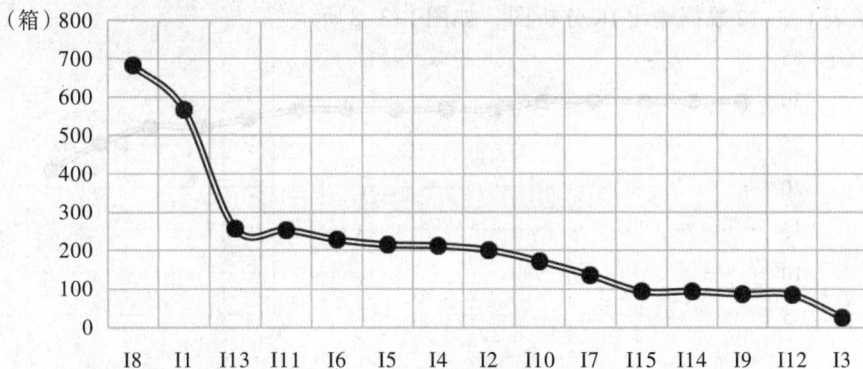

图1-3-6　IQ分析图

（3）EN分析。

按订单（E）包含的品项数（N）排序，得到表1-3-11。

表1-3-11　　　　　　　　　　　　　　　　EN数据表　　　　　　　　　　　　　　单位：个

订单	E7	E6	E5	E4	E30	E29	E28	E27	E26	E25	E24	E20	E16	E14	E13
品项数	15	15	15	15	15	15	15	15	15	15	15	15	15	15	15
订单	E12	E9	E8	E3	E19	E18	E17	E1	E21	E15	E11	E10	E2	E23	E22
品项数	15	14	14	14	14	14	14	14	13	13	13	13	12	11	11

根据表1-3-11数据输出EN分析图，如图1-3-7所示。

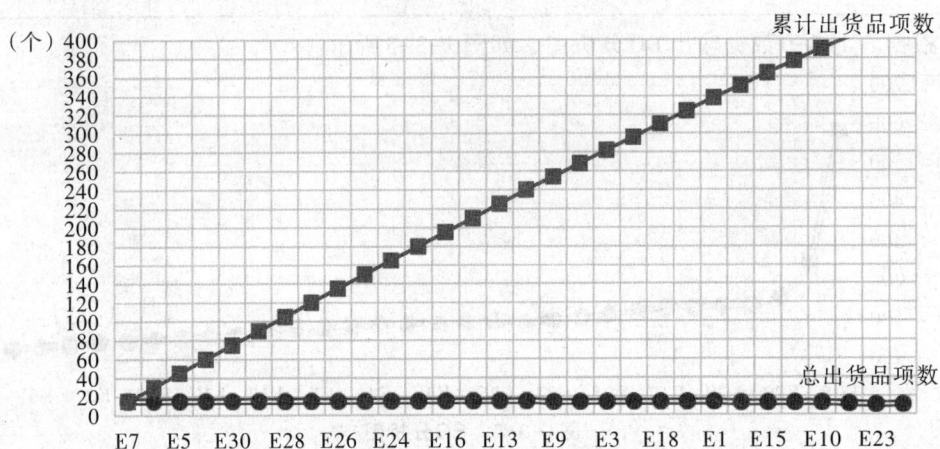

图1-3-7　EN分析图

（4）IK分析。

按品项（I）包含的订单数（K）排序，得到表1-3-12。

表1-3-12　　　　　　　　　　　　　　　　IK数据表　　　　　　　　　　　　　　（单位：个）

品项	I6	I8	I11	I12	I13	I1	I2	I4	I5	I9	I7	I14	I15	I10	I3
订单数	30	30	30	30	30	29	29	29	29	29	28	27	27	25	22

根据表1-3-12数据输出IK分析图，如图1-3-8所示。

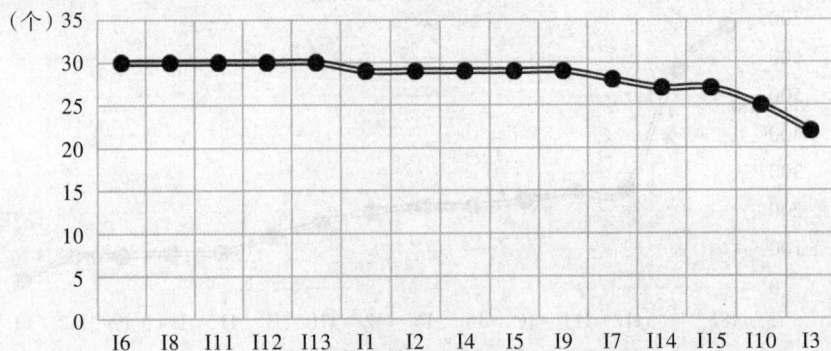

图1-3-8　IK分析图

★步骤3：得出分析结论。

因为商品总项数为15，所以最少需要设置15个拣选点位。

依据EQ曲线，规划时可将订单分类，少数而量大的订单可做重点管理。

根据IQ曲线，可将各品项按ABC分析法进行分类，规划时可根据商品分类划分储区，同时各类商品存储单位、存储水准可区别设置。

依据EN曲线，可以看到，所列的30个订单，每一订单的出货品项数都超过了10个。单一订单的出货项数较大，而商品总品项数不多，累计出货品项数较总出货品项数多出数十倍，说明订单出货品项重复率高，可考虑以批量拣取方式作业。

依据IK曲线，可以看出各类商品出库频次相近，可针对出货次数相近的大部分商品进行拣选作业优化研究，对少数出货次数极小或极大的商品单独处理。

【课堂讨论】

如何以柏拉图分析对本训练任务进行EQ、IQ分析？

技能强化

百胜商贸拟在某地新建仓库，在进行仓储规划设计时，公司进行了详细的需求分析，表1-3-13为该公司在该地某段时间的订单情况汇总表。请根据上述信息，采用EIQ分析的方式，对仓库的订单情况进行分析，为仓库的拣选方式、拣选设备、功能区设计等的规划设计提供建议。

操作视频1.3

表1-3-13　　　　　　　　　　　　　历史订单数据表

订单编号	物料编号	商品名称	数量（箱）
QS811723	E01	小浣熊方便面*箱40	1
QS812116	M295	百事可乐6罐*355cc	2
QS811544	M294	可口可乐6罐*220ml	4
QS811843	M294	可口可乐6罐*220ml	1
QS812139	M294	可口可乐6罐*220ml	1
QS811327	M002	小浣熊方便面5合1/组*8	1
QS810906	M001	康师傅红烧牛肉面5包*6组	1
QS811713	M001	康师傅红烧牛肉面5包*6组	1
QS811925	M001	康师傅红烧牛肉面5包*6组	1
…	…	…	…

要求：

（1）统计商品品项，确定拣选点数。

（2）整理数据，制作EQ、IQ、EN、IK分析图。

（3）依据数据结果对仓库规划提出建议。

效果评价 ▓▓▓▓▓............

"EIQ分析"技能训练评价见表1-3-14。

表1-3-14　　　　　　　　　　　**"EIQ分析"技能训练评价**

考核项目	考核内容	得分	备注
训练任务 （集体50%）	学习态度端正（10分）		
	按时上交完成（10分）		
	团队分工协作（10分）		
	积极主动训练（10分）		
	数据整理正确（20分）		
	图形制作正确（20分）		
	规划建议合理（20分）		
	合计		
练习任务 （个人50%）	学习态度端正（10分）		
	按时上交完成（10分）		
	独立自主完成（10分）		
	积极主动训练（10分）		
	数据整理正确（20分）		
	图形制作正确（20分）		
	规划建议合理（20分）		
	合计		
总分			
小组名称		小组成员	
自我评价			
教师点评			

技能训练 1.4
仓库布局规划

- ■ 实训目标
- ■ 实训要求
- ■ 实训过程
- ■ 技能强化
- ■ 效果评价

■ 实训目标

知识目标：

（1）熟悉 PCB 分析思路。

（2）理解动线设计原理。

（3）掌握仓库布局规划方法。

能力目标：

（1）能够设计物流动线。

（2）能够确定货架需求。

（3）能够进行布局规划。

素养目标：

（1）培养学生的思考习惯和创新意识。

（2）培养学生的科学思维和全局意识。

■ 实训要求

（1）事先分组，每4~6名同学分为1组，每组选出1名组长，相互协作，共同完成任务，需要提交小组作业和个人练习作业。

（2）在机房上课，需要用 Excel、viso 完成计算与绘图。

实训过程 ⬛⬛⬛⬛⬛⬛⬛⬛⬛⬛⬛⬛⬛

🎧 任务发布

技能训练1.4

表单下载

有道物流公司在某地建设仓库（长60m、宽32m、高8m），出入库月台分列两侧（如图1-4-1所示），无立柱，顶距不小于500mm，货架存取货物至少预留100mm作业间隙。存储的货物为小家电，外包装最大尺寸为400mm×300mm×350mm，每箱最重8kg，外包装最大承重为50kg，根据历史资料估算出规划仓容量为24 000箱。托盘规格为1 200mm×1 000mm×150mm，托货总高度不超过1.2m，每托盘重量为15kg；货架规格为2 500mm×1 000mm×6 500mm，货架横梁高度为60mm，货架最大承重为1.5t/层。请结合货物仓储操作要求（见表1-4-1），对主要作业区进行规划设计。

图1-4-1　仓库平面图

表1-4-1　　　　　　　　　　　货物仓储操作要求

商品类型	入库要求	存储要求	出库要求
小家电	整托入库 叉车搬运 地堆待检	货架存储 拆零存储	整箱出库 单品出库

要求：

（1）根据货物在仓库内操作要求确定仓库作业流程。

（2）根据货物在仓库内作业流程确定仓库功能区域。

（3）设计合理的物流动线，确定仓内货物基本流向。

（4）根据货物存储量信息估算主要存储区域面积。

（5）绘制仓库布局图。

♻ 背景知识

1.PCB分析

考察物流中心的各个作业环节，可以看出这些作业均是以各种包装单位（pallet表示托盘，carton表示箱，bulk表示单品，简称PCB）作为作业的基础，如图1-4-2所示。

每一个作业环节都需要人员和（或）设备的参与，不同的储运单位所配备的人员和（或）设备也是不同的。因此掌握物流过程中的单位转换相当重要，在进行仓库布局规划时要将PCB分析加入其中。

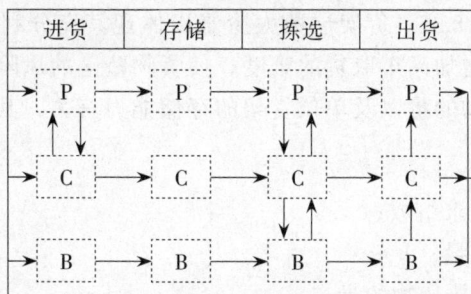

进货	存储	拣选	出货
P →	P →	P →	P →
C →	C →	C →	C →
B →	B →	B →	B →

图1-4-2 不同作业环节商品包装单位的变化举例

一般企业的订单中含有各种商品出货形式，如订单中包括整箱与单品两种类型同时出货的情况。为合理规划储区与拣货区，必须将订单依出货单位类型加以区分，以正确计算各作业区域实际需求。常见的储运单位形式见表1-4-2。不同储运模式对应不同的作业区域和设备。

表1-4-2 常见的储运单位形式

入库单位	存储单位	拣货单位
P	P	P
P	P、C	P、C
P	P、C、B	P、C、B
P、C	P、C	C
P、C	P、C、B	C、B
C、B	C、B	B

2.物流动线布置

物流中心区域常见的物流动线模式有图1-4-3所示的几种基本类型，可根据具体情况设计。

直线式	适用于出入口在厂房两侧，作业流程简单、规模较小的物流作业，无论订单大小与检货品项多寡，均须通过厂房全程
双直线式	适用于出入口在厂房两侧，作业流程相似但是有两种不同进出货类型或作业需求的物流作业（如整箱区与零星区、A类与B类客户等）
锯齿式	通常适用于多排并列的库存料架区内
U式	适用于出入口在厂房同侧，可依货物进出货频率大小安排接近进出口端的储区，缩短拣货搬运路线
分流式	因批量拣取而分流作业
集中式	因储区特性将订单分割在不同区域，拣取后做集货的作业

图1-4-3 物流动线模式图

3.重型货架存储区规划

一般情况下，货物存储量随着季节性变化有一定的波动，因此规划时还需要考虑高峰库存的需求。另外，随着业务量的增长，库存量会不断增大，也需要考虑。

一般货架层数为5~8层。货架层数太少难以体现其充分利用空间和提升存储容量的优势，而层数太多会增加叉车取货的难度，使货物坠落的风险增大。

货架数量与存储货物的量以及单位货架的存储能力有关，其计算公式如下：

$$N = \frac{Q}{P \times L \times 2}$$

式中：N——重型货架需求组数；

　　　Q——货物存放总量；

　　　P——单位货位存放货物的量；

　　　L——规划货架的层数。

注意：其中系数2是因为每组货架每层有2个货位。

任务实施

★步骤1：确定仓库作业流程

根据货物在仓库内操作要求确定仓库作业环节为入库→暂存→存储→拣选→集货→出库。

★步骤2：确定仓库功能区域

通过对货物储运模式分析，因小家电为整托入、整箱出、单品出，整箱货可以存放于重型货架区，一层可设为拣货区，而拆零货应设置专门的散货储存。因此，确定仓库主要功能区域有入库暂存区、存储区、拣货区、出库集货区。辅助功能区可设置入库办公室、出库办公室、退货区、设备存放区。

★步骤3：设计合理的物流动线

因为出入库月台在两侧，作业流程较为简单，可以设置直线式的物流动线。

★步骤4：确定主要功能区面积

此仓库以整托货物存储功能为主，因此我们需重点规划该区域。因该仓库设计高度为8m，不宜部署立体库，因此采用重型货架。

首先，确定货架的参数：

根据货物外包装最大尺寸，每个托盘每层最多码放10箱；因托货总高度不超过1.2m，外包装最大承重不超过50kg，所以每托盘最多码放3层；然后，可以计算出每托盘能够码放30箱货物。

确定货架层高：托货高度+预留间隙=350×3+150+100=1 300（mm）

确定货架层数：(8-0.5)÷(1.3+0.06)≈5（层）（向下取整）

确定每层货架承重：每托盘货物重量×每层货架放置托盘数=（30×8+15）×2=510kg，小于1.5t/层最大承重标准。

其次，计算所需货架组数：

$$N = \frac{Q}{P \times L \times 2} = \frac{24\,000}{30 \times 5 \times 2} = 80(组)$$

最后，确定主要存储区域面积：

　　因中间为主通道，所以重型货架区可分为两个储区，每个储区放置40组货架。因主通道宽度一般不小于5m，所以两侧储区可用宽度分别为（32-5）÷2=13.5m，已知每组货架长2 500mm，每侧单排可放置5组货架，40组货架应放置8排。因货架背靠背摆放，货架宽度为1 000mm，仓储区通道一般不小于3.5m，可设置为4m，8排货架需要28m。重型货架区的面积为28×32=896m²。

　　★步骤5：绘制仓库布局图

　　根据上述分析结果，可采用仓库布局仿真软件、viso等完成功能区域的布置，具体布置如图1-4-4所示。

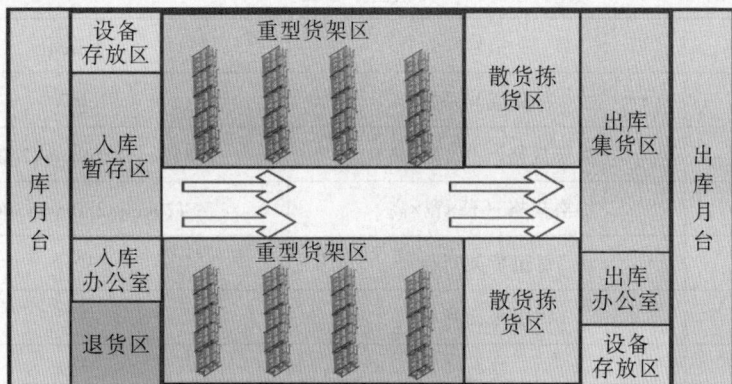

图1-4-4　仓库规划布局图

【课堂讨论】

　　如果采用立体库存储，应该如何规划设计？

技能强化

　　有道物流公司拟开辟出一块区域建设智慧仓库，用于数码产品的GTP作业模式，请结合设备的基本参数，对智慧仓进行规划设计。

　　规划智慧仓库建设面积为20m×30m，仓库工作时间为10h/天。数码产品外包装最大尺寸为300mm×200mm×200mm，每箱最重4kg，外包装最大承重为30kg，平均日库存量为2 000箱，周转天数为3天，储位规划保险系数为1.2。托盘规格为1 200mm×1 000mm×150mm，托货总高度不超过1.5m。AGV基本参数见表1-4-3，货架基本参数见表1-4-4。入库SKU作业时间为6s，出库SKU作业时间为8s，作业站点切换时间为6s。

表1-4-3　　　　　　　　　　　　　　AGV基本参数

序号	指标	参数值
1	到达货架平均时间	15s
2	顶举货架时间	3s
3	放下货架时间	4s

续表

序号	指标	参数值
4	机器人最大承重	500kg
5	平均行驶速度	1m/s
6	平均转弯次数	5次
7	平均转弯时间	3s

表1-4-4 货架基本参数

序号	指标	参数值
1	存储空间系数	0.7
2	货架规格（长×宽×高）	860mm×860mm×2400mm
3	货格规格（长×宽×高）	420mm×280mm×300mm
4	每组货架货格	30个
5	每层每面货格	3个
6	层数	5层
7	货架自重	30kg
8	旋转时间	8s

要求：请设计其货架数量、AGV数量。

效果评价 ////////○○○○○○○○○○○

"仓库布局规划"技能训练评价见表1-4-5。

表1-4-5 "仓库布局规划"技能训练评价

考核项目	考核内容	得分	备注
训练任务 （集体50%）	学习态度端正（10分）		
	按时上交完成（10分）		
	团队分工协作（10分）		
	积极主动训练（10分）		
	动线设计正确（10分）		
	区域设置正确（20分）		
	主要存储区域面积计算正确（15分）		
	仓库布局图绘制正确（15分）		
	合计		

续表

考核项目	考核内容	得分	备注
练习任务 （个人50%）	学习态度端正（10分）		
	按时上交完成（10分）		
	独立自主完成（10分）		
	积极主动训练（10分）		
	动线设计正确（10分）		
	区域设置正确（20分）		
	主要存储区域面积计算正确（15分）		
	仓库布局图绘制正确（15分）		
	合计		
总分			
小组名称		小组成员	
自我评价			
教师点评			

项目 2 采购管理与库存控制

【项目概要】

随着经济全球化和信息技术的发展，采购管理与库存控制的作用日益凸显，有效的采购管理与库存控制，对企业取得价格、质量、品种、服务和时间这5个方面的竞争优势都具有极大的作用。采用一套科学、系统、有效的方法去指导、改善和实施货物采购管理与库存控制，可以促进企业保障供应，形成企业独有的竞争优势，为企业参与市场竞争、获得持久发展提供动力。

本项目以科学方法管理、降低物流成本为目标，通过给出的采购与库存资料，依据《物流服务师》（国家职业技能标准 职业编码：4-02-06-03）、《绿色制造 制造企业绿色供应链管理 采购控制》（GB/T 39258—2020）、《电子商务供应商评价准则 优质服务商》（GB/T 36313—2018）、《合格供应商信用评价规范》（GB/T 23793—2017）等，采用科学的分析，进行供应商管理、订货计划制订、库存控制等，使学生掌握采购管理与库存控制的内容和管理方法。

【项目导学】

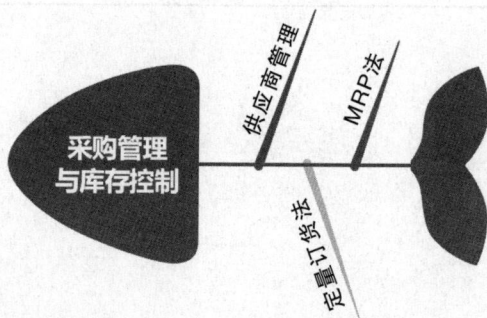

技能训练 2.1
供应商管理

- 实训目标
- 实训要求
- 实训过程
- 技能强化
- 效果评价

■ **实训目标**

　　知识目标:

（1）了解供应商管理的复杂性。

（2）理解供应商关系管理的思路。

（3）掌握供应商管理的方法。

　　能力目标:

（1）能够对供应商进行恰当的分类。

（2）能够对不同类型的供应商进行相适应的管理。

　　素养目标:

（1）培养学生的思考习惯和全局意识。

（2）培养学生的科学思维和管理思维。

■ **实训要求**

（1）事先分组，每4~6名同学分为1组，每组选出1名组长，相互协作，共同完成任务，需要提交小组作业和个人练习作业。

（2）利用电脑完成任务，需要在机房上课。

（3）能够体现出供应商分类过程和根据分类结果进行不同的管理。

实训过程 ///////.◦◦◦◦◦◦◦◦

👩 任务发布

已知：某生产企业一段时间内从A、B、C、D、E共5个供应商处采购金额汇总见表2-1-1，5家供应商的表现情况见表2-1-2，以及对供应商考核指标权重见表2-1-3。

表2-1-1　　　　　　　　　　　　采购金额汇总

序号	名称	采购金额（万元）
1	供应商A	156
2	供应商B	120
3	供应商C	700
4	供应商D	100
5	供应商E	300

表2-1-2　　　　　　　　　　　　供应商表现情况

指标＼供应商	A	B	C	D	E
质量（规格平均数）	20%	25%	22%	23%	24%
可靠性（偏离平均数的程度）	1.2	1.6	2.4	3.6	1.8
供货能力（满足需求的比例）	95%	96%	97%	98%	96%
资信（履约的比例）	99%	99%	96%	96%	95%
合作年限（年）	3	5	2	7	6

表2-1-3　　　　　　　　　　　　对供应商考核指标权重

评价指标	质量	可靠性	供货能力	资信	合作年限
权重	0.25	0.25	0.25	0.15	0.10

要求：

（1）用矩阵图分类法对5家供应商进行分类。

（2）根据类别制定适当的供应商管理策略。

♻ 背景知识

用ABC分类法对供应商进行管理，通常用采购金额作为分类的标准。这种方法只从采购方的角度，对采购金额较大的供应商进行重点管理，简便易行，对于流通型企业所采购的商品具有垄断竞争或自由竞争属性时，较为适用。但是，对于像家电、汽车等典型生产制造型企业来说，由于采购商品繁多，性质各异，供应市场较为复杂，因此需要从采供双方的角度，以供应链的视角进行供应商关系管理。

1.供应商关系管理

建立长期、稳定的供应商队伍是供应商管理的重要目标。为此，要致力于维持良好的采供双方的关系。通过建立不同层次的供应商网络，在科学评价及考核的基础上，逐渐减少供应商数量，适当增加优质供应商的订货数量，并致力于与关键供应商建立战略合作伙伴关系。只有这样，才能有效激发供应商降低成本和改善服务的动机，使采供双方共同面对市场，增强市场竞争能力。

2.供应商关系管理的思路

依据供应商与本企业的相互依赖程度不同，构建分析矩阵并将供应商分为战略伙伴型、杠杆型、瓶颈型和一般型4种类型（如图2-1-1所示）。根据不同类型的特点采用相适应的方法进行管理。

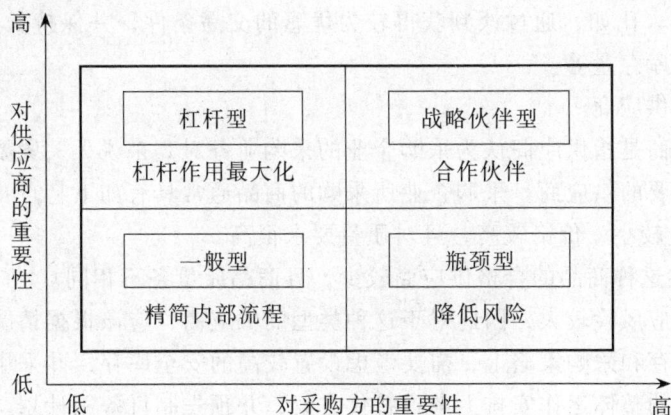

图2-1-1 供应商分类矩阵

（1）战略伙伴型供应商。

战略伙伴型供应商是指采供双方相互依赖、相辅相成的供应商。战略伙伴型关系是采购企业与供应商之间建立的最高层次的合作关系，是在相互信任的基础上，基于双方共同目标建立的一种长期合作关系。采购企业在这种类型供应商处所采购的商品通常具有如下特点：

① 采购量大且价格较高，其质量的好坏对采购企业产成品质量会产生重大影响。

② 能够提供这种物料的合格供应商较少，采购企业要想改为自制也不是短时间内能做到的。

基于此，采购企业对于该类供应商应致力于建立一种长期的、互惠双赢的战略伙伴型关系。在具体的管理策略上，由于这种商品需求量大且价格较高，库存占用资金大，可在如下方面加强管理：

① 必须进行详细的市场调查和需求预测，应用JIT、VMI和MRP等库存管理策略，

降低库存量，加快资金周转。同时，由于有一定的供应风险，必须设置一定量的安全库存。

②协助供应商贯彻质量标准，有效监控生产过程，提高产品质量，甚至通过给供应商提供技术支持，改善产品设计。

③减少供应商数目，降低询比价、议价及招标等采购订货的作业成本。

④向供应商提供生产计划，加强设计变更和交货日期改变等沟通工作，通过建立战略伙伴型关系能更好地共享信息，从而提高效率和降低成本。

（2）杠杆型供应商。

杠杆型供应商是指采购企业的采购业务对供应商非常重要，但该项业务对于采购企业并不是很重要的供应商。采购企业所采购的商品通常具有如下特点：

①采购数量巨大，该类商品价格适中，且对质量要求不是很高。

②能够提供这种商品的合格供应商较多，且产品质量趋于同质化。

杠杆型供应商议价能力较弱，而采购企业通常是大批量采购。这类商品采购成本降低较小的比例，利润便可增加较大的比例。因此，这种类型的供应商管理策略应该致力于降低采购成本。比如，通过谈判获得较为优惠的交易条件，并保持长期的合作关系，以及尽量减少总库存量等。

（3）瓶颈型供应商。

瓶颈型供应商是指供应商认为采购企业的采购业务对其来说无关紧要，但该业务对采购企业十分重要的供应商。采购企业所采购的商品通常具有如下特点：

①采购数量较小，价格较高，且对质量要求很高。

②能够提供这种商品的合格供应商较少，且商品质量各不相同。

这种商品供应风险较大，因此对于这种类型的供应商，应该根据情况采取灵活的策略。例如，在库存和采购策略上，需要考虑设置较高的安全库存，并采用较大的订货批量；还应在企业的整体运作安排上考虑替代方案，并预先制订备用计划。

（4）一般型供应商。

一般型供应商是指某些商品的采购业务对于采购双方都不重要的供应商。采购企业所采购的商品通常具有如下特点：

①采购种类繁多，批量较小，价格较低，且质量容易管控。

②能够提供这种商品的合格供应商很多，可以很方便地选择更换。

对于该类供应商，应采用的基本管理策略是致力于降低管理成本。在库存管理上，尽可能采用经济批量等优化方法，并尽量利用信息技术等手段简化管理程序，提高业务效率。在企业的整体运作安排上，应致力于标准化，以减少商品种类，提高业务效率。

3.供应商关系管理方法

要将供应商关系管理思想运用到实践中，需将供应商关系管理的分类指标转换成能量化的指标，如图2-1-2所示。

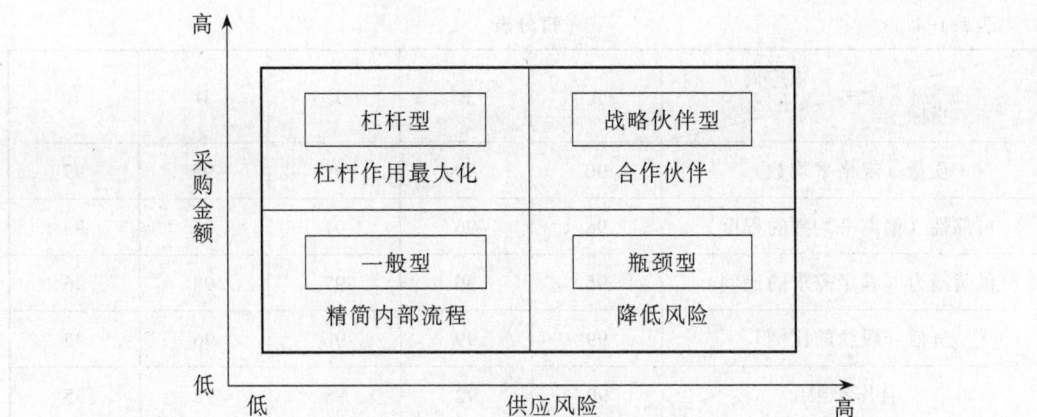

图2-1-2 供应商矩阵分类

（1）纵坐标指标。通常纵坐标用采购金额表示。一般来说，当大额采购时，采购企业议价能力较强，对供应商很重要，故能引起供应商的重视；当采购金额较小时，因对供应商不太重要而不能引起其足够重视。

（2）横坐标指标。横坐标可用供应风险来表示。供应风险是一个综合指标，不同企业或者同一企业不同发展阶段对供应风险的理解不同，因而选择表示供应风险的指标也不同。一般情况下可以从质量、可靠性、供货能力、合作年限、资信等方面进行考核。由于不同指标对采购企业的重要程度不同，再分别赋予不同的权重，进行加权综合打分，从而确定横坐标的供应风险指标。

① 质量。标明商品质量的方法较多，比如常用的有规格、等级、标准等，其中用得最多的是规格。所谓规格，是指用足以反映商品质量的指标（长短、粗细、化学成分含量、容量等）标明商品品质。在用规格标明质量时，指标的选择通常要与该商品的主要用途紧密联系起来。例如，假设所采购的商品为大豆，如果该大豆是用来榨油的，则应选择出油率作为标明质量的指标；如果该大豆是用来做种子的，则应选用发芽率作为标明质量的指标。实践中，对供应商所提供商品的质量进行考核时，可用一段时间内，采购不同批次的商品质量指标的平均数来表示。

② 可靠性。可用一段时间内，不同批次商品质量离开平均数的程度来表示，即用方差或标准差来表示。

③ 供货能力。可用一段时间内，满足需求的比例来表示。

任务实施

★步骤1：对供应商的表现情况打分。

打分时注意标准要相同，满分是100分，不同的人打分应该是不同的，注意表现好的要打分多些，不好的要少些。比如供应商B质量最高，那么给供应商B质量这项打分应该是最高的，供应商A质量最低，那么给供应商A质量这项打分应该是最低的，供应商C、D、E介于两者之间。其他指标打分要求与此相同。注意给可靠性指标打分时，供应商A偏离平均数最小，表明其可靠性最高，打分就该最高。具体打分结果见表2-1-4，打分结果仅供参考。

表2-1-4　　　　　　　　　　　　　　打分表

指标＼供应商	A	B	C	D	E
质量（规格平均数）	90	99	93	95	97
可靠性（偏离平均数的程度）	98	96	91	85	94
供货能力（满足需求的比例）	95	96	97	98	96
资信（履约的比例）	99	99	96	96	95
合作年限	90	92	88	98	95

★步骤2：根据表2-1-4中供应商分数和已知权重算出综合得分。

可用Excel表格辅助。供应商的综合得分为各指标得分与对应权重相乘之和。

结果见表2-1-5。

表2-1-5　　　　　　　　　　　　　　综合得分表

指标＼供应商	A	B	C	D	E	权重
质量（规格平均数）	90	99	93	95	97	0.25
可靠性（偏离平均数的程度）	98	96	91	85	94	0.25
供货能力（满足需求的比例）	95	96	97	98	96	0.25
资信（履约的比例）	99	99	96	96	95	0.15
合作年限	90	92	88	98	95	0.10
综合得分	94.6	96.8	93.45	93.7	95.5	－

★步骤3：将供应商综合得分及采购金额列于同一表格中，结果见表2-1-6。

表2-1-6　　　　　　　　　　供应商综合得分及采购金额表

序号	名称	综合得分（供应风险）	采购金额（万元）
1	供应商A	94.6	156
2	供应商B	96.8	120
3	供应商C	93.45	700
4	供应商D	93.7	100
5	供应商E	95.5	300

★步骤4：将表2-1-6复制粘贴到Excel表格中，选中综合得分（供应风险）和采购金额（万元）两列数据后，点插入，在图表选项中，选散点图。结果如图2-1-3所示。

采购金额（万元）

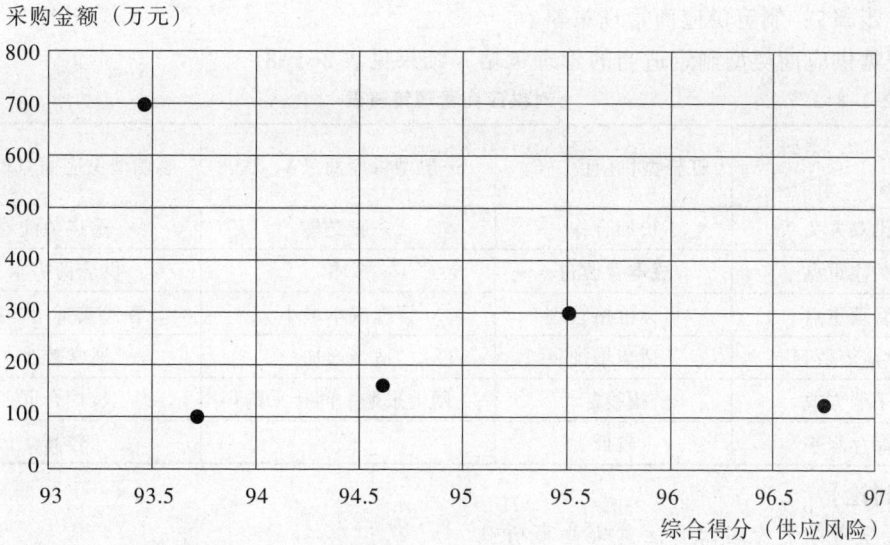

图2-1-3 散点图

★步骤5：画出矩阵图。

在图2-1-3中，插入两条垂直的直线，将各点分割成4个部分，如图2-1-4所示。

采购金额（万元）

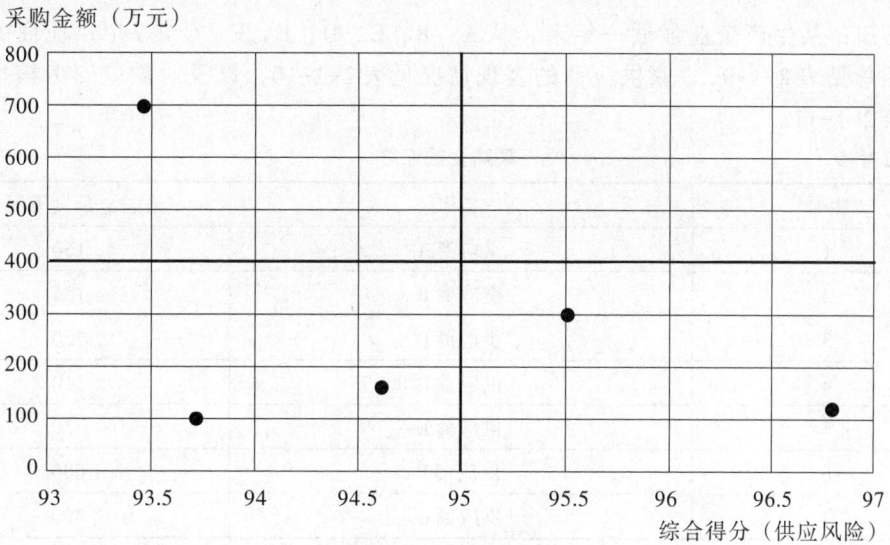

图2-1-4 矩阵图

★步骤6：确定供应商类型。

根据图2-1-4确定供应商类型，结果见表2-1-7。

表2-1-7 供应商类型

类型	供应商
杠杆型	C
瓶颈型	B、E
一般型	A、D
战略伙伴型	无

★步骤7：制定供应商管理策略。

根据供应商类型制定适当的管理策略，结果见表2-1-8。

表2-1-8　　　　　　　　　　　　对供应商管理策略表

策略＼类型	杠杆型供应商（C）	一般型供应商（A、D）	瓶颈型供应商（B、E）
采供双方关系	长期合作	一般交易	重点关注
关注重点	成本及改进	成本	供应商需求
管理重点	目标价格管理	管理成本最小	替代或备用方案
供应商数目	适当增加	适当增加	通常较少
采购方式	招投标	网上采购、间接采购	长期合同
库存水平	较低	低	较高

【课堂讨论】

供应商分类管理需要注意哪些事项？

技能强化

已知：某生产企业最近一年来，从A、B、C、D、E、F、G共7个供应商处采购金额汇总见表2-1-9，7家供应商的表现情况见表2-1-10，以及对供应商考核指标权重见表2-1-11。

表2-1-9　　　　　　　　　　　　采购金额汇总

序号	名称	采购金额（万元）
1	供应商A	160
2	供应商B	125
3	供应商C	720
4	供应商D	110
5	供应商E	320
6	供应商F	1 000
7	供应商G	800

表2-1-10　　　　　　　　　　　　供应商表现情况

指标＼供应商	A	B	C	D	E	F	G
质量（规格平均数）	20%	25%	22%	23%	24%	26%	25%
可靠性（偏离平均数的程度）	1.2	1.6	2.4	3.6	1.8	1.3	1.4
供货能力（满足需求的比例）	95%	96%	97%	98%	96%	99%	99%
资信（履约的比例）	99%	99%	96%	96%	95%	99%	99%
合作年限（年）	3	5	2	7	6	8	9

表2-1-11　　　　　　　　　　对供应商考核指标权重

评价指标	质量	可靠性	供货能力	资信	合作年限
权重	0.25	0.25	0.25	0.15	0.10

要求：

（1）用矩阵图分类法对7家供应商进行分类。

（2）根据类别制定适当的供应商管理策略。

效果评价

"供应商管理"技能训练评价见表2-1-12。

表2-1-12　　　　　　　　"供应商管理"技能训练评价

考核项目	考核内容	得分	备注
训练任务 （集体50%）	学习态度端正（10分）		
	按时上交完成（10分）		
	团队分工协作（10分）		
	积极主动训练（10分）		
	打分得分合理（20分）		
	绘图分类正确（20分）		
	管理策略得当（20分）		
	合计		
练习任务 （个人50%）	学习态度端正（10分）		
	按时上交完成（10分）		
	独立自主完成（10分）		
	积极主动训练（10分）		
	打分得分合理（20分）		
	绘图分类正确（20分）		
	管理策略得当（20分）		
	合计		
总分			
小组名称	小组成员		
自我评价			
教师点评			

技能训练 2.2
定量订货法

■ 实训目标
■ 实训要求
■ 实训过程
■ 技能强化
■ 效果评价

■ **实训目标**

知识目标:

(1) 熟悉需求的类型。

(2) 理解库存随时间变化图。

(3) 理解采购总成本与经济订货批量关系。

(4) 掌握订货点、订货提前期的含义。

能力目标:

(1) 能够分析确定经济订货批量。

(2) 能够分析确定订货点、订货周期。

素养目标:

(1) 培养学生的认真态度和责任意识。

(2) 培养学生的科学思维和逻辑思维。

■ **实训要求**

(1) 事先分组,每4~6名同学分为1组,每组选出1名组长,相互协作,共同完成任务,需要提交小组作业和个人练习作业。

(2) 能够体现订货点、订货批量参数设定过程,能根据变化数据及时调整参数。

实训过程 //////////∘∘∘∘∘∘∘∘∘∘

技能训练2.2

表单下载

任务发布

已知表2-2-1是某公司根据最近6个月部分商品出库量信息制作的ABC分类结果，假定供应商的平均供货时间是3天，订货费用每次为1000元，单位商品年持有成本为20元，王老吉凉茶每箱售价为120元，不考虑安全库存，请确定王老吉凉茶的订货点及订货批量。

表2-2-1 ABC分类结果

货品名称	出库量（箱）	占总百分比	百分比变化率	累计百分比	
惠普黑色墨盒	3 428	22.07%		22.07%	A 类
可口可乐	2 272	14.63%	33.72%	36.70%	
王老吉凉茶	1 590	10.24%	30.02%	46.94%	
奥利奥夹心饼干	1 187	7.64%	25.35%	54.58%	B 类
戴尔台式电脑	1 156	7.44%	2.61%	62.02%	
旺旺饼干	1 053	6.78%	8.91%	68.80%	
康师傅矿物质水	1 021	6.57%	3.04%	75.37%	
红牛方便面	672	4.33%	34.18%	79.70%	
农夫山泉饮用天然水	662	4.26%	1.49%	83.96%	
罗技键盘	586	3.77%	11.48%	87.73%	
联想便携式电脑	385	2.48%	34.30%	90.21%	C 类
喜洋洋背包	334	2.15%	13.25%	92.36%	
创意记事本	318	2.05%	4.79%	94.41%	
娃哈哈饮用纯净水	271	1.74%	14.78%	96.15%	
联想台式电脑	260	1.67%	4.06%	97.82%	
精灵鼠标	177	1.14%	31.92%	98.96%	
椰树牌椰汁	161	1.04%	9.04%	100.00%	
总计	15 533	100.00%			

背景知识

库存管理就是对生产企业和物流渠道中的原材料、零部件、半成品、产成品等进行规划与控制。本教材重点研究物流渠道中的仓库（配送中心、物流中心等）需要存放哪些商品、何时订货及订多少货。

1.库存管理的目标

库存管理的目标是在满足生产企业和物流渠道中，对原材料、零部件、半成品、产成品等需求的前提下，尽可能地降低库存数量。

2.库存管理的步骤

库存管理要以较低的成本来满足需求。若想事半功倍，首先要在明确商品需求特点的基础之上进行分类，然后选择恰当的管理方法。不同方法适合不同的商品需求特点及类别，因此选对方法是库存管理成功的必要条件。

（1）确定需求的类型。

要进行库存管理首先要确定需求的类型。这是选择恰当的库存管理方法的前提。研究库存问题需要明确拟管理的商品是独立需求还是相关需求。

① 相关需求。如果某种商品的需求与另一种商品的需求呈现非常紧密的相关性，那么称这种商品的需求是相关需求。生产制造企业的原材料和零部件等物料的需求通常是相关需求，比如汽车制造厂的轮胎相对于汽车的需求则是较为典型的相关需求，因为生产一辆汽车需要4个轮胎。

② 独立需求。如果某种商品的需求找不到与另一种商品的需求呈现非常紧密的相关性，则称这种商品的需求为独立需求。绝大部分产成品的需求是独立需求。产成品需求通常受竞争状况、消费者偏好、经济水平等市场因素影响。

需要注意的是即使同一种商品，因其在渠道中的位置和用途不同，可能会呈现出不同的需求特征。比如，同是轮胎，若用于生产汽车使用则是相关需求，若用于汽车修配厂维修使用则是独立需求。

（2）将商品进行ABC分类。

库存管理需要把商品按照一定的标准和方法进行分类，不同的商品类别采用不同的库存管理方法，只有根据商品类别选择适当的库存管理方法，才能抓住重点、提高效率和降低成本，实现在满足客户需求的前提下尽量减少商品库存数量的目标。

（3）选择适当的库存管理方法。

库存管理的方法概括起来有两种：一种是物料需求计划（MRP）法；另一种是预测管理库存法。这两种方法分别适用于相关需求和独立需求。所以，在进行库存管理时首先要确定需求的类型，即你所要管理的商品是属于独立需求还是属于相关需求。大部分物流专业的高职学生将来就业要管理的商品多属于独立需求，所以适用于独立需求的预测管理库存法显得更重要些。

预测管理库存法又可以分为定量订货法和定期订货法两种，其中A类商品适合采用定量订货法管理库存，因为定量订货法能实现单品重点管理，前面讲到A类商品要进行重点管理，那么用定量订货法管理就是重点管理的重要体现。独立需求的B、C类商品适合采用定期订货法管理库存，有兴趣的同学可以自己找资料学习。相关需求的商品适合采用MRP法管理库存。

（4）确定库存管理参数。

我们就以最重要的定量订货法为例来说明。在库存管理中，时常会遇到如下两个问题：

① 什么时间订货？

② 每次订货批量是多少？

设定好这两个关键参数是衡量库存管理者水平的重要标志，也是实现库存管理目标的必经之路。设定这两个参数时，需要依据以往的运营数据，在实际运营过程中，根据变化的市场环境适时地进行调整，使之更符合内外环境的特点。

3.定量订货法相关知识

独立需求的A类商品适用定量订货法。A类商品创造大约80%的价值，因此高职学生掌握定量订货法是解决库存管理的关键。定量订货法需要确定订货点和订货批量两个参数。订货点在不考虑安全库存时是为了满足提前期内的需求量，就等于平均每天需求量乘以平均提前期。确定订货批量要先算出经济订货批量，然后考虑其他影响因素后，统筹确定最终的订货批量。

（1）定量订货法库存随时间变化图。

定量订货法假设某种商品的需求会持续地耗用库存，当库存消耗到一定程度，即库存量等于或低于一定数量时，就要向供货商或生产部门下达订单来补充库存，订货量为事先设定好的固定批量。在某一点的有效库存就是所持有的库存量加上已订购的数量减去已承诺的供货数量。经过订货提前期之后，所有的订货批量在某一时点被运到。

从库存降到再订货点，企业发出补货订单到企业收到所订购商品这段时期内，可能存在需求超过剩余库存的风险。通过升高或降低再订货点，以及调整订货批量，我们就可以控制这一时段发生缺货的概率。如图2-2-1所示，通过图示能直观明了地理解订货点和提前期的意义。

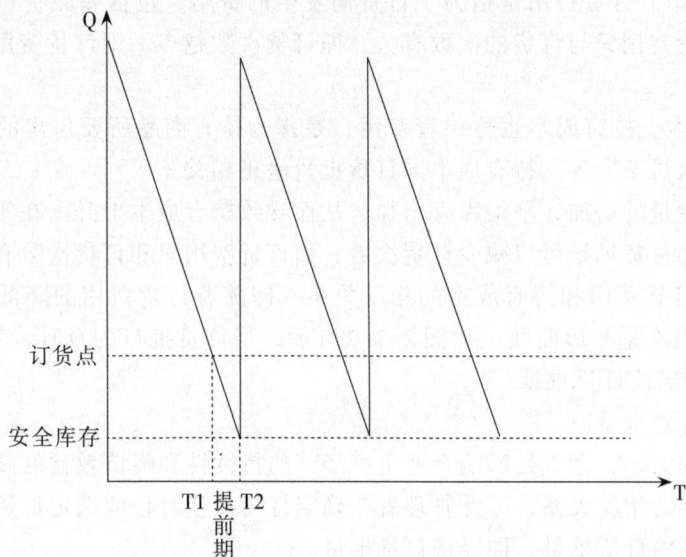

图2-2-1 定量订货法库存随时间变化图

（2）订货点和订货提前期的含义。

订货点和订货提前期的含义要结合图2-2-1，在充分理解的基础上记住。

订货点就是当某种商品库存下降到一定数量时，需要向生产部门或采购部门下达订单时的这个点。订货点也叫订货时间，但它是一个数量单位，每当库存下降到这一数量时就要订货。

订货提前期是从下补货订单开始，到所订货物送达并处于可用状态为止所需要的时间。

（3）订货点公式。

从图2-2-1上可以明显看出订货点公式如下：

订货点=安全库存+订货提前期内的需求量

订货提前期内的需求量=平均提前期×平均每天需求量

要把握订货点公式，需要注意以下两点：

① 要结合库存随时间变化图。结合图2-2-1进行把握，有利于发挥高职学生形象思维较活跃的优势，有助于其理解。

② 用类比的方法把握订货点的影响因素。在把握订货点公式时，可结合身边的实例进行类比，这样才能使学生真正掌握，也才能真正学以致用。比如，让学生扮演家庭主妇进行鸡蛋的库存管理。假如当冰箱中还剩10个鸡蛋时，开始去采购，那么鸡蛋的订货点便是10个。为何要在冰箱中剩10个鸡蛋时去采购呢？这和哪些因素有关？通过类比，容易清楚订货点的设立同平均每天需求量和平均提前期有关。

4.经济订货批量相关知识

（1）经济订货批量的概念。

所谓经济订货批量（EOQ），就是在只考虑某种商品的年需求数量、订货费用和持有成本3个影响因素下最经济的订货批量。

① 订货费用。订货费用是指为了订货而发生的费用，包括差旅费、通信费等。一段时间内的订货费用只与订货的次数有关，即订货次数越多，则订货费用越高，反之则越低。

② 持有成本。持有成本也称保管费用，是指为持有商品所要付出的成本，包括仓储费用、库管人员工资等。持有成本同订货批量呈正相关。

随着订货批量的增加，平均库存增加，从而导致持有成本上升。在年需求数量一定的前提下，增加订货批量可以减少订货次数，而订货费用只和订货次数有关，从而使订货费用降低。订货费用和持有成本的相反关系（即随着订货费用的降低持有成本会上升）使得总的成本呈U形曲线。如图2-2-2所示，当订货批量为Q时，其总成本最小。Q点即为此时的经济订货批量。

（2）经济订货批量。

订货批量的大小，会直接影响企业生产经营的持续性和经济效益的高低。由于订货费用和持有成本的相反关系，因此管理者在确定订货批量时，应选定订货费用和持有成本合计数最低时的订货批量，即经济订货批量。

下面我们简要介绍经济订货批量的确定方法。

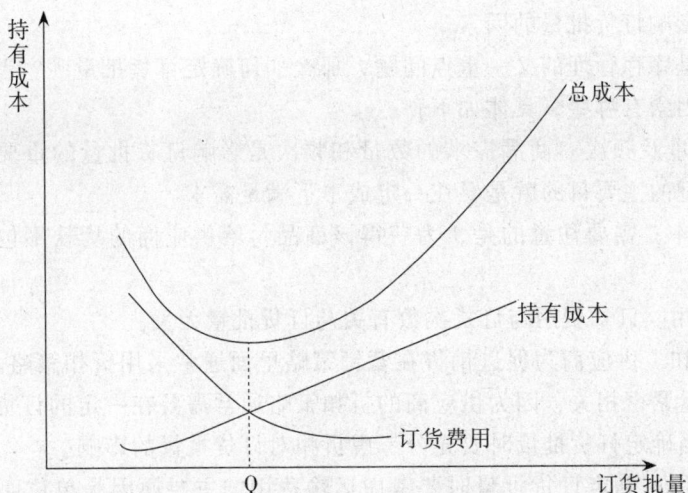

图2-2-2　采购总成本与订货批量的关系

【例】某企业A商品一年内的需求量预计为8 000吨，每次购进相同的数量，已知每次订货费用为50元，每吨商品的全年持有成本为5元，A产品的价格为6 000元／吨，试计算该企业A商品的经济订货批量。

如果我们假设全年需求总量为D，每次订货批量为Q，每次订货费用为S，单位商品年平均持有成本为I，我们就可以推导出经济订货批量的计算公式：

$$订货费用 = \frac{年需求量}{每次订货批量} \times 每次订货费用 = D/Q \times S$$

$$持有成本 = 平均库存量 \times 单位商品年平均持有成本$$

$$= \frac{最低库存量 + 最高库存量}{2} \times 单位商品年平均持有成本$$

$$= \frac{1}{2}Q \times I$$

$$库存总成本 = 订货费用 + 持有成本 = SD/Q + \frac{1}{2}QI$$

根据高等数学求极值的方法，我们可以对上式的Q求导，求出当库存总成本最低时的经济订货批量Q值：

$$Q = \sqrt{2 \times D \times S/I}$$

$$= \sqrt{2 \times 年需求总量 \times \frac{每次订货费用}{单位商品年平均持有成本}}$$

$$= \sqrt{2 \times 8\,000 \times 50/5} = 400（吨）$$

经济订货批量公式（EOQ公式），是确定当年需求一定时，订货费用和持有成本之和最低的每次订货批量的方法。运用这个方法，可以取得持有成本与订货费用之间的平衡。

5.订货批量

向生产部门或采购部门下订单的数量是不是就是经济订货批量呢？我们知道经济订货批量只考虑了某种商品的年需求数量、订货费用和持有成本3个因素，所以真正下订单时还要把其他因素考虑进来。

（1）明确影响订货批量的因素。

订货批量是库存管理的又一重点问题，那么如何确定订货批量呢？首先需要掌握影响订货批量的因素有哪些，具体如下：

① 需求数量及频次。商品需求的数量和频次是影响订货批量的重要影响因素，因为进行库存管理的主要目的就是要在一定成本下满足需求。

② 持有成本。需要注意的是，为获得该商品付给供应商的货款不包含在持有成本当中。

③ 订货费用。订货费用与订货次数有关与订货批量无关。

④ 商品折扣。供应商为促进销售在营销策略里面通常采用折扣策略。一般情况下，折扣和订货批量紧密相关，因为供应商的折扣策略通常需要在一定的订货批量之上才能享受到，所以当确定订货批量时要充分考虑折扣对订货批量的影响。

⑤ 运输费用。确定订货批量时要考虑运输费用的主要原因是单位商品零担和整车运费不同。单位商品零担运费要比整车贵很多，尤其在所订货物运输费用占比较大时更要充分考虑这一影响因素。

⑥ 季节性因素。这主要是考虑商品需求的淡旺季，淡季少订些货物，而旺季需要多订些货物。

⑦ 财务状况。企业的财务状况是影响订货批量的直接因素，尤其是所订货物较为贵重时，就要考虑企业的财务状况是否允许购买相应数量的货物。

⑧ 价格走势。商品价格不是一成不变的，如果商品价格有涨价预期，则应该多订些货物，反之则应该少订些货物。

（2）确定订货批量。

影响订货批量的因素众多，如果同时考虑所有因素，将无法确定合适的订货批量。要想解决这一问题，需要抓住主要矛盾来简化问题。因此，先要确定经济订货批量，然后将其他影响订货批量的因素考虑进来，经统筹分析后确定最终的订货批量。

任务实施

★步骤1：确定王老吉凉茶的需求特点及ABC类别。

（1）确定王老吉凉茶的需求类型。王老吉凉茶是产成品，主要受消费者购买能力、消费者偏好及竞争状况等终端市场因素影响，所以属于独立需求。

（2）确定王老吉凉茶的类别。在表2-2-1中查询王老吉凉茶为A类货物。

★步骤2：选择恰当的库存管理方法。

独立需求的A类商品适用定量订货法管理库存，能够实现单品重点管理。

★步骤3：确定订货点（订货时间）。

由表2-2-1可知，王老吉凉茶6个月的出库量共1 590箱。

王老吉凉茶平均每天需求量=总出库量÷天数=1 590÷180≈9（箱），在不考虑安全库存的情况下：

王老吉凉茶的订货点=平均每天需求量×平均提前期=9×3=27（箱）

★步骤4：计算经济订货批量。

经过上面介绍可知，影响订货批量的因素众多，如果将这些因素同时考虑进来，那将无法确定订货批量。要想解决问题必须抓住问题的重点和关键，将复杂问题简单化。为此，需要先确定经济订货批量。

根据表2-2-1所列的需求量数据，将数据代入经济订货批量公式，可得王老吉凉茶的经济订货批量：

$$Q=\sqrt{2 \times D \times S/I}$$

$$=\sqrt{2 \times 年需求量 \times \frac{每次订货费用}{单位商品年平均持有成本}}$$

$$=\sqrt{2 \times 3\,180 \times 1\,000/20}$$

$$\approx 564（箱）$$

注意：经济订货批量公式的需求量是年需求量，而任务中给的是6个月的出库量，所以6个月的需求量需要变成年需求量，即将6个月的需求量1 590箱乘以2得到年需求量3 180箱。

★步骤5：确定订货批量。

最终的订货批量要在经济订货批量的基础上，再将其他影响因素考虑进来，经比较分析成本高低而定。比如，我们在步骤4中算出的经济订货批量是564箱，现在假定供应商的折扣策略是600箱可以享受5%的折扣，我们算一下订货批量是600箱和564箱的年总成本后，选择年总成本较低的订货批量。

（1）当订货批量是564箱时的年总成本。

年总成本=年采购成本+年采购费用+年库存持有成本

　　　　=单价×年需求数量+采购次数×单次采购费用+平均库存×单位持有成本

　　　　=单价×年需求数量+年需求数量/订货批量×单次采购费用+订货批量×单位持有成本/2

　　　　=120×3 180+3 180×1 000/564+564×20/2

　　　　=392 878（元）

（2）当订货批量是600箱时的年总成本。

年总成本=年采购成本+年采购费用+年库存持有成本

　　　　=单价×年需求数量+年需求数量/订货批量×单次采购费用+订货批量×单位持有成本/2

　　　　=120×0.95×3 180+3 180×1 000/600+600×20/2

　　　　=373 820（元）

显然，订货批量为600箱年总成本更低。同理，再把其他因素考虑进来，从而确定订货批量。假如，运输公司的整车标准是620箱，可以比零担运输每箱节省5%的费用，那我们就应该综合考虑最终确定订货批量是620箱。总之，确定订货批量应该先算出经济订货批量，然后把其他影响因素考虑进来，经统筹分析后确定最终的订货批量。

【课堂讨论】

用定量订货法管理A类商品，可以实现单品重点管理，因此它是较为理想的管控方法，每到订货点时就可以订货。但是，我们怎么知道到了订货点该订货了呢？这需要时时监控库存。这在管理当中应怎么操作呢？方法虽好，但是如果不容易操作，也没法在实践中应用。

技能强化 //////○○○○○○○○○

　　已知表2-2-1是某公司根据最近6个月部分商品出库量信息制作的ABC分类结果，假定供应商的平均供货时间是3天，订货费用每次为1 000元，单位商品年持有成本为20元，惠普黑色墨盒每箱售价为600元，采购惠普黑色墨盒数量900箱以上，可以获得5%价格折扣。惠普黑色墨盒这种商品缺货会造成客户极端不满。请确定惠普黑色墨盒的库存管理策略。

效果评价 //////○○○○○○○○○

　　"定量订货法"技能训练评价，见表2-2-2。

表2-2-2　　　　　　　　　"定量订货法"技能训练评价

考核项目	考核内容	得分	备注
训练任务（集体50%）	学习态度端正（10分）		
	按时上交完成（10分）		
	团队分工协作（10分）		
	积极主动训练（10分）		
	计算订货点（10分）		
	计算经济订货批量（20分）		
	计算带折扣的订货批量（30分）		
	合计		
练习任务（个人50%）	学习态度端正（10分）		
	按时上交完成（10分）		
	独立自主思考（10分）		
	积极主动训练（10分）		
	计算订货点（10分）		
	计算经济订货批量（20分）		
	计算带折扣的订货批量（30分）		
	合计		
总分			
小组名称	小组成员		
自我评价			
教师点评			

技能训练 2.3
MRP 采购

■ 实训目标
■ 实训要求
■ 实训过程
■ 技能强化
■ 效果评价

■ **实训目标**

知识目标：

(1) 了解MRP要解决的问题。

(2) 掌握MRP的运算逻辑。

能力目标：

(1) 能够设置MRP系统运行架构。

(2) 能够采用MRP系统输出需求计划。

素养目标：

(1) 培养学生的务实精神和全局意识。

(2) 培养学生的创新思维和逻辑思维。

■ **实训要求**

(1) 事先分组，每4~6名同学分为1组，每组选出1名组长，相互协作，共同完成任务，需要提交小组作业和个人练习作业。

(2) 能够体现需求拉动的订购计划制订过程。

实训过程 ///////.........

👩 任务发布

假设主生产计划中在第八周要生产出 100 个 M 产品，产品结构如图 2-3-1 所示。在图 2-3-1 中，LT 为零部件提前期。设当前库存和计划入库量均为零，不考虑安全库存，订货批量为实际需求量。

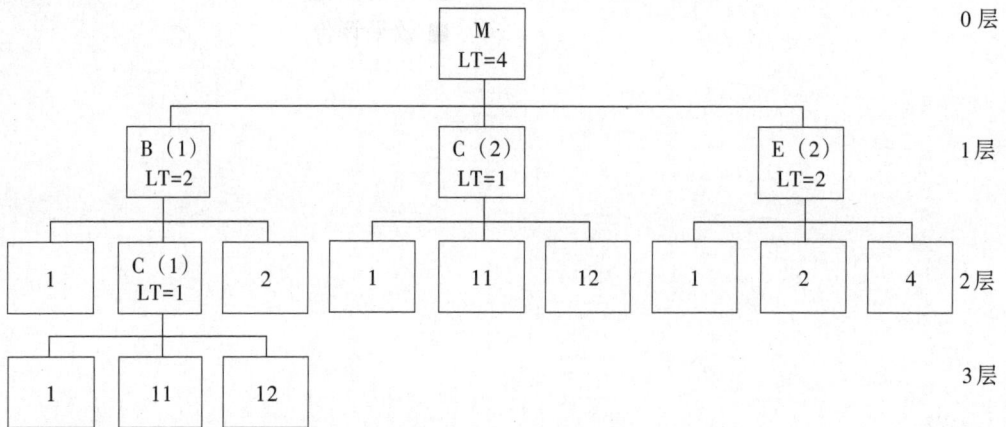

图2-3-1　产品结构图

请制订 B、C、E 部件的库存管理方案。

♻ 背景知识

物料需求计划（MRP）是一个落实准时供应（JIT）管理理念的计算程序。目前，通常是用计算机根据主生产计划中规定的最终产成品的交货时间、现有零部件的库存情况、产品结构清单、采购提前期及订货批量等参数计算出所需各种物料的采购订单或生产订单的下达时间。

1.MRP 要解决的问题

在预测管理库存的定量、定期模型中都有一个假定条件——需求是独立且稳定的。但事实上随着竞争的日益加剧及消费者偏好趋于个性化，需求变得难以捉摸并不断变化着，如果销售渠道中的产成品库存、工厂产成品库存及原材料库存都使用定量订货法管理，则其库存随时间的变化情况分别如图 2-3-2 至图 2-3-4 所示：图 2-3-2 是靠近终端的销售渠道中产成品库存随时间变化情况；图 2-3-3 是靠近生产厂家的产成品库存随时间变化情况；图 2-3-4 是原材料库存随时间变化情况。从图 2-3-2 到图 2-3-4 可以明显发现终端需求的微小波动会沿着供应链逆向追溯，并逐级放大波动，从而导致供应链后端需求产生剧烈波动，这就是所谓的牛鞭效应。制造企业为了应对这种现象，就要保有大量的原材料库存，这会占用很多资金和浪费很多资源，并使得供应链反应迟缓，不利于快速响应客户需求。物料需求计划（material requirement planning，MRP）就是为了解决这一问题而产生的，是适用于相关需求的物料库存管理的方法。

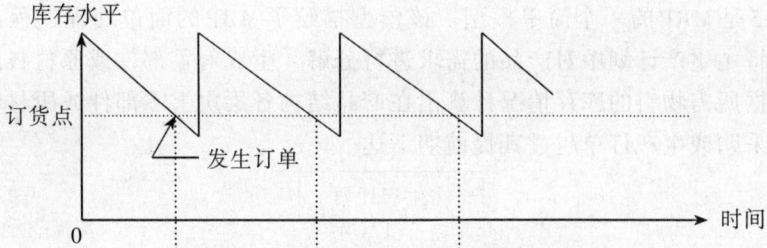

图2-3-2　基层库存（仓库中的产成品）

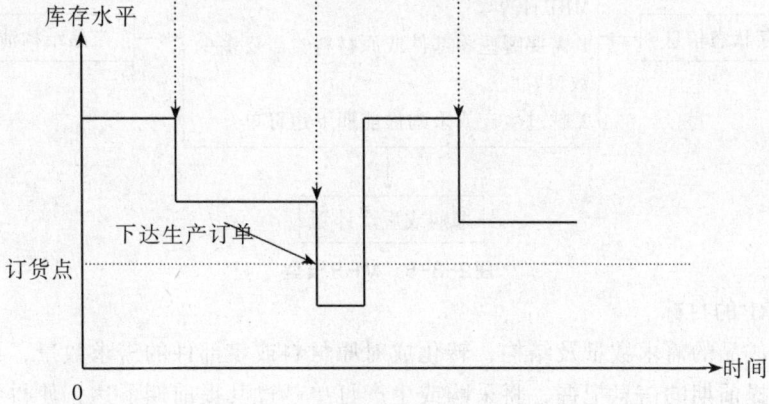

图2-3-3　工厂库存（工厂中的产成品）

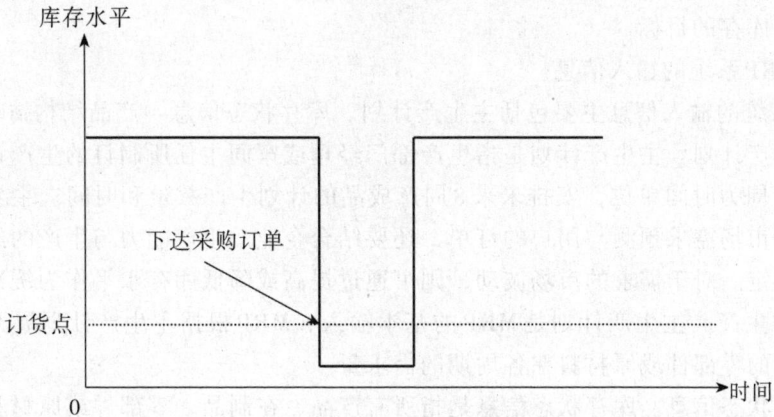

图2-3-4　原材料库存（工厂的供给库存）

2.MRP的优势

运用MRP管理原材料或零部件等相关需求的库存，在某种程度上能解决困扰制造企业的牛鞭效应这一难题。通过MRP管理软件，利用计算机强大的数据处理能力，可以根据对原材料或零部件需求、库存情况及采购提前期等信息，快速计算出跨越采购或生产提前期的订单下达时间，使得在满足需求的前提下，尽可能地减少原材料或零部件的库存保有量。同时，管理者在使用MRP管理原材料或零部件库存时，能根据需求及提前期等信息的变动情况及时调整采购或生产订单的下达时间，使之更符合需求和贴近市场。

3.MRP模型

图2-3-5是MRP的一个简单模型。该模型描绘了MRP的简单处理过程：先通过产品结构文件将主生产计划中对产品的需求进行分解，生成对零部件或原材料的主需求量计划，再根据所需物料的库存情况计算出在产品结构各层次上零部件或原材料的净需求量，最后将采购或生产订单越过其提前期下达。

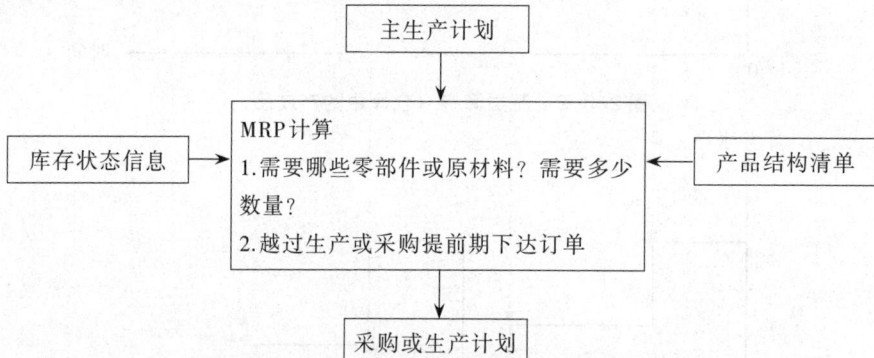

图2-3-5　MRP模型

（1）MRP的目标。

根据产成品的需求数量及结构，转化成对原材料或零部件的需求数量，再根据库存情况及采购提前期的信息把握，将采购或生产订单越过其提前期下达，使得各车间生产的零部件、外购配套件与装配的要求在时间和数量上精确衔接，来降低库存，从而实现用信息替代库存的目标。

（2）MRP系统的输入信息。

MRP系统的输入信息主要包括主生产计划、库存状态信息、产品结构清单等。

①主生产计划。主生产计划是指生产部门经理或车间主任所制订的生产计划。该计划通常是以周为时间单位，安排未来8周产成品的计划生产数量和时间。主生产计划的制订是根据市场需求预测与用户的订单，还要结合企业的生产能力与生产的经济批量进行平衡后确定。对于需求的市场波动，则可通过提高或降低库存水平作为缓冲，以达到均衡稳定的生产。主生产计划是MRP的基本输入，MRP根据主生产计划展开并导出构成这些产品的零部件或原材料在各周期的需求量。

②库存状态信息。库存状态信息是指所有产品、在制品、零部件或原材料的库存状态信息，主要包括以下内容：

a.当前库存量，即工厂仓库中实际存放的可用库存量。

b.计划入库量，是指根据正在执行中的采购订单或生产订单，在未来某个时间周期内能够入库的数量。在这些订单入库的那个周期内，把它们视为库存可用量。

c.提前期，是指执行某项任务由开始到完成所用的时间。对于采购件来说，是从向供应商下订单开始，到进货入库所消耗的时间；对于制造或装配件来说，则是从下达生产通知单到制造或装配完毕所消耗的时间。

d.订货批量，是指在某个时间周期内向供应商订购（或要求生产部门生产）某零部件或原材料的数量。

e.安全库存，是为了预防需求或供应方面不可预测的波动，而需要保有的库存数量。

③产品结构清单。产品结构清单又称零部件需求明细表，如图2-3-6所示，图中以字母表示部件，数字表示零件，括号中数字表示装配数。

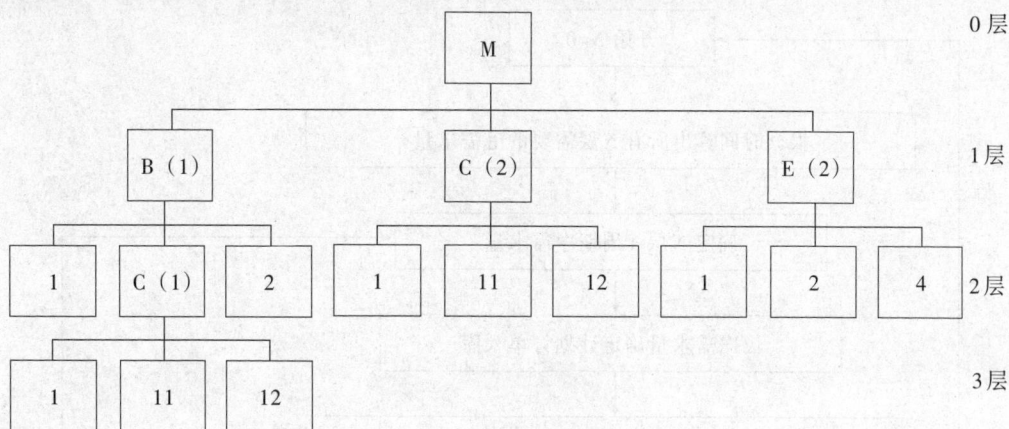

图2-3-6　产品结构图

从图2-3-6中可以看出，最高层次（0层）的M是企业的最终产成品。它是由部件B（每个M产品需用1个B）、部件C（每个M产品需用2个C）及部件E（每个M产品需用2个E）组成的。每个第一层次的B部件，又是由部件C（1个）、零件1（1个）、零件2（1个）组成。依此类推，在这些部件和零件中，有些是工厂自己生产的，有些可能是外购件。如果是外购件，则不必再进一步分解。

当产品结构清单输入计算机后，计算机根据输入的结构关系，自动赋予各部件、零件一个底层代码。当一个零件或部件出现在多种产品结构的不同层次，或者出现在一个产品结构的不同层次上时，该零（部）件就具有不同的层次码。如图2-3-6中的部件C既处于1层，也处于2层，即部件C的层次代码是1和2。产品结构是按层次代码逐级展开的。图2-3-6中按低层代码在做第二层分解时，每个M需要部件C 2个，每个B需要部件C 1个，因此生产1个产成品M共需3个C。部件C的全部需要量可以在第二层展开时一次求出，从而简化了运算过程。

（3）MRP系统的输出信息。

MRP系统的输出信息是采购或生产计划。如果某零部件是需要外购的，就输出采购计划；如果是自己生产的就输出生产计划。这里的采购或生产计划是用来指导基层采购或生产部门操作的依据。这里需要注意计划是管理的首要职能，不同管理层级都需要制订计划，主生产计划是中层管理者所制订的计划，其时间跨度是比较长的，要想执行到位需要利用MRP系统输出的信息，制订基层的时间跨度较短的可操作的计划。

4.MRP的计算程序

MRP的计算是按照主生产计划规定的产品生产数量及期限要求，利用产品结构、零部件和在制品库存情况、各生产阶段（或订购）的提前期、安全库存等信息自动地计算出构成这些产品的零部件的需求量，并能由产品的交货期生成自制零部件的生产进度日程和外购件的采购日程。当计划执行情况有变化时，MRP还能根据新情况区分出轻重缓急，调整生产优先次序，重新编制符合新情况的采购作业计划。MRP的计算程序如图2-3-7所示，采用计算机辅助完成。其计算程序具有以下3个主要特点：

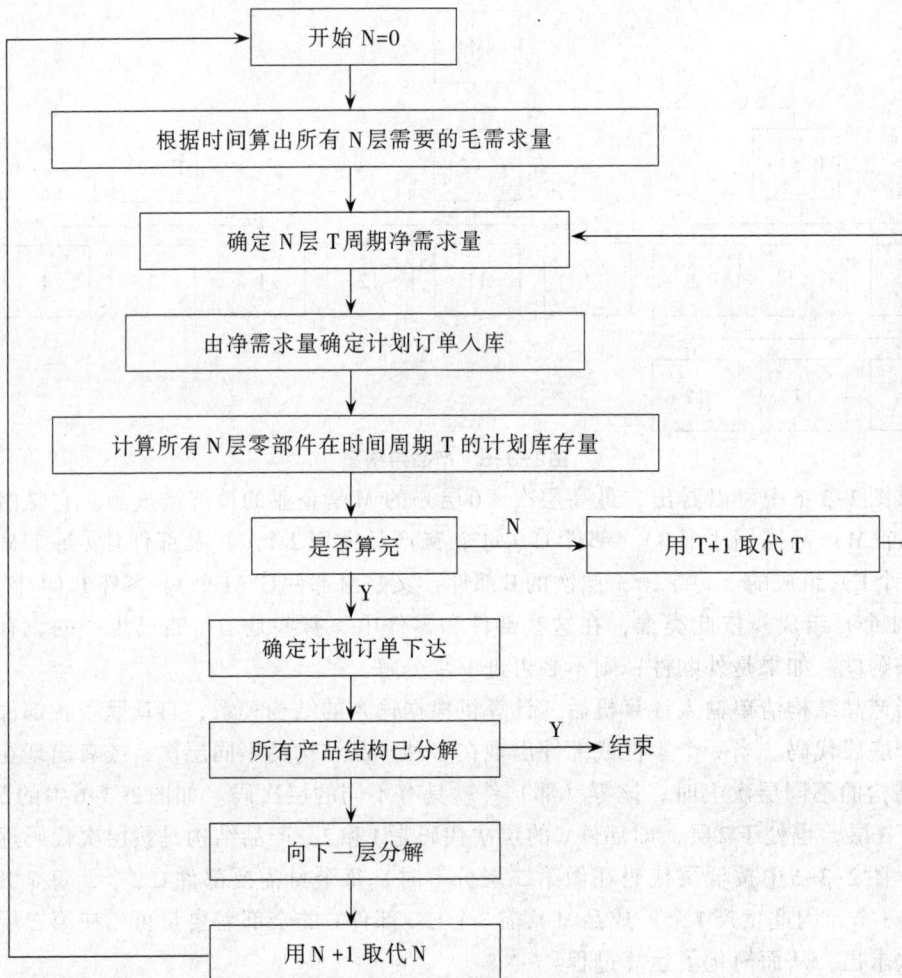

图2-3-7 MRP的计算程序

（1）根据主生产计划，可以自动地推算出制造这些产品所需的各零部件的生产或采购计划。

（2）可以进行动态模拟。不仅可以计算出零部件需求数量，而且可以计算出它们生产或采购的期限要求，还可以推算出今后多个周期的要求。

（3）运算速度快，便于计划的调整与修正。

任务实施

★步骤1：确定B、C、E部件的需求类型。

B、C、E部件是生产产成品的构成部分，其需求主要受产成品的生产量决定，所以属于相关需求。

★步骤2：选择库存管理方法。

具有明显相关需求特点的部件库存管理通常选用MRP法。

★步骤3：参数的确定。

（1）设定提前期。本任务中提前期作为已知条件，直接输入系统即可。实践中，对于绝大多数零部件的采购提前期可以一段时间以来，供应商供货的提前期数据汇总求平均数的方式确定。

（2）订货批量。本任务中订货批量已经给定为实际需求量，即100乘以产品结构清单的比例。

（3）安全库存。安全库存的设定与技能训练2.2中定量订货法相同。本任务中不考虑安全库存。

★步骤4：根据产品结构清单算出各零部件的需求量。

B需求量：（1）×产品 M 的需求量=1×100=100（个）

C需求量：（2）×产品 M 的需求量+（1）×部件 B 的需求量=2×100+1×100=300（个）

E需求量：（2）×产品 M 的需求量=2×100=200（个）

★步骤5：下单时间越过采购或生产提前期。

第八周需要100个 M 产品，由于生产的提前期是4周，所以需要提前4周即在第四周下达订单，见表2-3-1。

表2-3-1　　　　　　　　　　　第八周产出100个M产品

提前时间（周）		1	2	3	4	5	6	7	8
4	毛需求量（个）								100
	计划订单下达（个）				100				

B部件的提前期是2周，需要提前2周即在第二周下订单，见表2-3-2。

表2-3-2　　　　　　　　　　　B部件生产计划

提前时间（周）			1	2	3	4	5	6	7	8
2	B	毛需求量（个）				100				
		计划订单下达（个）		100						

C部件中有100个是构成 B 部件的一部分，同时有200个用于生产 M 产品，提前期都是1周，具体下单时间见表2-3-3。

表2-3-3　　　　　　　　　　　C部件生产计划

提前时间（周）			1	2	3	4	5	6	7	8
1	C	毛需求量（个）		100		200				
		计划订单下达（个）	100		200					

E部件需要200个，提前期是2周，下单时间见表2-3-4。

表2-3-4　　　　　　　　　　　　　E部件生产计划

提前时间（周）	E		1	2	3	4	5	6	7	8
2		毛需求量（个）				200				
		计划订单下达（个）		200						

【课堂讨论】

如何理性看待MRP的优势与劣势？

技能强化

假设主生产计划中在第八周要生产出100个M产品，产品结构如图2-3-1所示。在图2-3-1中，LT为零部件提前期。设计划入库量为零，当前B、C、E这3种部件库存均为安全库存20个，经济订货批量均为300个，当订货批量为320个以上时，可以获得5%价格折扣和4%整车运输优惠。

请制订B、C、E部件的库存管理方案。

效果评价

"MRP采购"技能训练评价，见表2-3-5。

表2-3-5　　　　　　　　　"MRP采购"技能训练评价

考核项目	考核内容	得分	备注
训练任务（集体50%）	学习态度端正（10分）		
	按时上交完成（10分）		
	团队分工协作（10分）		
	积极主动训练（10分）		
	确定需求类型正确（10分）		
	设置参数正确（25分）		
	输出需求计划正确（25分）		
	合计		
练习任务（个人50%）	学习态度端正（10分）		
	按时上交完成（10分）		
	独立自主思考（10分）		

考核项目	考核内容	得分	备注
练习任务 （个人50%）	积极主动训练（10分）		
	确定需求类型正确（10分）		
	设置参数正确（25分）		
	输出需求计划正确（25分）		
	合计		
总分			
小组名称		小组成员	
自我评价			
教师点评			

项目3　运输管理

【项目概要】

运输是物流的主要功能要素之一。运输管理通常是指产品从生产者手中到中间商手中再到消费者手中的运送过程的管理。随着供应链的全球化和电子商务的发展，产品运输的距离不断增加，从而使运输在供应链中的作用日益显著。运输决策会影响供应链盈利，并对供应链的库存决策和设施决策产生影响。

本项目以强化计划决策、提高运输效益为目标，通过给出的运输业务资料，依据《中华人民共和国道路运输条例》《道路货物运输及站场管理规定》《道路运输从业人员管理规定》《超限运输车辆行驶公路管理规定》《道路危险货物运输管理规定》等法律法规，依据《运输工具类型代码》（GB/T 18804—2022）、《道路甩挂运输车辆技术条件》（GB/T 35782—2017）、《物流服务师》（国家职业技能标准　职业编码：4-02-06-03）、《公路物流主要单证要素要求》（GB/T 33458—2016）、《物流单证基本要求》（GB/T 33449—2016）等国家标准，进行决策、计划、调度、制单、结算等实训，使学生掌握运输作业内容和相应的管理方法。

【项目导学】

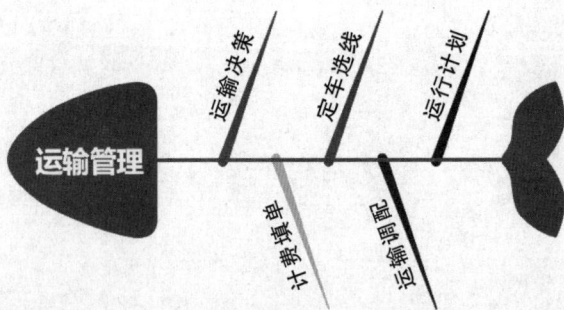

技能训练 3.1
运输决策

- 实训目标
- 实训要求
- 实训过程
- 技能强化
- 效果评价

■ **实训目标**

知识目标：

(1) 熟悉本量利分析的原理。

(2) 掌握本量利分析的步骤。

能力目标：

(1) 能够根据给出的运输业务资料进行本量利分析。

(2) 能够利用 Excel 工具中的图表进行本量利分析。

素质目标：

(1) 培养学生的创新意识和信息素养。

(2) 培养学生的成本意识和决策思维。

■ **实训要求**

(1) 事先分组，每 4~6 名同学分为 1 组，每组选出 1 名组长，相互协作，共同完成任务，需要提交小组作业和个人练习作业。

(2) 用 Excel 完成任务，需要在机房上课，电脑安装 office2010 以上版本。

(3) 采用图表的形式展现业务量与盈利水平。

实训过程 //////////。。。。。。。。

技能训练3.1

表单下载

👧 任务发布

经查资料获悉，东顺运输有限公司固定成本总额为 300 000 元，单位变动成本为 200 元/千吨公里，单位运价为 260 元/千吨公里。请对该企业进行运输业务量的本量利分析：

（1）该企业的保本点运输量是多少？

（2）若下个月企业税前利润目标为24万元，企业需完成多少运输量？

（3）若下个月预计运输量为 4 000 千吨公里，该企业是亏损还是盈利？利润额或亏损额是多少？

♻ 背景知识

本量利分析是"成本-业务量-利润分析"的简称，被用来研究价格、业务量、单位变动成本、固定成本总额等因素的相互关系，据以做出关于业务结构、定价、营销策略以及设备利用等决策的一种方法。

本量利分析是以成本性态分析和变动成本法为基础的，其基本公式是变动成本法下计算利润的公式，该公式反映了价格、成本、业务量和利润各因素之间的相互关系。

税前利润=销售收入-总成本

=销售单价×销售量-（变动成本+固定成本）

=销售单价×销售量-单位变动成本×销售量-固定成本

=（销售单价-单位变动成本）×销售量-固定成本

可以写成：$\pi = (P - V) \times Q - F$

式中：π——税前利润；

P——销售单价；

V——单位变动成本；

Q——销售量；

F——固定成本。

通过本量利分析，可以求解3种情况：

第一种：求解盈亏平衡产量，利润=0。

$$盈亏临界点产量 = \frac{固定成本}{销售单价 - 单位变动成本}$$

$\pi = 0$，即：

$$Q^{*} = \frac{F}{P - V}$$

第二种：当利润目标为一定数额时，求解产量。

$$目标产量 = \frac{固定成本 + 目标利润}{销售单价 - 单位变动成本}$$

即：

$$Q = \frac{\pi + F}{P - V}$$

第三种：当产销量一定时，求可实现的利润。

目标利润=（销售单价-单位变动成本）×销售量-固定成本

即：

$$\pi = (P - V) \times Q - F$$

任务实施

我们借助 Excel 表格进行数据处理。

★步骤1：设置基础数据。

设置进行本量利分析的基础数据表，如图 3-1-1 所示。

	A	B	C	D	E	F
1	盈亏平衡分析					
2	单价	260	销售量	边际贡献	固定成本	利润
3	单位变动成本：	200	0	0	300 000	-300 000
4	项目1	200	10 000	600 000	300 000	300 000
5	项目2					
6	项目3					
7			盈亏点垂直参考线：			
8	单位边际贡献	60	5 000	600 000		
9	固定成本：	300 000	5 000	300 000		
10	项目1	100 000	5 000	0		
11	项目2	100 000	5 000	-300 000		
12	项目3	100 000				
13			业务量垂直参考线：			
14	业务量	5 000	5 000	600 000		
15	边际贡献	300 000	5 000	300 000		
16	销售收入	1 300 000	5 000	300 000		
17	总成本	1 300 000	5 000	0		
18	利润	0	5 000	-300 000		
19			单价=260元，盈亏平衡业务量=5 000			
20	盈亏平衡业务量	5 000	业务量=5 000时，保本			

图 3-1-1 基础数据表

（1）左侧为数据信息，其中：

单位变动成本 B3=B4+B5+B6=200，可以详细列明单位变动成本的构成，例如路桥费、燃油费等；

单位边际贡献 B8=B2-B3=60；

固定成本 B9=B10+B11+B12=300 000，可以详细列明固定成本的构成，例如车辆折旧费、保险费等；

边际贡献 B15=单位边际贡献×业务量=B8×B14=300 000；

销售收入 B16=单价×业务量=B2×B14=1 300 000；

总成本 B17=单位变动成本×业务量+固定成本=B3×B14+B9=1 300 000；

利润 B18=销售收入-总成本=B16-B17=0；

盈亏平衡业务量 B20=固定成本÷单位边际贡献=B9÷B8=5 000。

（2）右侧为绘图数据，其中：

边际贡献 D3=C3×B8，D4=C4×B8；

固定成本 E3=B9，E4=B9；

利润 F3=D3－E3，F4=D4－E4；

按表设置盈亏点垂直参考线；

按表设置业务量垂直参考线。

★步骤2：绘制图表。

（1）选择下列数据，插入带直线和数据标记的散点图，如图3-1-2所示。

销售量	边际贡献	固定成本	利润
0	0	300 000	-300 000
10 000	600 000	300 000	300 000

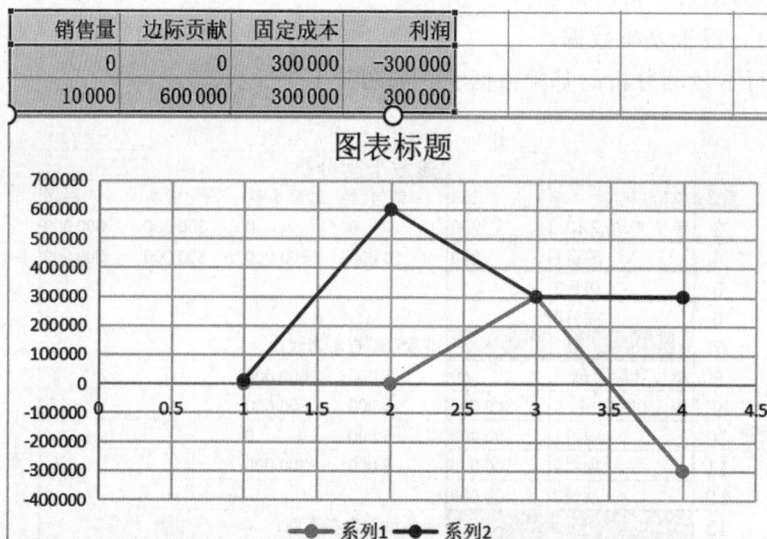

图3-1-2   插入带直线和数据标记的散点图

（2）点击"切换行列"，得到图3-1-3。

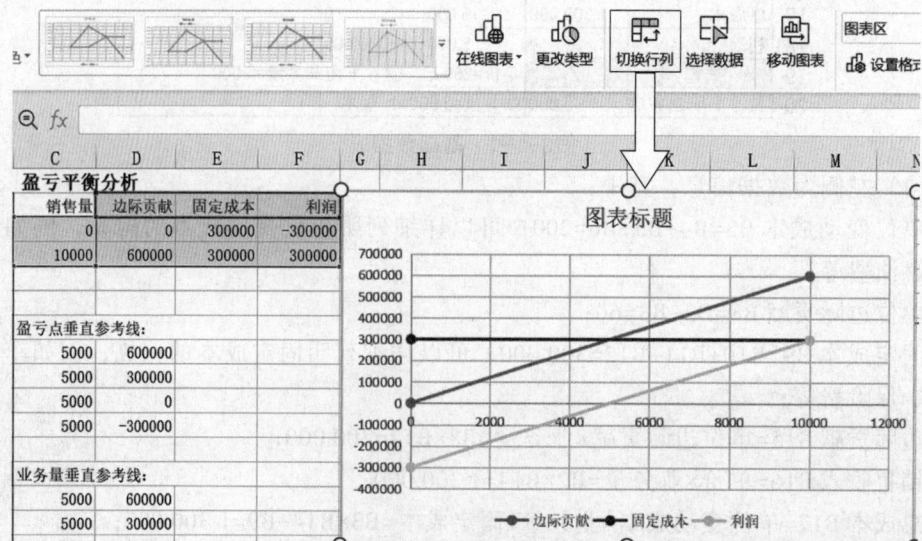

图3-1-3   切换数据行列

（3）单击图表，点击"选择数据"，设置盈亏点垂直参考线，如图3-1-4所示。

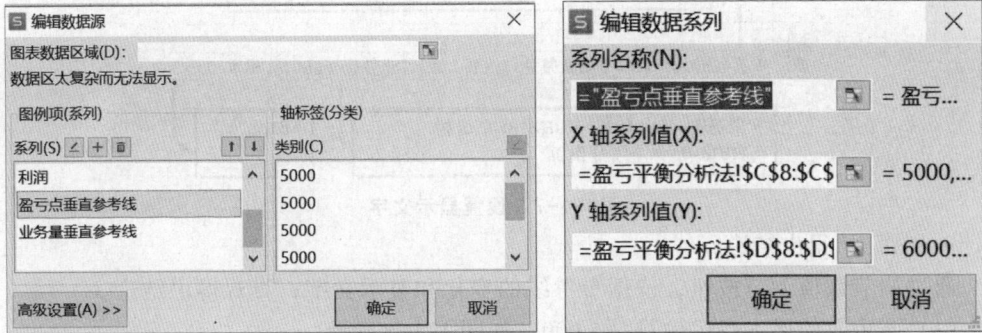

图3-1-4 设置盈亏点垂直参考线

（4）单击图表，点击"选择数据"，设置业务量垂直参考线，如图3-1-5所示。

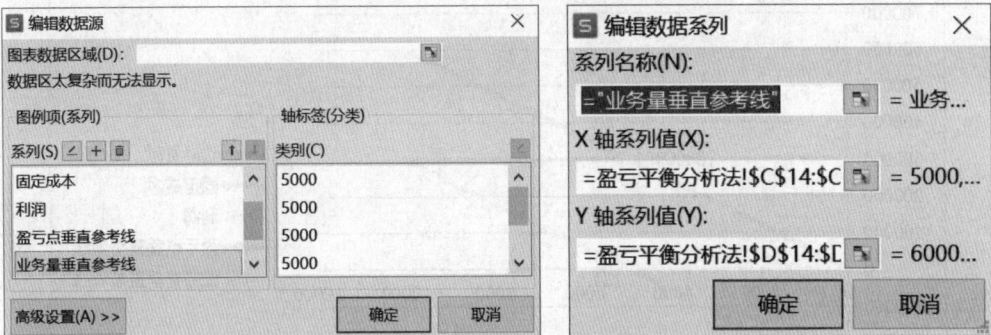

图3-1-5 设置业务量垂直参考线

（5）在图表上方插入2个数值调节钮（ActiveX 控件），设置控件格式，如图3-1-6所示。

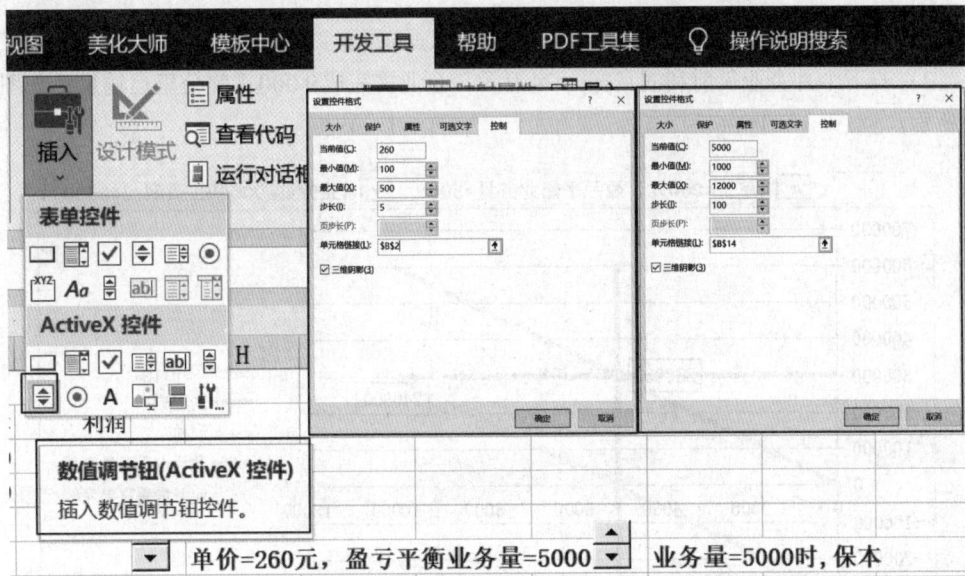

图3-1-6 设置数值调节按钮

（6）设置显示文字，如图3-1-7所示。

="单价="&B2&"元,盈亏平衡业务量="&ROUND(B20,1)

单价=260元,盈亏平衡业务量=5000   业务量=5000时,保本 0元

="业务量="&B14&"时,"&IF(B18>0,"盈利
",IF(B18=0,"保本","亏损"))

=B18&"元"

图3-1-7 设置显示文字

★步骤3：得出结论。

通过调节数值调节按钮，依据参考线的变化和显示文字，直观得出结论。

（1）该企业的保本点运输量是5 000，如图3-1-8所示。

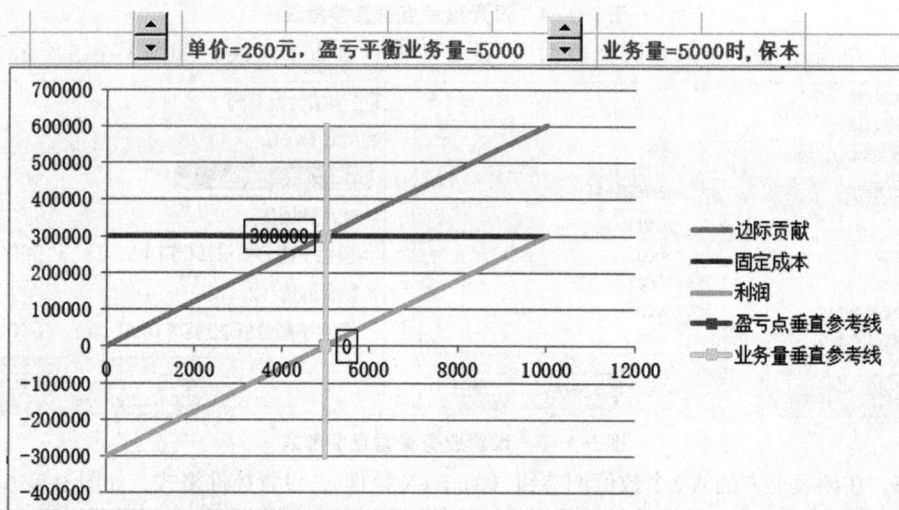

图3-1-8 求解保本点运输量

（2）若下个月企业税前利润目标为24万元，企业需完成9 000千吨公里运输量，如图3-1-9所示。

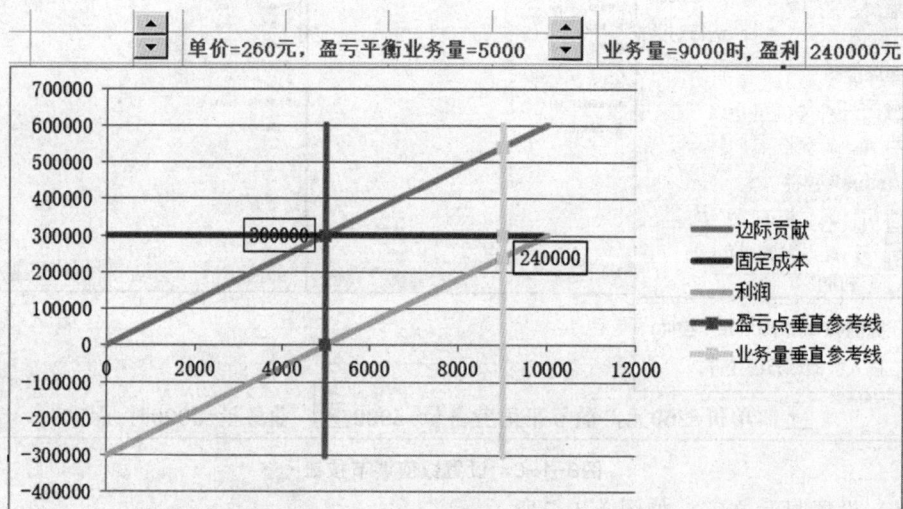

图3-1-9 求解目标利润为24万元的运输量

（3）若下个月预计运输量为 4 000 千吨公里，该企业亏损，亏损额是 60 000 元，如图 3-1-10 所示。

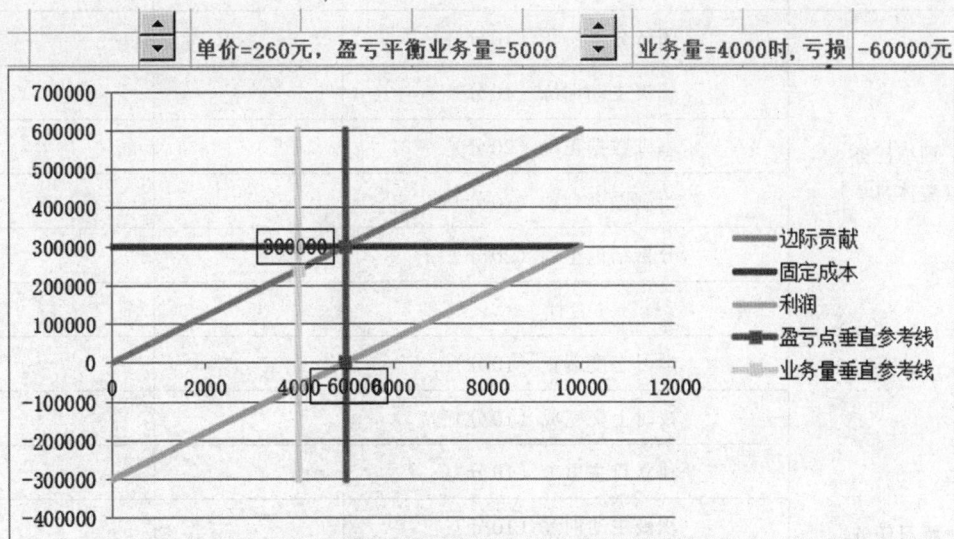

图3-1-10　求解预计运输量为4000千吨公里时的盈亏值

【课堂讨论】

（1）本量利分析的优缺点分别是什么？

（2）如果考虑了交税，保本点运输量应该如何计算？

技能强化 ///////////○○○○○○○○○○○

西风运输公司主要承揽各种普通货物运输业务，运输业务的单位变动成本为 150 元/千吨公里，固定成本为 20 万元，单位运价为 200 元/千吨公里，公司利润一直保持在 5 万 ~ 8 万元之间。3 月底，公司召开部门会议，总经理提出 4 月份要完成周转量 9 000 千吨公里的运输方案，各部门进行了讨论，操作视频 3.1 假设你是其中一员，如果该运输目标能够达成，公司能否盈利？总经理制定的目标是否合理？

效果评价 ///////////○○○○○○○○○○○

"运输决策"技能训练评价，见表 3-1-1。

表3-1-1　　　　　　　　"运输决策"技能训练评价

考核项目	考核内容	得分	备注
训练任务（集体50%）	学习态度端正（10分）		
	按时上交完成（10分）		

考核项目	考核内容	得分	备注
训练任务 （集体50%）	团队分工协作（10分）		
	积极主动训练（10分）		
	基础数据正确（20分）		
	绘制图表合理（20分）		
	分析结论正确（20分）		
	合计		
练习任务 （个人50%）	学习态度端正（10分）		
	按时上交完成（10分）		
	独立自主思考（10分）		
	积极主动训练（10分）		
	基础数据正确（20分）		
	绘制图表合理（20分）		
	分析结论正确（20分）		
	合计		
总分			
小组名称	小组成员		
自我评价			
教师点评			

技能训练 3.2
计费填单

- 实训目标
- 实训要求
- 实训过程
- 技能强化
- 效果评价

■ 实训目标

知识目标：

（1）掌握运费收费标准和计算方法。

（2）掌握运单基本格式和填写规则。

能力目标：

（1）能够根据给出的运输资料为客户准确计算运费。

（2）能够根据运输企业业务需求制作运单模板。

（3）能够根据给出的运输资料正确填写运单的内容。

素养目标：

（1）培养学生的认真态度和责任担当。

（2）培养学生的创新精神和科学思维。

■ 实训要求

（1）事先分组，每4~6名同学分为1组，每组选出1名组长，相互协作，共同完成任务，需要提交小组作业和个人练习作业。

（2）用Excel完成任务，需要在机房上课，电脑安装office2010以上版本。

（3）最好配备针式打印机，可打印多联单据。

实训过程 ///////////○○○○○○○○○○

技能训练3.2

表单下载

👩 **任务发布**

2023 年 5 月 22 日，天津宏博运动商城向北京安尔特体育用品有限公司采购大批运动商品，由天津万通物流公司于次日上门提货，运费到付，采购订单见表 3-2-1。

表3-2-1　　　　　　　　　　　　　　　采购订单

采购订单编号：OR2023052201			计划到货日期：2023 年 05 月 24 日		
序号	商品名称	包装规格（mm）（长×宽×高）	单价（元/箱）	重量（千克/箱）	订购数量（箱）
1	网球	400×300×200	120	2.5	2 400
供应商：北京安尔特体育用品有限公司					

收发货信息及运费收费标准见表 3-2-2。

表3-2-2　　　　　　　　　　**收发货信息及运费收费标准**

发货人	单位：北京安尔特体育用品有限公司
	地址：北京市大兴区文化园西路 13 号
	联系人：张安安　电话：17320178568
收货人	单位：天津宏博运动商城
	地址：天津市河西区解放南路 886 号
	联系人：靳宏　电话：16620985641
装货地点	北京市大兴区文化园西路 13 号
卸货地点	天津市河西区解放南路 886 号
运费收费标准	普通货物北京—天津基础运价为 300 元/吨，重货（每立方米重量大于等于 333 千克）按实际重量计费，轻货（每立方米重量不足 333 千克）按折算重量计费（每立方米按 333 千克折算）。装车费为 15 元/吨，卸车费为 12 元/吨。托运人可自愿选择是否保价，保价费标准如下： 普通货物：0 元＜声明价值≤20 000 元，保价费为货物声明价值的 3‰；20 001 元≤声明价值≤100 万元，保价费为货物声明价值的 4‰ 易碎品：保价费为货物声明价值的 8‰

作为天津万通物流公司的运输业务员，请你完成下列工作：

（1）计算运费。

（2）设计并填写运单。

♻ 背景知识

1.公路货物运费

公路货物运费包括基本运费和其他费用。基本运费是指公路承运人在运输货物时依照所运货物的种类、重量、运送距离而收取的费用，是公路货物运费的重要组成部分。其他费用也称杂费，主要是指包括装卸费在内的公路货物运输中产生的相关费用。

计算公式为：运费=计费重量×基本运价+杂费

计费重量是被运输的货物在计算运费时的名义重量。一般以实际重量为基础，但往往与实际重量有所差异。我们在确定货物的计费重量时，需要先判断货物为轻货（light cargo）还是重货（heavy cargo），轻货和重货主要是按重量和体积比例来进行界定。不同运输方式（公路、铁路、水路、航空）对重货、轻货的划分标准不同，公路一般为 $210 \sim 350 \text{kg/m}^3$ 之间，不同物流公司标准不同。若高于这个标准的为重货，计费重量为货物的实际重量；若低于这个标准的为轻货，以体积或者折算重量（每立方米折算成千克）作为计费重量，具体也要看物流公司的计费标准。

2.公路货物运单

公路货物运单是公路货物运输及运输代理的合同凭证，是运输经营者接受货物并在运输期间负责保管和据以交付的凭据，也是记录车辆运行和行业统计的原始凭证。根据《公路物流主要单证要素要求》（GB/T 33458—2016），运单基本要素的内容及说明见表3-2-3，运单可选要素的内容及说明见表3-2-4。物流公司运单的制作可根据实际情况选用及扩展。

表3-2-3   **运单基本要素**

序列号	要素内容	填写说明
1	运单号（或编号）	–
2	填发日期	汉字大写，如贰零贰叁年壹月壹日
3	发货单位	发货单位的全称
4	发货单位地址	–
5	发货单位联系方式	发货单位的联系电话/传真/电子邮箱
6	发货单位联系人	–
7	发货人签名	–
8	发货日期	货物交付物流公司的日期，具体到日
9	发货地址	–
10	承运人签名	–

续表

序列号	要素内容	填写说明
11	承运人电话	–
12	货物名称（或品种）	–
13	货物规格	–
14	货物包装	货物包装类型，包括纸箱、桶装、木托等
15	货物件数	要求发运的货物件数
16	实发数量	实际发运的货物件数
17	货物总重量	–
18	货物总体积	货物在运输、仓储中所占立体空间的总体积
19	收货单位	–
20	收货单位地址	–
21	收货单位联系方式	–
22	收货单位联系人	–
23	签收人签名	–
24	签收人证件类型及号码	
25	签收日期	货物签收的日期，具体到日
26	结算人姓名	–
27	结算人联系方式	–
28	收货地址	–
29	收货签章	–
30	实收数量	–
31	备注	货物破损等情况的补充说明
32	注意事项	说明物流作业、责任划分等相关事项

表3-2-4 运单可选要素

序列号	要素内容	填写说明
1	签发单位	制作单证单位的名称
2	订单号（或关联订单号）	单证关联的订单号
3	单证条码	—
4	制作日期	单证的制作日期，具体到日
5	发货人签章	—
6	承运人单位名称（或承运单位）	
7	承运人签章	
8	运输要求	包括集装箱、散货等
9	驾驶员姓名	—
10	驾驶员证件类型及号码	—
11	驾驶车辆车牌号	—
12	签收人电话	
13	货物批次	货物的生产批次号
14	货物毛重	单件货物本身加包装物的重量，但不包括承运人设备重量
15	货物净重	单件货物本身的重量
16	货物体积	单件货物在运输、仓储中所占的立体空间
17	货物描述	—
18	要求到货日期（或预达日期）	—
19	保价金额	
20	保价费率	
21	不含税货款总额	
22	增值税税额	—
23	合计应付总额	
24	运输费用合计（或物流费用合计）	
25	付款方式	—

另需注意：运单通用固定内容宜印制在单证上；物流单证的背面应附上有关物流运输的条款、法律法规依据；运单如为多联式单证，应注明相应联的名称及用途。

3.运单填写

根据《物流单证基本要求》（GB/T 33449—2016）中提出的单证填制及使用要求：纸质单证各栏目应如实填写、字迹清楚、简明扼要、准确无误；纸质单证填写不应出现涂抹，应避免或减少加签修改；出单日期应合理，各单证上的开出日期应与客户委托相一致；货币币种与金额应相符，各单证所用货币币种、符号及金额应与客户委托相一致，且各单证之间应对应和匹配；法人单位、自然人姓名应填写全称；货物描述应使用已有行业术语，没有相应术语对照的词汇应准确清楚，并得到相关方的一致认同；计量单位填写应符合相应规定。

任务实施

我们借助Excel表格进行设计运单。

★步骤1：计算运费。

首先，判断轻货重货：

$V=0.4×0.3×0.2×2\ 400=57.6（m^3）$

$M=2.5×2\ 400=6\ 000（kg）$

$6\ 000kg/57.6m^3=104.2kg/m^3<333kg/m^3$，因此为轻货。

其次，确定计费重量：

每立方米按333kg折算，确定计费重量为：$57.6×333=19.2（t）$

再次，计算基本运费：$19.2×300=5\ 760（元）$

最后，计算附加费：

装卸费$=（15+12）×19.2=518.4（元）$

保价费$=120×2\ 400×4‰=1\ 152（元）$

★步骤2：设计运单。

物流公司的运单格式一般是固定的，不需要每次业务重新设计，首次设计时需要与公司业务形态相结合。

1.选择运单要素

可以参看《公路物流主要单证要素要求》（GB/T 33458—2016）中建议的基本要素，结合业务实际情况进行增减。

以本任务为例，调整设计了以下运单要素：托运单号、托运日期、发货人、（发货人）联系电话、发货地址、收货人、（收货人）联系电话、收货地址、货物名称、规格、单价、件数、实际重量、计费重量、运价、运费、装卸费、保价费、货物核实记录、付费方式、注意事项等。

2.设计层级结构

将业务内容根据其属性分类组合展示，将同一属性整合归类，内容层级清晰，利于填单人聚焦，提高效率，如图3-2-1所示。

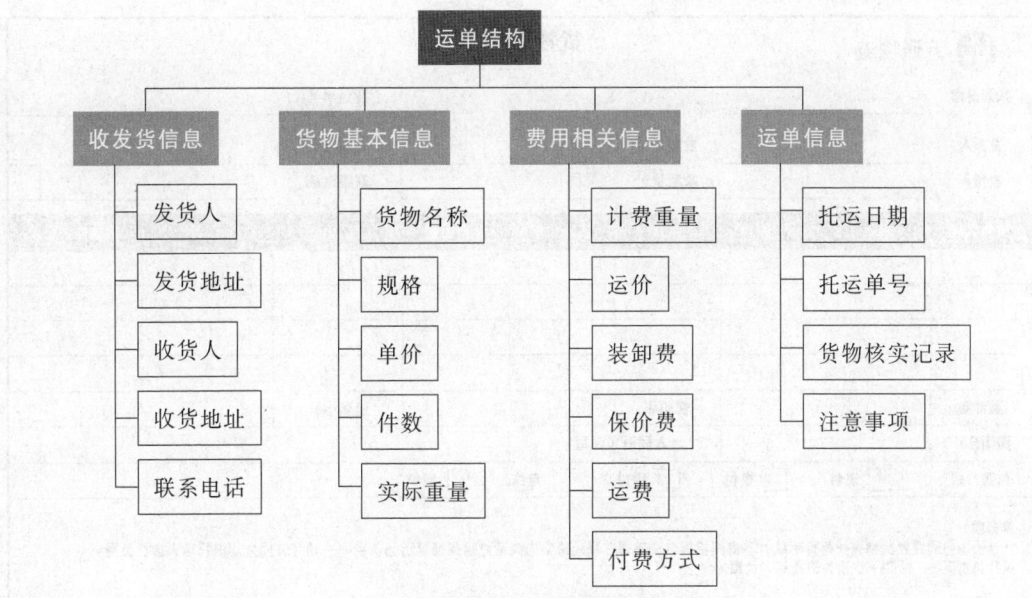

图3-2-1 运单要素层级设计

3.视觉动线设计

为了方便用户操作，在满足内容清晰可见的基础上尽可能将运单要素整合在一页内，同时为了符合阅读习惯，可以采用Z字形动线布局形式，一定程度上可以提高填单效率，如图3-2-2所示。

图3-2-2 运单视觉动线设计

4.风格样式设计

风格上，符合企业形象、品牌色调，简洁，尽可能减少用户思考记忆负担，多提供选择，文字描述信息严谨、通俗易懂，如图3-2-3所示。

万通物流

货物运输单

托运日期						托运单号		
发货人		发货地址				联系电话		
收货人		收货地址				联系电话		
货物名称	规格	单价	件数	实际重里	计费重里	运价	运费	货物核实记录
装卸费			保价费			运费小计		
费用合计			人民币（大写）					
付费方式	□现付	□提付	□到付	□月结	□回单			

注意事项：
1. 托运货物必须提供货物有关随行手续，不得假报货名、不得在托运货物内夹带危险品及禁运品，否则一切经济损失均由托运人自己负责。
2. 货物包装完好，否则一切损失由托运人负责。

图3-2-3 运单风格样式设计

★步骤3：填写运单。

根据货运信息逐项填写，如图3-2-4所示。设计好运单模板后，就可以打印出来使用了，一般运单为多联，可以采用针式打印机进行打印。

万通物流

货物运输单

托运日期	2023年5月23日					托运单号	WT2023052311	
发货人	北京安尔特体育用品有限公司 张安安		发货地址	北京市大兴区文化园西路13号		联系电话	17320178568	
收货人	天津宏博运动商城 靳宏		收货地址	天津市河西区解放南路886号		联系电话	16620985641	
货物名称	规格	单价	件数	实际重里	计费重里	运价	运费	货物核实记录
网球	400mm*300mm*200mm	120元	2 400箱	6吨	19.2吨	300元/吨	¥5 760.00	
装卸费	¥518.40		保价费	¥1 152.00		运费小计	¥5 760.00	
费用合计	¥7 430.40		人民币（大写）		柒仟肆佰叁拾元肆角整			
付费方式	☑现付	□提付	□到付	□月结	□回单			

注意事项：
1. 托运货物必须提供货物有关随行手续，不得假报货名、不得在托运货物内夹带危险品及禁运品，否则一切经济损失均由托运人自己负责。
2. 货物包装完好，否则一切损失由托运人负责。

图3-2-4 运单填写示范

【课堂讨论】

（1）如果从事国际道路运输，运费构成有哪些？运单内容包括什么？

（2）在运输系统中运单如何制作与填写？

技能强化 ///////.○○○○○○○○○

　　2023年5月31日，大连美乐超市向沈阳小梅零食加工厂采购一批罐头，由沈阳远通物流公司送货上门，费用到付。请为其计算运费、填制运单。

　　收发货信息及运费收费标准见表3-2-5。

表3-2-5　　　　　　　　　　　收发货信息及运费收费标准

发货人	单位：沈阳小梅零食加工厂
	地址：辽宁省沈阳市浑南区浑南中路25号
	联系人：张小梅　　电话：15598026700
收货人	单位：大连美乐超市
	地址：大连市沙河口区富国街53号
	联系人：龚乐乐　　电话：17622096645
装货地点	辽宁省沈阳市浑南区浑南中路25号
卸货地点	大连市沙河口区富国街53号
货物信息	罐头（瓶装、易碎），纸箱包装规格（mm）（长×宽×高）460×260×180，重量7千克/箱，数量1 500箱，单价120元/箱
运费收费标准	普通货物沈阳—大连基础运价为400元/吨，重货（每立方米重量大于等于333千克）按实际重量计费，轻货（每立方米重量不足333千克）按折算重量计费（每立方米按333千克折算）。装车费为15元/吨，卸车费为12元/吨。托运人可自愿选择是否保价，保价费标准如下： 普通货物：0元≤声明价值≤20 000元，保价费为货物声明价值的3‰；20 001元≤声明价值≤100万元，保价费为货物声明价值的4‰ 易碎品：保价费为货物声明价值的8‰

效果评价 ///////.○○○○○○○○○

　　"计费填单"技能训练评价，见表3-2-6。

表3-2-6　　　　　　　　　　　"计费填单"技能训练评价

考核项目	考核内容	得分	备注
训练任务 （集体50%）	学习态度端正（10分）		
	按时上交完成（10分）		
	团队分工协作（10分）		

续表

考核项目	考核内容	得分	备注
训练任务 （集体50%）	积极主动训练（10分）		
	运费计算正确（20分）		
	运单设计合理（20分）		
	运单填制正确（20分）		
	合 计		
练习任务 （个人50%）	学习态度端正（10分）		
	按时上交完成（10分）		
	独立自主思考（10分）		
	积极主动训练（10分）		
	运费计算正确（20分）		
	运单设计合理（20分）		
	运单填制正确（20分）		
	合 计		
总分			
小组名称		小组成员	
自我评价			
教师点评			

技能训练 3.3
定车选线

- 实训目标
- 实训要求
- 实训过程
- 技能强化
- 效果评价

■ 实训目标

知识目标：

（1）熟悉货车的类型、结构、尺寸、载重等技术标准。

（2）熟悉货物的性质、运输条件、装载要求等知识。

（3）掌握运输成本的构成和计算方法。

能力目标：

（1）能够根据运输货物和企业车辆现有条件选择适运车辆。

（2）能够根据成本的构成计算不同运输方案的运输成本。

（3）能够根据计算的运输成本选择适合的运输方案。

素养目标：

（1）培养学生的成本意识和节约意识。

（2）培养学生的科学思维和逻辑思维。

■ 实训要求

（1）事先分组，每 4~6 名同学分为 1 组，每组选出 1 名组长，相互协作，共同完成任务，需要提交小组作业和个人练习作业。

（2）在机房或多功能教室上课，能够上网查询资料。

实训过程 //////////◦◦◦◦◦◦◦◦

技能训练3.3

表单下载

👩‍🦰 任务发布

2023年5月22日，天津宏博运动商城向北京安尔特体育用品有限公司采购2 400箱运动商品（包装规格为0.4米×0.3米×0.2米，每箱重2.5千克），天津万通物流负责承运，运输路线选择的相关资料如下：

万通物流目前可用车型有两种，车辆基本信息见表3-3-1；运输路线基本信息见表3-3-2；车辆油耗情况见表3-3-3。

表3-3-1　　　　　　　　　　　　车辆基本信息

车型	车厢内尺寸	最大载重	司机日工资	行驶时间成本
车型一	7.2米×2.4米×2.7米	8吨	400元	120元/小时
车型二	9.6米×2.4米×2.7米	10吨	600元	150元/小时

表3-3-2　　　　　　　　　　　　运输路线基本信息

方案	里程	行驶时间	过路费
走高速	150公里	2小时12分	车型一：1.2元/公里 车型二：1.5元/公里
走国道	180公里	4小时45分	无

表3-3-3　　　　　　　　　　　　车辆油耗情况

油耗 车型	高速		国道	
	空驶	重驶	空驶	重驶
车型一	21升/百公里	每吨百公里增加0.4升	26升/百公里	每吨百公里增加0.8升
车型二	26升/百公里	每吨百公里增加0.8升	32升/百公里	每吨百公里增加1.2升

车辆往返选择同样的行驶路线，无论选择哪条路线，车辆均在24小时内返回，燃油价格为6.8元/升。

作为万通物流的运输调度员，请你完成以下任务：

（1）为这批货物选取合适的车型进行派车。

（2）从成本节约角度选择运输路线。

（3）计算行程利用率、吨位利用率和实载率。

♻ 背景知识

1.载货汽车

载货汽车是指设计、制造和技术特性上主要用于载运货物和/或牵引挂车的汽车，也包括装备一定的专用设备或器具但以载运货物为主要目的，且不属于专项作业车、专门用途汽车的汽车。载货汽车的类型一般可以从载重、厢体结构、驾驶室、驱动方式、车长、用能结构、排放标准7个维度进行划分，如图3-3-1所示。在运输业务中合理选用车辆，不仅可以保证货物完好无损，而且可以提高车辆载重量的利用率，提高装卸的工作效率，缩短运达期限，并且减少运输费用。

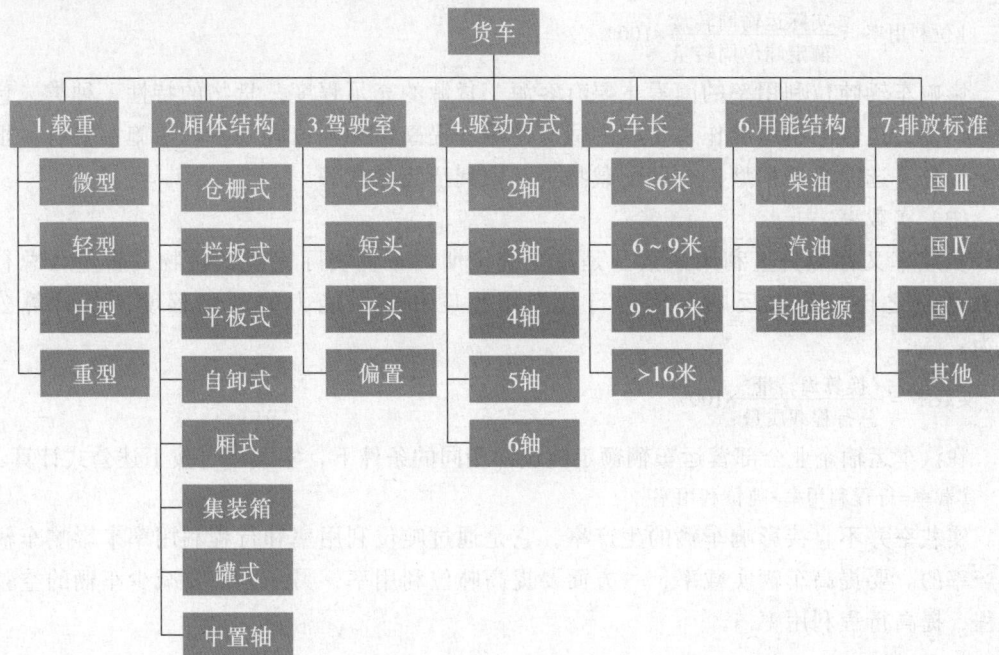

货车						
1.载重	2.厢体结构	3.驾驶室	4.驱动方式	5.车长	6.用能结构	7.排放标准
微型	仓栅式	长头	2轴	≤6米	柴油	国Ⅲ
轻型	栏板式	短头	3轴	6～9米	汽油	国Ⅳ
中型	平板式	平头	4轴	9～16米	其他能源	国Ⅴ
重型	自卸式	偏置	5轴	>16米		其他
	厢式		6轴			
	集装箱					
	罐式					
	中置轴					

图3-3-1 货车类型

2.运输成本

运输成本是完成运输活动所支出的各项费用的总和。公路运输的成本构成有人工费、车辆折旧费、修理保养费、保险费、燃料费、过路过桥费、停车费、装卸费等。其中，燃料费、修理保养费与车辆折旧费在成本中所占比重较大。在满足一定客户服务水平和社会效益前提下，我们应该从经济效益角度去选择成本相对较低的运输方案。

3.运输经济指标

（1）行程利用率。

车辆在一定时间内行驶的里程称为行程。车辆的行程由有载行程和无载行程构成。行程利用率就是指有载行程在总行程中所占的比重，说明总行程的利用程度。其计算公式为：

$$行程利用率 = \frac{有载行程}{总行程} \times 100\%$$

提高行程利用率是提高车辆运输生产效率和降低运输成本的措施之一。在总行程一定的前提下，要提高行程利用率，必须增加有载行程的比例，车辆只有在有载行驶下才会进行有效生产。车辆空驶是一种很大的浪费，不仅没有产生运输工作量，相反会消耗燃料，增加轮胎和机械的磨损等，从而使运输成本上升。车辆空驶距离越长，浪费就越严重。影响行程利用率的因素很多，如货源、客源的充足程度，货源、客源在空间和时间的分布情况，运输组织工作的质量，车库与货场的空间布局等。

（2）吨位利用率。

吨位利用率是指在统计期内车辆实际完成的运输周转量与额定吨位所能完成的周转量之比，反映了车辆额定吨位的利用程度。其计算公式为：

$$吨位利用率 = \frac{实际运输周转量}{额定吨位周转量} \times 100\%$$

影响车辆吨位利用率的因素主要有客源、货源的充足程度，货物的特性、种类、包装及尺寸，运输的组织工作及车辆的适应性等。提高车辆吨位利用率的措施主要有：根据运输任务选派合适车型；合理配载物资，做到巧装满载等。

（3）实载率。

实载率又称吨公里利用系数，是指在统计期内车辆实际完成的货物周转量与总行程载质量之比，综合反映车辆的行程利用程度和载质能力的利用程度。其计算公式为：

$$实载率 = \frac{换算周转量}{总行程载质量} \times 100\%$$

在汽车运输企业全部营运车辆额定吨位都相同的条件下，实载率可按下述公式计算：

实载率=行程利用率×吨位利用率

实载率并不直接影响车辆的生产率，它是通过吨位利用率和行程利用率来影响车辆生产率的。要提高车辆实载率，一方面要提高吨位利用率，另一方面要减少车辆的空驶行程，提高行程利用率。

任务实施

★步骤1：选择车型。

本次运输的货物，宜采用厢式货车运输，已知当前企业可用的车型有两种，车型一和车型二，从两种车型各项费用标准对比来看，车型一在车辆最大载重、车厢载货容积上小于车型二，但是其司机日工资、平均油耗、高速过路费、行驶时间成本均较低，因此在满足货物装载的同样用车数量下，应优先选择车型一。我们首先计算货物总体积、总重量，看是否超过车辆最大载重和载货容积。

总重量=2.5×2 400=6 000千克=6（吨）

总体积=0.4×0.3×0.2×2400=57.6（立方米）

总重量 < 车型一 < 车型二

车型一 < 总体积 < 车型二

由上述计算可知，车型一虽然载重满足需求，但是载货容积不够，而车型二在载重和载货容积两方面均符合要求，但仍需进一步确定空间是否够用。

根据货物的包装规格，在车型二中每层可放置8行、24列、13层，放置总箱数超过2 400箱，可以满足货物装载需求，因此选择车型二。

★步骤2：选择路线。

因车辆往返选择同样的行驶路线，所以备选方案有两个：走高速和走国道。分别计算两种方案的总成本，成本项目有油费、过路费、时间成本、司机工资4项（其他成本未计），两个方案进行比较，选择成本低的方案。

（1）走高速：

空去：油费=26×1.5×6.8=265.2（元）

过路费=1.5×150=225（元）

时间成本=150×2.2=330（元）

重回：油费=（0.8×6+26）×1.5×6.8=314.16（元）

过路费=1.5×150=225（元）

时间成本=150×2.2=330（元）

司机工资=600（元）

总费用=265.2+225+330+314.16+225+330+600=2 289.36（元）

（2）走国道：

空去：油费=32×1.8×6.8=391.68（元）

过路费=0

时间成本=150×4.75=712.5（元）

重回：油费=（1.2×6+32）×1.8×6.8=479.8（元）

过路费=0

时间成本=150×4.75=712.5（元）

司机工资=600元

总费用=391.68+712.5+479.8+712.5+600=2 896.48（元）

（3）宣布择成本低的方案：

经比较，选择走高速，总费用为2 289.36元。

★步骤3：计算运输指标。

（1）计算行程利用率：150÷300×100%=50%（半程空驶）

（2）计算吨位利用率：57.6×333÷1 000÷20×100%=96%（轻货以体积吨计算，每立方米按333千克折算）

（3）实载率=$\dfrac{150 \times 57.6 \times 333 \div 1\,000}{300 \times 20} \times 100\% = 48\%$

【课堂讨论】

（1）不同类型的载货汽车适用于运输什么货物？选车时应注意把握哪些事项？

（2）如何提高车辆的行程利用率、吨位利用率和实载率？

技能强化 ////////○○○○○○○○○○

2023年5月31日，大连美乐超市向沈阳小梅零食加工厂采购一批罐头（瓶装、易碎），纸箱包装规格为460mm×260mm×180mm，重量为7千克/箱，数量为1 500箱，单价为120元/箱，由沈阳远通物流送货上门。

远通物流目前可用车型有两种，车辆基本信息见表3-3-4；运输路线基本信息见表3-3-5；车辆油耗情况见表3-3-6。

表3-3-4　　　　　　　　　　　　　　　　　　车辆基本信息

车型	车厢内尺寸	最大载重	司机日工资	行驶时间成本
车型一	7.2米×2.4米×2.7米	8吨	400元	120元/小时
车型二	9.6米×2.4米×2.7米	10吨	600元	150元/小时

表3-3-5　　　　　　　　　　　　　　　　　　运输路线基本信息

方案	里程	行驶时间	过路费
走高速	380公里	4小时	车型一：1.2元/公里 车型二：1.5元/公里
走国道	450公里	5小时48分	无

表3-3-6　　　　　　　　　　　　　　　　　　车辆油耗情况

油耗　　　　车型	高速		国道	
	空驶	重驶	空驶	重驶
车型一	20升/百公里	每吨百公里增加0.4升	26升/百公里	每吨百公里增加0.8升
车型二	25升/百公里	每吨百公里增加0.8升	32升/百公里	每吨百公里增加1.2升

车辆往返选择同样的行驶路线，无论选择哪条线路，车辆均在24小时内返回，燃油价格为5.5元/升。

作为远通物流的运输调度员，请你完成以下任务：

（1）为这批货物选取合适的车型进行派车。

（2）从成本节约角度选择运输路线。

（3）计算行程利用率、吨位利用率和实载率。

效果评价 ∥∥∥∥……………

"定车选线"技能训练评价，见表3-3-7。

表3-3-7　　　　　　　　　　　　　　　"定车选线"技能训练评价

考核项目	考核内容	得分	备注
训练任务 （集体50%）	学习态度端正（10分）		
	按时上交完成（10分）		
	团队分工协作（10分）		
	积极主动训练（10分）		
	车辆选择正确（20分）		
	路线选择正确（30分）		
	指标计算正确（10分）		
	合计		

考核项目	考核内容	得分	备注
练习任务 （个人50%）	学习态度端正（10分）		
	按时上交完成（10分）		
	独立自主思考（10分）		
	积极主动训练（10分）		
	车辆选择正确（20分）		
	路线选择正确（30分）		
	指标计算正确（10分）		
	合计		
总分			
小组名称		小组成员	
自我评价			
教师点评			

技能训练 3.4
运输调配

- ■ 实训目标
- ■ 实训要求
- ■ 实训过程
- ■ 技能强化
- ■ 效果评价

■ **实训目标**

知识目标：

(1) 了解干线运输调配决策的类型。

(2) 重点掌握多起讫点的路线决策方法。

(3) 理解物流与渠道的关系。

能力目标：

(1) 能够采用适合的方法解决运输调配问题。

(2) 能够利用 Excel 进行运输调配问题计算。

素养目标：

(1) 培养学生的成本意识和节约意识。

(2) 培养学生的科学思维和逻辑思维。

■ **实训要求**

(1) 事先分组，每 4~6 名同学分为 1 组，每组选出 1 名组长，相互协作，共同完成任务，需要提交小组作业和个人练习作业。

(2) 用 Excel 完成任务，需要在机房上课。

(3) 能够建立电子表格模型并计算结果正确。

实训过程 ///////·········

👧 任务发布

假设有 A_1、A_2、A_3 共3个化肥厂供应 B_1、B_2、B_3、B_4 共4个地区使用农用化肥，假定化肥的使用效果相同。各化肥厂的供给能力、各地区的需求量及各化肥厂到各地区的单位运价见表3-4-1。如何组织调运才能在满足需求的情况下使总运费最低？

技能训练3.4

表单下载

表 3-4-1　　　　　　　　　　　**供给、需求及运价表**

需求地 / 化肥厂	B_1	B_2	B_3	B_4	供给能力
A_1	2	11	3	4	70
A_2	10	3	5	9	50
A_3	7	8	1	2	70
需求量	20	30	40	60	

要求：

（1）用 Excel 建模并求解。

（2）简要说明运量分配情况。

♻ 背景知识

1. 物流与渠道

物资实体是在渠道中流动的，因此在研究物流问题时，有必要弄清楚渠道形式。目前，主流的销售方式依然是分销，即通过批发和零售的方式进行销售，如图3-4-1所示。本任务研究的是从生产企业到不同批发商之间的货物调配问题。批发商到零售商的路线优化问题将在技能训练5.5中研究。

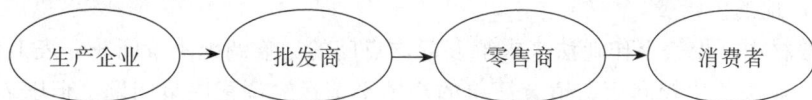

图3-4-1　分销渠道示意图

2. 生产企业到国内批发商的调配决策

生产企业到国内批发商的调配决策一般分为起讫点不同的运输调配决策和多起讫点的运输调配决策两类。

（1）起讫点不同的运输调配决策。

此种运输调配决策的本质就是求起点与终点间的最短路线。起点与终点间是一个由节点与路线组成的网络，点与点间由线连接，线代表点与点间的运行成本（通常是距离，也可以是时间，或距离和时间的组合），如图3-4-2所示。如果把最短路线问题转化为线性规划问题，即假设起点有1个单位的供给，而终点有1个单位的需求，求解将1个单位的流量从起点运到终点的最短路线，那么用Excel求解，会很方便。

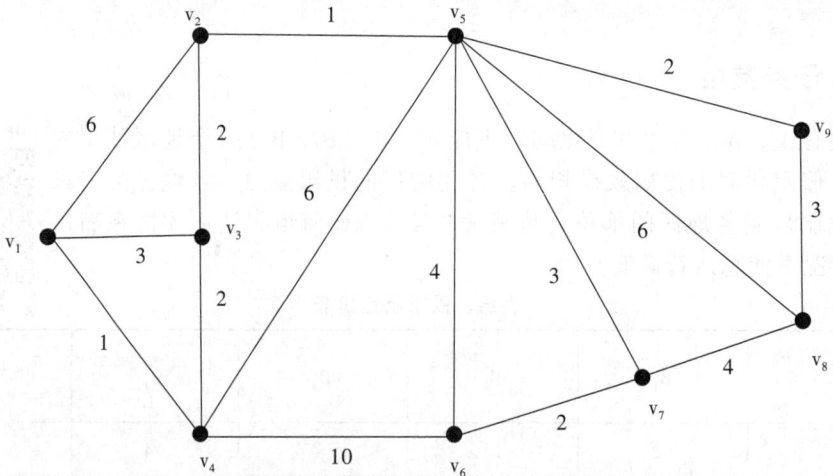

图3-4-2　起讫点不同的运输调配示意图

（2）多起讫点的运输调配决策。

此种决策是指起点与终点有多个运输调配问题。如多个工厂服务于多个批发商时，如何在满足批发商或目的地需求的情况下，使运输总成本最低。该类问题的数学模型如下：

$$\min z = \sum \sum c_{ij} x_{ij}$$

$$\begin{cases} \sum x_{ij} \ge a_i \\ \sum x_{ij} \le b_j \quad (\sum a_i < \sum b_j) \\ x_{ij} \ge 0 \end{cases}$$

并假设：$a_i \ge 0$，$b_j \ge 0$，$c_{ij} \ge 0$

式中：x_{ij} 为 i 地到 j 地的运输量；

c_{ij} 为 i 地到 j 地的单位运输成本；

a_i 为 i 地的需求量；

b_j 为 j 地的供给量。

很多教材中，用表上作业法来求解多起讫点间的运输调配决策问题。表上作业法是一种手工作业法，比较麻烦，适合简单的产销平衡运输调配决策问题。但随着Excel的广泛应用，用Excel来求解运输调配决策问题更方便。

3.调出规划求解加载项工具

规划求解加载项工具在默认安装时并不会显示在选项卡中。所以，第一次使用时需要把它调出来，具体如下：先打开任一个Excel文件（以Excel2010版为例），单击选项卡的【文件】，在打开的界面中单击【选项】，在打开的界面中点击【加载项】，在打开的界面的下边，有【转到】按钮，点击它，进入【加载宏】对话框，选上【规划求解加载项】复选框，单击【确定】按钮，如图3-4-3所示。然后，在Excel的【数据】选项卡中就会出现"规划求解"命令按钮。

图3-4-3 【加载宏】对话框

4.SUMPRODUCT函数

此函数的功能是将几个数组或区域中对应的元素相乘再求和。数组必须具有相同的维数，否则返回错误。对非数值型元素将作为0处理。该函数的语法为：SUMPRODUCT（array1，array2，array3，...），如图3-4-4所示。

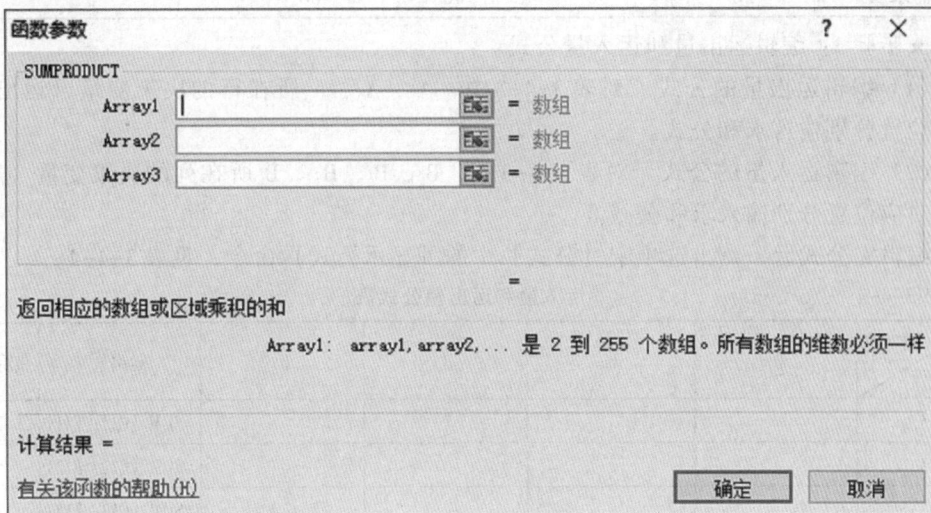

图3-4-4 SUMPRODUCT函数对话框

任务实施

任务有3个起点和4个讫点，属于多起讫点的运输调配决策问题，我们借助Excel2010版进行计算，具体过程如下：

★步骤1：将任务书中的表3-4-1复制到Excel中，见表3-4-2。

表3-4-2　　　　　　　　　　　复制到Excel中的数据表

化肥厂＼需求地	B_1	B_2	B_3	B_4	供给能力
A_1	2	11	3	4	70
A_2	10	3	5	9	50
A_3	7	8	1	2	70
需求量	20	30	40	60	

★步骤2：在表3-4-2下边，任一空白处再复制一次表3-4-1，注意要垂直向下复制，即保持两表中相对应的B_1、B_2、B_3、B_4在一列。清空表3-4-3中间的运价数字（即表3-4-3阴影部分的12个单元格），使其成为决策变量。然后，在右边插入一列，字段名为"运出量"；在下边插入一行，字段名为"运入量"，见表3-4-3。

表3-4-3　　　　　　　　　　　决策变量表

化肥厂＼需求地	B_1	B_2	B_3	B_4	运出量	供给能力
A_1						70
A_2						50
A_3						70
运入量						
需求量	20	30	40	60		

★步骤3：编辑运出量和运入量公式。

（1）编辑运出量的公式。对表3-4-3中，A_1、A_2、A_3所在行的决策变量（运出量）对应位置分别输入求和公式。

（2）编辑运入量的公式。对表3-4-3中，B_1、B_2、B_3、B_4所在列的决策变量（运入量）对应位置分别输入求和公式。

编辑完公式后，点击选项卡【公式】中的【显示公式】命令，见表3-4-4。

表3-4-4　　　　　　　　　　　运入量和运出量公式表

化肥厂＼需求地	B_1	B_2	B_3	B_4	运出量	供给能力
A_1					=SUM（C11：F11）	70
A_2					=SUM（C12：F12）	50
A_3					=SUM（C13：F13）	70
运入量	=SUM（C11：C13）	=SUM（D11：D13）	=SUM（E11：E13）	=SUM（F11：F13）		
需求量	20	30	40	60		

★步骤4：编辑目标函数（就是总运输成本，等于$\sum_{i=1}^{4}\sum_{j=1}^{3}c_{ij}x_{ij}$）的公式。

在表格下方任一空白处输入SUMPRODUCT函数，来求决策变量与运价相对应的单元格乘积之和。

编辑完公式后，点击选项卡【公式】中的【显示公式】命令，让公式显示出来，见表3-4-5。

表3-4-5 目标函数表

需求地 \ 化肥厂	B_1	B_2	B_3	B_4	运出量	供给能力
A_1					=SUM（C11：F11）	70
A_2					=SUM（C12：F12）	50
A_3					=SUM（C13：F13）	70
运入量	=SUM（C11：C13）	=SUM（D11：D13）	=SUM（E11：E13）	=SUM（F11：F13）		
需求量	20	30	40	60		

min TC = SUMPRODUCT（C4：F6，C11：F13）

在显示公式的情况下再次点击【显示公式】按钮，便不显示公式（默认情况为不显示公式）。此时，由于决策变量目前是空白状态，即为零，所以运出量、运入量和目标函数所在单元格的值均为零，如图3-4-5所示。

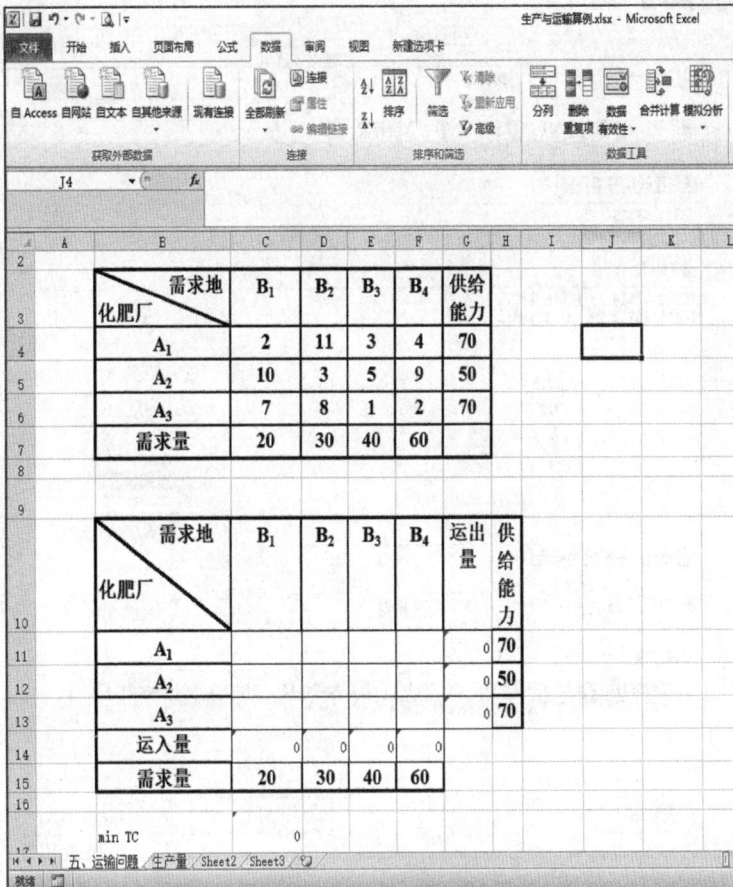

图3-4-5 决策变量图

★步骤5：规划求解。

选择【数据】选项卡中的【规划求解】，在【规划求解参数】的对话框中从上至下分别设置如下：

（1）【设置目标】中选定目标函数所在单元格"C17"，即输入SUMPRODUCT函数所在的单元格。

（2）【到】中选择【最小值】。

（3）【通过更改可变单元格】中输入或鼠标拖动选择"C11：F13"。

（4）【遵守约束】中选择【添加】，在对话框的【单元格引用】中录入或鼠标拖动选择"G11：G13"，从下拉菜单的6个选项中选择符号"<="，再在【约束】中录入或鼠标拖动选择"H11：H13"，点击【确定】，即增加了一条约束（本例为供给约束，即所有化肥厂运出量均不得超过它的供给能力）。需求约束（本例中即需求地的运入量不小于它的需求量）的设置如上进行即可。

（5）【选择求解方法】中选择"单纯线性规划"即可（运输问题是一种特殊的线性规划问题）。

（6）勾选【使无约束变量为非负数】。设置完成的对话框如图3-4-6所示。

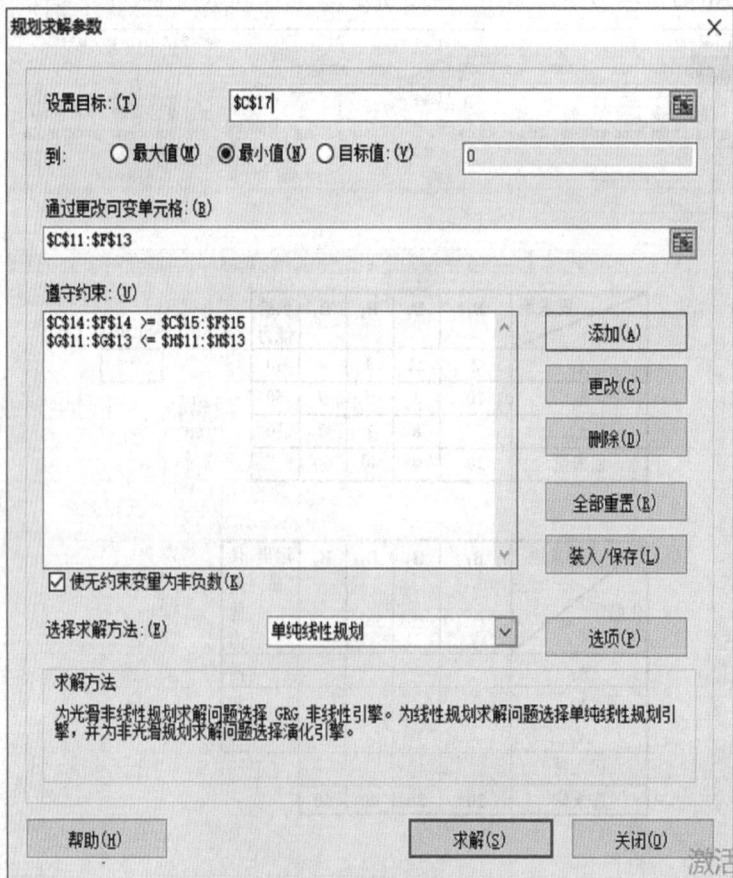

图3-4-6　规划求解参数图

★步骤6：求解。

点击【求解】，出现【规划求解结果】对话框，默认为【保留规划求解的解】，如果不想保留，则可以选择【还原初值】，然后点击【确定】，如图3-4-7所示，对话框消失。

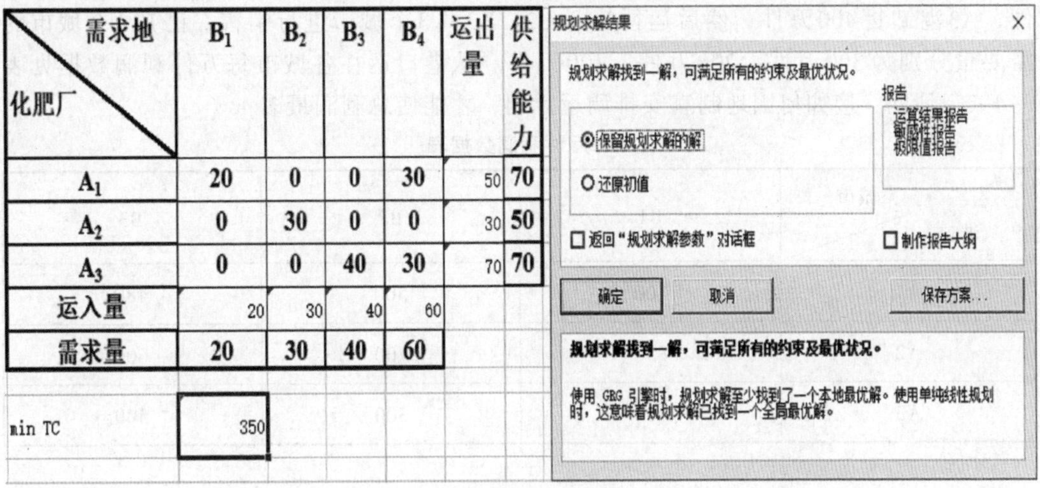

化肥厂＼需求地	B_1	B_2	B_3	B_4	运出量	供给能力
A_1	20	0	0	30	50	70
A_2	0	30	0	0	30	50
A_3	0	0	40	30	70	70
运入量	20	30	40	60		
需求量	20	30	40	60		

min TC 350

图3-4-7 求解结果

图3-4-7左半部分表格中数据代表的意义如下：

（1）A1到B1调配20单位，A1到B4调配30单位，其他单位为零，供给能力有20单位富余。

（2）A2到B2调配30单位，其他单位为零，供给能力有20单位富余。

（3）A3到B3调配40单位，A3到B4调配30单位，其他单位为零，供给能力都用完。

（4）最低总成本为350。

【课堂讨论】

（1）运输问题与线性规划问题是什么关系呢？

（2）Excel可以求解不平衡的运输问题吗？是否需要先转化为平衡的运输问题再求解？

（3）如果需求地的需求量有变化范围，见表3-4-6，则最优解又如何呢？

表3-4-6　　　　　　　　　　　　需求变化范围表

化肥厂＼需求地	B_1	B_2	B_3	B_4	供给能力
A_1	2	11	3	4	70
A_2	10	3	5	9	50
A_3	7	8	1	2	70
最低需求量	10	20	30	30	
最高需求量	40	40	50	60	

技能强化 ///////..........

　　某公司进口一批商品，共有900万件。计划在A1港卸货100万件，A2港卸货400万件，A3港卸货400万件，然后运往B1、B2、B3共3个城市进行销售。已知3个城市的需要量分别为300万件、200万件、400万件。从港口运往各城市每万件利润数据见表3-4-7。请问：应如何因地制宜安排调运计划，才能使总利润最多？

表3-4-7　　　　　　　　　　　　　　　每万件利润数据表

城市 港口	B1	B2	B3
A1	700	500	480
A2	850	700	600
A3	400	300	500

效果评价 ///////..........

　　"运输调配"技能训练评价，见表3-4-8。

表3-4-8　　　　　　　　　　　　　"运输调配"技能训练评价

考核项目	考核内容	得分	备注
训练任务 （集体50%）	学习态度端正（10分）		
	按时上交完成（10分）		
	团队分工协作（10分）		
	积极主动训练（10分）		
	运入量、运出量设置正确（20分）		
	目标函数设置正确（20分）		
	规划求解设置正确（20分）		
	合计		
练习任务 （个人50%）	学习态度端正（10分）		
	按时上交完成（10分）		
	独立自主思考（10分）		

续表

考核项目	考核内容	得分	备注
练习任务 （个人50%）	积极主动训练（10分）		
	运入量、运出量设置正确（20分）		
	目标函数设置正确（20分）		
	规划求解设置正确（20分）		
	合计		
总分			
小组名称		小组成员	
自我评价			
教师点评			

技能训练 3.5
运行计划

■ 实训目标
■ 实训要求
■ 实训过程
■ 技能强化
■ 效果评价

■ **实训目标**

知识目标：

（1）了解甩挂运输的优点。

（2）掌握甩挂运输的组织形式。

（3）掌握甩挂运输的运行安排。

能力目标：

（1）能设计甩挂运输方案。

（2）能编制甩挂运输车辆运行图。

（3）能组织甩挂运输。

素养目标：

（1）培养学生认真仔细的工作态度。

（2）培养学生环保意识和效率意识。

■ **实训要求**

（1）事先分组，每4~6名同学分为1组，每组选出1名组长，相互协作，共同完成任务，需要提交小组作业和个人练习作业。

（2）用Excel完成任务，需要在机房上课。

（3）准确绘制车辆运行图。

实训过程 //////··········

任务发布

万通物流有一个运输服务项目，即沈阳—盘锦物流中心的物资调运，项目主要为干线往复式运输，但是运输组织效率较低，经常出现"重车送货、空车返程"现象，车辆空驶率较高，企业运输成本偏高。公司希望通过调整车辆运行组织方式，提高运输效率。

技能训练3.5

表单下载

已知：沈阳—盘锦距离为185公里，车辆平均运行时间为2小时，往返运输货量均为10吨。企业载货主车、全挂车、半挂车的装载量分别为5吨、5吨、10吨，工作时间为6点到19点，装车作业速度为6分钟/吨，卸车作业速度为4分钟/吨，摘、挂作业各需要10分钟。作为运输经理，你应该如何设计运输方案？

要求：

（1）根据企业车型和运输货量要求，可设计几种运输方案？

（2）编制出对应的车辆运行图。

（3）比较各方案的运行效率，哪个方案运行效率最高？

背景知识

1.拖挂运输的种类

拖挂运输是一种有效的运行组织方式，根据汽车列车的运行特点和对装卸组织工作的不同要求，一般可分为定挂运输和甩挂运输两种。

定挂运输是汽车列车在物流过程中，汽车或者牵引车与全挂或者半挂车没有分离的形式，是拖挂运输开展之初常采取的形式。

甩挂运输是指汽车列车按预订的计划，在各装卸作业点摘下并挂上指定的挂车，继续运行的一种组织方式。甩挂运输体现平行作业基本原理，是利用汽车列车的行驶时间来完成摘下并挂上指定的挂车的装卸作业，从而使原来整个汽车列车的装卸停歇时间缩短为主车的装卸作业时间和摘、挂作业时间，可使汽车列车停歇时间缩短到最低限度，从而可最大限度地利用牵引能力，因此甩挂运输可加速车辆周转，提高运输效率。

2.甩挂运输的组织形式

根据汽车和挂车的配备数量、线路网的特点、装卸点的装卸能力等，甩挂运输可有不同的组织形式。一般来说，有以下4种组织形式：

（1）一线两点甩挂运输。这种组织形式适宜往复式运输线路，即在线路两端的装卸作业点均配备一定数量的挂车，汽车列车往返两个装卸作业点之间进行摘、挂作业。根据线路两端的货流情况或装卸能力，可组织"一线两点，一端甩挂"和"一线两点，两端甩挂"两种形式。

一线两点甩挂运输适用于装卸作业点固定、运量较大的线路上。但其对车辆运行组织工作有较高要求，必须根据汽车列车的运行时间、主挂车的装卸作业时间等资料，预先编制汽车运行图，以保证均衡生产。

（2）循环甩挂。这种组织形式是在车辆沿环式路线行驶的基础上，进一步组织甩挂的方式。它要求在闭合循环的回路的各个装卸点配备一定数量的挂车，汽车列车每到达一个装卸点后摘下所带的挂车，装卸工人集中力量完成主车的装或卸作业，然后挂上预先准备好的挂车继续行驶。

（3）一线多点，沿途甩挂。这种组织形式要求汽车列车在起点站按照卸货作业地点的先后顺序，本着"远装前挂，近装后挂"的原则编挂汽车列车。采用这一组织形式时，在沿途有货物装卸作业的站点，摘下汽车列车的挂车或挂上预先准备好的挂车继续运行，直到终点站。汽车列车在终点站整列卸载后，沿原路返回，经由先前甩挂作业点时，挂上预先准备好的挂车或摘下汽车列车的挂车，继续运行直到返回始点站。

（4）多点一线，轮流拖挂。这种组织方式是指在装（卸）点集中的地点，配备一定数量的周转挂车，在汽车列车未到达的时间内，预先装（卸）好周转挂车的货物，当在某线行驶的列车到达后，先摘下挂车，集中力量装卸主车，然后挂上预先装（卸）好的挂车返回原卸（装）点，进行整列卸（装）的甩挂运输组织形式。

3.甩挂运输的使用要素

（1）货源稳定充足。双方转运仓货源存储稳定，规划运行多频次，流量形成对流。

（2）车辆性能良好。甩挂对车辆性能要求较高，通过甩挂的运作设计实现"停挂不停车，人停车不停"。

（3）运输距离适当。400公里以内线路运行的操作节点时间可控性较好，较易规划。400公里以上的适合小甩挂模式（小型挂车），要加强对时效性的关注。

（4）道路情况良好。道路情况良好包括路基路面性能良好、流量虽较大但通畅、红绿灯数量设置少等。

🚜 任务实施

★步骤1：制订运输方案。

本项目为一线两点的运输业务，项目运输货量为10吨，可以选择主车（5吨）+全挂车（5吨）的定挂运输、主车（5吨）+全挂车（5吨）甩挂运输、牵引车+半挂车（10吨）甩挂运输这3种形式。

★步骤2：编制车辆运行图。

1.主车+全挂车定挂运输车辆运行图

早上6：00沈阳物流中心开始装车作业，主车和全挂车均需装车，共10吨货物，装车需要60分钟，沈阳—盘锦运输时间为2个小时，上午9：00到盘锦后卸车时间要40分钟，装车时间要60分钟，10点40从盘锦出发，12：40返回沈阳物流中心。照此类推后面的运输过程，车辆运行如图3-5-1所示。

时间\条件	6	7	8	9	10	11	12	13	14	15	16	17	18
距离 沈阳—盘锦													
主车+全挂车	装			卸	装			卸	装		卸	装	

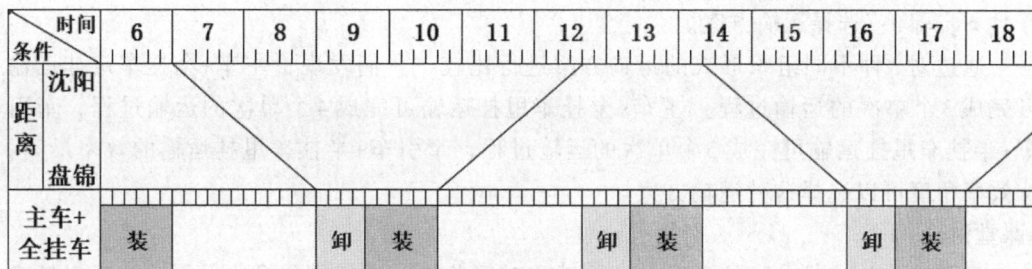

图3-5-1 主车+全挂车定挂运输车辆运行图

2.主车+全挂车甩挂运输车辆运行图

早上6:00沈阳物流中心开始装车作业,主车和全挂车均需装车,共10吨货物,装车需要60分钟,加挂需要10分钟,7:10从沈阳出发,沈阳—盘锦的运输时间为2个小时,上午9:10到盘锦后摘挂10分钟,卸主车20分钟,装主车30分钟,二挂在盘锦物流中心提前装好,加挂10分钟,于10:20从盘锦出发,12:20返回沈阳物流中心,照此类推后面的运输过程,车辆运行图如图3-5-2所示。

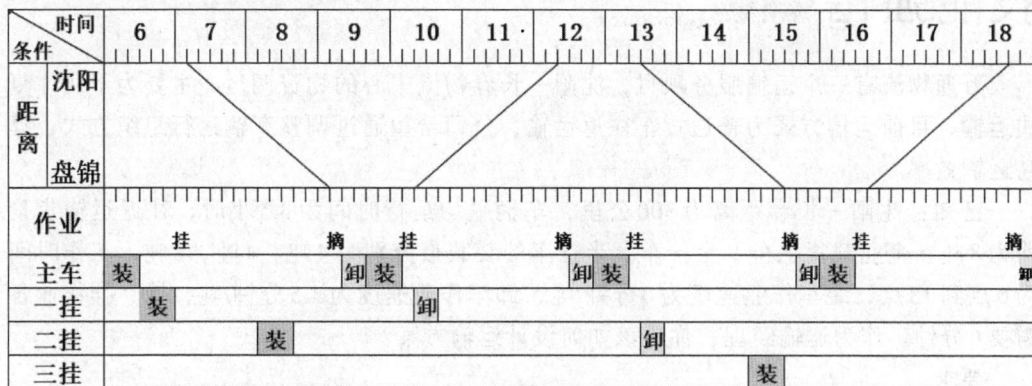

时间\条件	6	7	8	9	10	11	12	13	14	15	16	17	18
距离 沈阳—盘锦													
作业		挂		摘	挂		摘	挂		摘	挂		摘
主车	装			卸	装			卸	装		卸	装	卸
一挂	装			卸									
二挂		装						卸					
三挂										装			

图3-5-2 主车+全挂车甩挂运输车辆运行图

3.牵引车+半挂车甩挂运输车辆运行图

早上6:00沈阳物流中心开始装车作业,半挂车需装车,共10吨货物,装车需要60分钟,加挂10分钟,7:10从沈阳出发,沈阳—盘锦的运输时间为2个小时,上午9:10到盘锦后摘挂10分钟,二挂在盘锦物流中心提前装好,加挂10分钟,于9:30从盘锦出发,11:30返回沈阳物流中心。照此类推后面的运输过程,车辆运行图如图3-5-3所示。

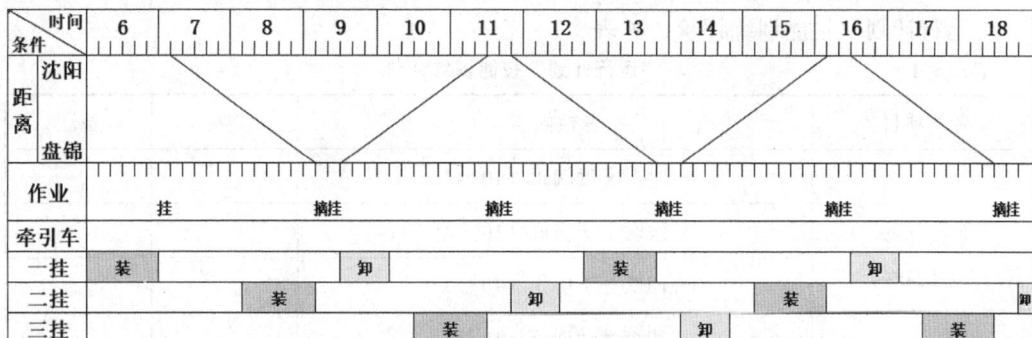

时间\条件	6	7	8	9	10	11	12	13	14	15	16	17	18
距离 沈阳—盘锦													
作业		挂		摘挂			摘挂			摘挂			摘挂
牵引车													
一挂	装			卸			装			卸			
二挂		装				卸			装			卸	
三挂			装			卸			装			

图3-5-3 牵引车+半挂车甩挂运输车辆运行图

★步骤3：选择运输方案。

通过对3种不同组织形式的运输方案进行比较，我们发现，主车+全挂车定挂运输可完成3个单次的运输过程，主车+全挂车甩挂运输可完成4个单次的运输过程，牵引车+半挂车甩挂运输可完成5个单次的运输过程，牵引车+半挂车甩挂运输的效率最高，从效率角度可以选择这种运输方案。

【课堂讨论】

甩挂运输的选择受运输距离长短、装卸时间长短、运输货量多少等影响，下列情况是否适宜采用甩挂运输？

◆ 运输距离长、装卸作业时间长、运输货量多
◆ 运输距离短、装卸作业时间短、运输货量多
◆ 运输距离长、装卸作业时间短、运输货量多
◆ 运输距离短、装卸作业时间长、运输货量多

技能强化 ////////

万通物流有一个运输服务项目，沈阳—长春物流中心的物资调运，主要为干线往复式运输，目前运输方式为普通货车往返运输，公司希望通过调整车辆运行组织方式，提高运输效率。

已知：沈阳—长春距离为300公里，车辆平均运行时间为3.5小时，往返运输货量均为8吨。企业载货主车、全挂车、半挂车的装载量分别为4吨、4吨、8吨，工作时间为6点到18点，装车作业速度为6分钟/吨，卸车作业速度为4.5分钟/吨，摘、挂作业各需要6分钟。作为运输经理，你应该如何设计运输方案？

要求：

（1）根据企业车型和运输货量要求，可设计几种运输方案？

（2）编制出对应的车辆运行图。

（3）比较各方案的运行效率，哪个方案运行效率最高？

效果评价 ////////

"运行计划"技能训练评价，见表3-5-1。

表3-5-1　　　　　　　　　　　"运行计划"技能训练评价

考核项目	考核内容	得分	备注
训练任务 （集体50%）	学习态度端正（10分）		
	按时上交完成（10分）		
	团队分工协作（10分）		
	积极主动训练（10分）		

续表

考核项目	考核内容	得分	备注
训练任务 （集体50%）	运输方案制订正确（10分）		
	车辆运行图编制正确（40分）		
	方案分析选择正确（10分）		
	合计		
练习任务 （个人50%）	学习态度端正（10分）		
	按时上交完成（10分）		
	独立自主思考（10分）		
	积极主动训练（10分）		
	运输方案制订正确（10分）		
	车辆运行图编制正确（40分）		
	方案分析选择正确（10分）		
	合计		
总分			
小组名称		小组成员	
自我评价			
教师点评			

项目4　仓储管理

【项目概要】

　　仓库管理是对仓储货物的收发、结存等活动的有效控制，其目的是保证仓储货物的完好无损，确保生产经营活动的正常进行。仓储是供应链运营网络的重要节点，仓储效率直接关系到供应链的快速反应能力。在供应链中，仓储必须扮演起调度中心的角色，不断提高精确度、及时性和灵活性，以满足客户需求。

　　本项目以优化作业内容、改善作业效率为目标，通过给出的仓储出入库作业资料，依据《仓储服务质量要求》（GB/T 21071—2021）、《仓储绩效指标体系》（GB/T 30331—2021）、《智慧物流服务指南》（GB/T 41834—2022）、《绿色仓储与配送要求及评估》（GB/T 41243—2022）、《电子商务第三方仓储服务管理规范》（GB/T 39439—2020）、《物流服务师》（国家职业技能标准 职业编码：4-02-06-03）等，进行验收、组托、上架、盘点、移库、补货等仓储作业方案设计，使学生掌握仓储作业内容和相应的管理方法。

【项目导学】

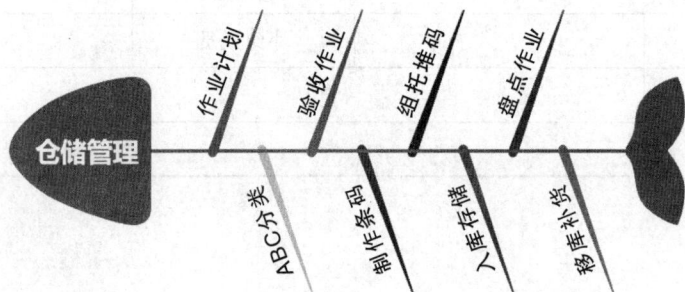

技能训练 4.1
作业计划

■ 实训目标
■ 实训要求
■ 实训过程
■ 技能强化
■ 效果评价

■ **实训目标**

知识目标：

(1) 了解甘特图的含义。

(2) 熟悉仓储作业内容。

(3) 理解甘特图的优点。

(4) 掌握Excel绘制甘特图的步骤。

能力目标：

(1) 能够根据作业内容安排作业进度计划。

(2) 能够利用Excel绘制作业进度甘特图。

素质目标：

(1) 培养学生主动探索的创新意识。

(2) 培养学生统筹安排的科学思维。

■ **实训要求**

(1) 事先分组，每4~6名同学分为1组，每组选出1名组长，相互协作，共同完成任务，需要提交小组作业和个人练习作业。

(2) 用Excel完成任务，需要在机房上课，电脑安装office2010以上版本。

(3) 采用甘特图的形式展现作业进度计划。

实训过程 ///////////

😊 任务发布

东东商城是一家综合电商企业，拥有自营和三方联合经营两种经营方式。其浑南配送中心主要负责区域商品的存储、集散、配送、信息处理等业务，2023年1月10日要完成一批合作商货物的入库工作，收货工作从上午8点开始，要求上午11：00前完成，刘文作为收货组组长，为了更有效率地完成工作任务，要根据作业内容和流程安排作业进度计划。

♻ 背景知识

1.甘特图的含义

甘特图（Gantt chart）又称横道图、条状图（bar chart），通过条状图来显示项目、进度和其他与时间相关的系统进展的内在关系随着时间进展的情况。20世纪初由亨利·劳伦斯·甘特（Henry Laurence Gantt）开发，因此被命名为甘特图。

甘特图是以作业排序为目的，将活动与时间联系起来的最早尝试的工具之一。甘特图以图示通过活动列表和时间刻度表示出特定项目的顺序与持续时间。一般使用横轴表示时间，纵轴表示活动或项目，图中的线条用来表示在计划期间活动的安排以及完成情况。甘特图直观表明计划何时进行，使任务的计划、进展情况等信息一目了然，便于管理者弄清项目的剩余任务，评估工作进度。由于它简单、醒目、便于编制，在管理中被广泛应用。

2.甘特图的应用

在现代的项目管理里，甘特图被广泛应用，是一种容易被理解和使用并很全面的进度管理工具。它可以让你预测时间、成本、数量及质量上的结果并回到开始，也能帮助你考虑人力、资源、日期、项目中重复的要素和关键的部分。以甘特图的方式，你可以直观地看到任务的进展情况、资源的利用率等。

随着生产管理的发展、项目管理的扩展，甘特图被应用到了各个领域，如建筑、商贸、IT软件、汽车等行业。

🚚📚 任务实施

我们借助Excel表格进行数据加工和处理。

★步骤1：梳理作业内容和流程。

将要完成的工作任务按照作业内容的先后顺序做好时间安排。例如上午8：00开始做入库准备，8：10—8：30做好入库单据交接，8：30开始卸货……

★步骤2：制作Excel数据表。

使用Excel新建工作簿，列出各项作业的开始时间、持续时间和结束时间，根据需要准备好需要的数据，见表 4-1-1。

表 4-1-1　　　　　　　　　　　作业进度计划表

序号	作业内容	开始时间	持续时间	结束时间
1	收货准备	8：00	0：10：00	8：10
2	单据交接	8：10	0：20：00	8：30
3	到货卸货	8：30	1：20：00	9：50
4	组托堆码	8：40	1：20：00	10：00
5	验收清点	8：50	1：10：00	10：00
6	货位分配	10：00	0：10：00	10：10
7	入库存储	10：10	0：40：00	10：50
8	5S 现场管理	10：50	0：10：00	11：00

★步骤 3：插入图表。插入"堆积条形图"，依次点击插入→图表→条形图→堆积条形图；选中图表，依次点击图表工具→选择数据，添加开始时间系列和持续时间系列，同时设置水平（分类）轴标签为"作业内容"列，得到图 4-1-1。

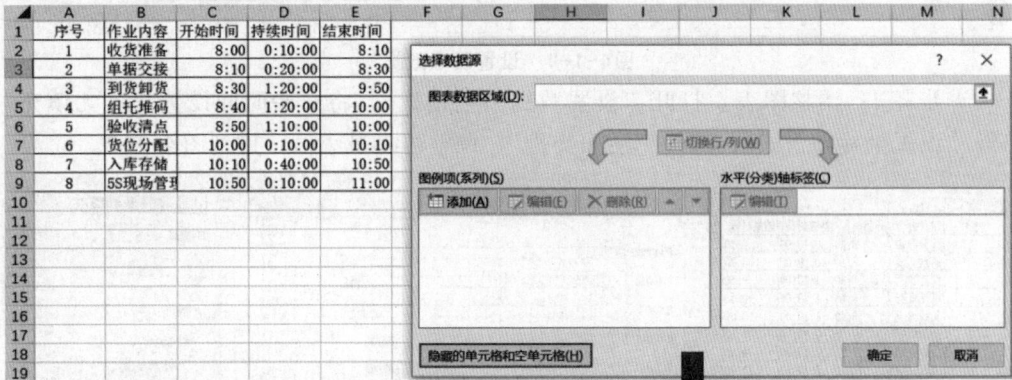

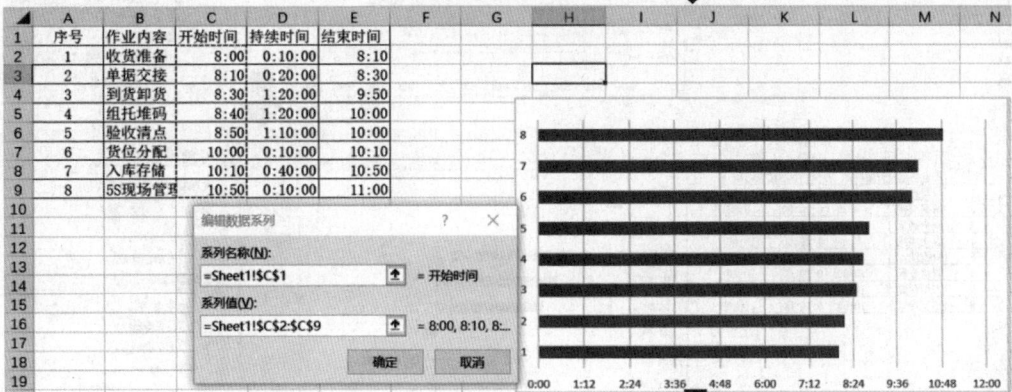

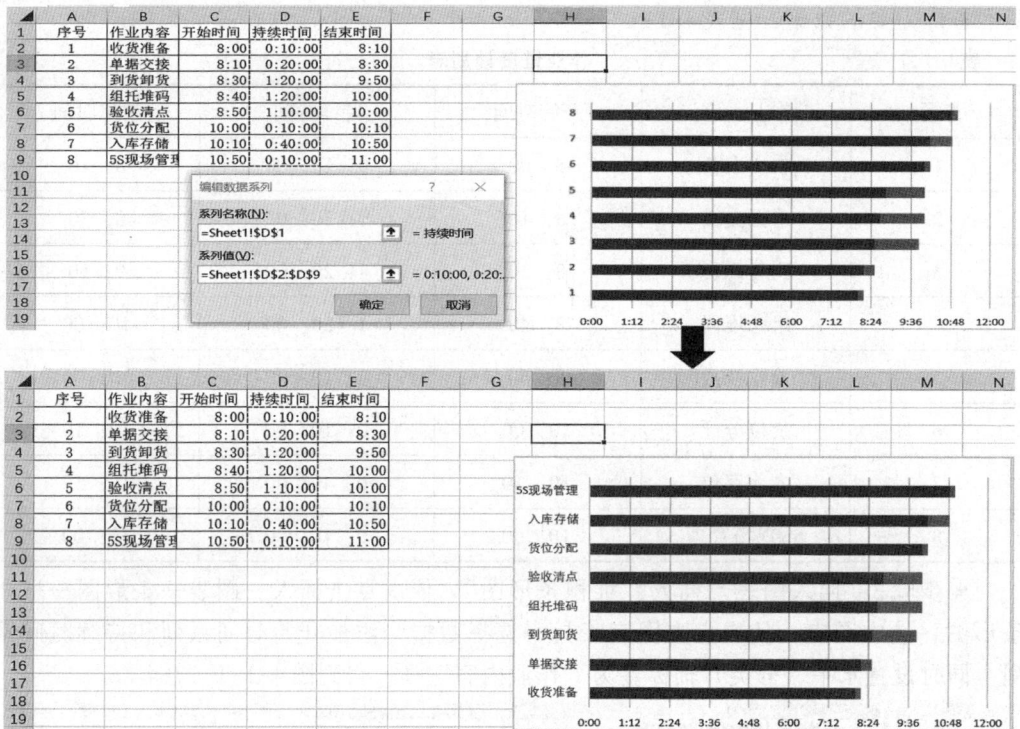

图4-1-1 设置图表数据

★步骤4：调整图表。打开"设置数据系列格式"，将开始时间设置为"无填充"；打开"设置坐标轴格式"，选择"逆序类别"，调整边界最小值，得到图4-1-2。

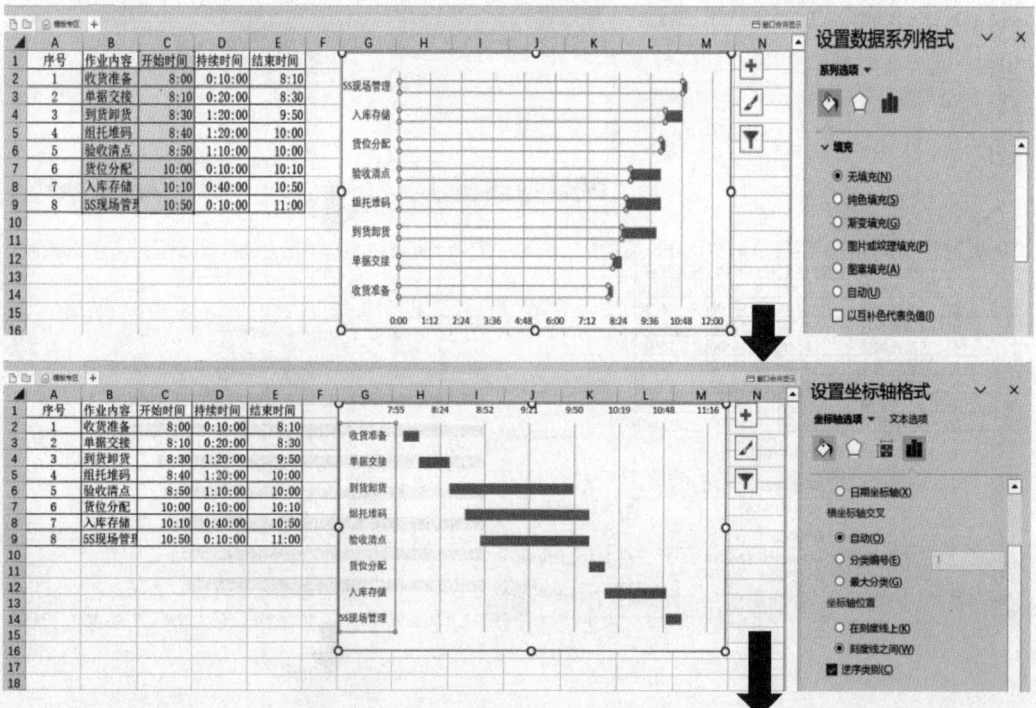

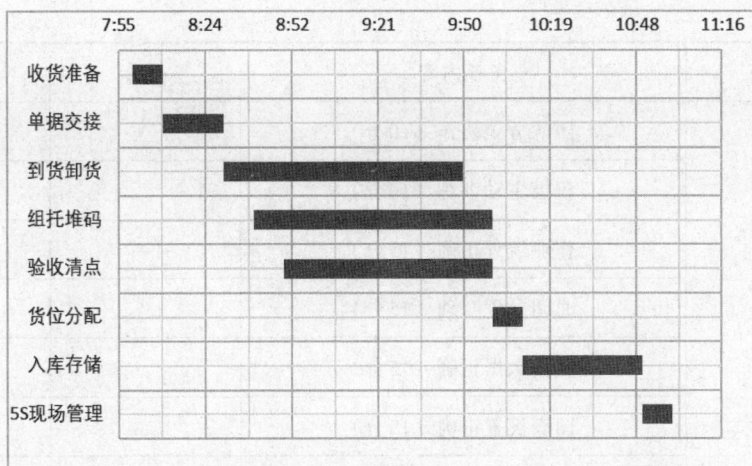

图4-1-2　作业进度计划（甘特图）

【课堂讨论】

（1）开始时间、持续时间和结束时间的关系是什么？

（2）采用甘特图表示作业进度有什么优点？

（3）除了 Excel，还有哪些可以用来制作甘特图的工具？

技能强化

东东商城是一家综合电商企业，拥有自营和三方联合经营两种经营方式。其浑南配送中心主要负责区域商品的存储、集散、配送、信息处理等业务，2023年1月10日要完成日用品库区的盘点工作，盘点工作从13：00开始，要求16：00前完成。你作为理货组组长，为了更有效率地完成工作任务，要根据作业内容和流程安排作业进度计划。

操作视频 4.1

要求：

（1）由学生独立完成，学生之间可以协商，过程同上面的任务类似。

（2）通过此检验学生对所学内容的掌握程度，如果存在普遍问题，老师再讲解。

（3）此作业内容与上面的任务不同，需要学生认真思考，相互启发。

效果评价

"作业计划"技能训练评价，见表4-1-2。

表4-1-2　　　　　　　　　　"作业计划"技能训练评价

考核项目	考核内容	得分	备注
训练任务 （集体50%）	学习态度端正（10分）		
	按时上交完成（10分）		

续表

考核项目	考核内容	得分	备注
训练任务 （集体50%）	团队分工协作（10分）		
	积极主动训练（10分）		
	作业流程正确（15分）		
	时间分配合理（15分）		
	表格数据正确（15分）		
	图表设置正确（15分）		
	合计		
练习任务 （个人50%）	学习态度端正（10分）		
	按时上交完成（10分）		
	独立自主完成（10分）		
	积极主动训练（10分）		
	作业流程正确（15分）		
	时间分配合理（15分）		
	表格数据正确（15分）		
	图表设置正确（15分）		
	合计		
总分			
小组名称		小组成员	
自我评价			
教师点评			

技能训练 4.2
ABC分类

■ 实训目标
■ 实训要求
■ 实训过程
■ 技能强化
■ 效果评价

■ **实训目标**

知识目标：

（1）了解ABC分类意义。

（2）熟悉ABC分类标准。

（3）理解ABC分类原理。

（4）掌握ABC分类步骤。

能力目标：

（1）能够根据分类标准对货物进行ABC分类。

（2）能够利用Excel对数据进行相应的处理。

素养目标：

（1）在数据信息处理的过程中，培养学生严谨细致的工作作风。

（2）在依据标准分类的过程中，培养学生统筹思考的思维能力。

■ **实训要求**

（1）事先分组，每4~6名同学分为1组，每组选出1名组长，相互协作，共同完成任务，需要提交小组作业和个人练习作业。

（2）用Excel完成任务，需要在机房上课，电脑安装office2010以上版本。

（3）能够体现出分类过程和分类结果。

实训过程 //////////......

技能训练4.2

表单下载

😃 任务发布

表4-2-1至表4-2-6为某公司最近6周的商品出库量信息（扫左侧二维码获取电子表格），请根据标准完成物动量ABC分类。要求物动量ABC分类计算过程保留2位小数（四舍五入），如12.34%，并且能体现分类的过程和分类结果。物动量ABC分类时按表4-2-7所示标准执行：

表4-2-7　　　　　　　　　　　ABC分类标准

累计品种所占比重（%）	0<A≤10	10<B≤24	24<C≤100
累计出库量所占比重（%）	0<A≤65	65<B≤85	85<C≤100

♻ 背景知识

1.分类管理的意义

物流公司管理对象通常繁杂多样，为此，需要按照一定标准对管理对象进行分类，根据不同类别采用合适的方法进行管理。这样有利于抓住重点，提高效率，从而能起到事半功倍的效果。

2.什么是ABC分类法

ABC分类法又称帕累托分析法、主次因素分析法，是根据事物在技术、经济等方面的主要特征进行分类，目的是分清重点和一般，从而有区别地确定管理方式的一种分析方法。

3.ABC分类法的理论依据

该分类方法的理论依据是"二八原则"，通常企业80%的价值是由20%的产品创造的，所以在管理中应该抓住对事物起决定作用的少数关键因素。只有这样，才能提高管理效率和增强管理效果，使企业在激烈的市场竞争中处于有利地位。ABC分类法凭借其简单实用的特点，已成为物流企业进行精益管理、提高效益的常用管理方法。

4.分类标准

对繁杂事务需要进行分类管理。要想分类，首先要确定分类标准。选什么作为分类标准取决于研究的目的及企业的特点。分类标准不同，最后的分类结果也将不同。研究物流问题通常选物动量作为分类标准。所谓物动量，就是指一段时间内商品进出仓库的数量。

5.分类过程

首先对要分类的商品进行相关数据的收集和整理，然后对收集的数据按要求借助Excel进行处理加工，并做好相关计算。

任务实施

我们借助Excel表格进行数据加工和处理，进行分类演示。

★步骤1：将任务中所给的6周商品出库量信息复制粘贴到Excel表格上，为方便数据处理，再做两项处理。

（1）将货品编码/条码这一竖列删除。

（2）将周报之间的表头删除，得出表4-2-8的形式。

表4-2-8　　　　　　　　　　　　　合并及处理后的Excel表格

货品名称	出库量（箱）
诚诚油炸花生仁	60
金多多婴儿营养米粉	0
吉欧蒂亚干红葡萄酒	150
蜂圣牌蜂王浆冻干粉片	900
脆香饼干	146
黄桃水果罐头	0
利鑫达板栗	88
小师傅方便面	975
休闲黑瓜子	37
玫瑰红酒	0
神奇松花蛋	80
兴华苦杏仁	400
爱牧云南优质小粒咖啡	397
联广酶解可可豆	342
隆达葡萄籽油	100
乐纳可茄汁沙丁鱼罐头	30
金谷精品杂粮营养粥	37
华冠芝士微波炉爆米花	21
早苗栗子西点蛋糕	12
轩广章鱼小丸子	60
大嫂什锦水果罐头	13

货品名称	出库量（箱）
雅比沙拉酱	10
山地玫瑰蒸馏果酒	0
梦阳奶粉	0
沃尔特舒汽车维修专用工具	30
日月腐乳	50
鹏泽海鲜锅底	31
万盛牌瓷砖	0
大王牌大豆酶解蛋白粉	2 576
好娃娃薯片	36
诚诚油炸花生仁	0
金多多婴儿营养米粉	25
吉欧蒂亚干红葡萄酒	20
蜂圣牌蜂王浆冻干粉片	150
脆香饼干	42
黄桃水果罐头	37
利鑫达板栗	30
小师傅方便面	65
休闲黑瓜子	7
玫瑰红酒	37
神奇松花蛋	47
兴华苦杏仁	96
爱牧云南优质小粒咖啡	106
联广酶解可可豆	56
隆达葡萄籽油	61
乐纳可茄汁沙丁鱼罐头	30
金谷精品杂粮营养粥	38
华冠芝士微波炉爆米花	0

货品名称	出库量（箱）
早苗栗子西点蛋糕	36
轩广章鱼小丸子	0
大嫂什锦水果罐头	0
雅比沙拉酱	0
山地玫瑰蒸馏果酒	20
梦阳奶粉	38
沃尔特舒汽车维修专用工具	0
日月腐乳	0
鹏泽海鲜锅底	37
万盛牌瓷砖	20
大王牌大豆酶解蛋白粉	269
好娃娃薯片	0
诚诚油炸花生仁	50
金多多婴儿营养米粉	25
吉欧蒂亚干红葡萄酒	0
蜂圣牌蜂王浆冻干粉片	259
脆香饼干	67
黄桃水果罐头	0
利鑫达板栗	32
小师傅方便面	1 270
休闲黑瓜子	25
玫瑰红酒	94
神奇松花蛋	59
兴华苦杏仁	380
爱牧云南优质小粒咖啡	87
联广酶解可可豆	0
隆达葡萄籽油	0

续表

货品名称	出库量（箱）
乐纳可茄汁沙丁鱼罐头	39
金谷精品杂粮营养粥	25
华冠芝士微波炉爆米花	0
早苗栗子西点蛋糕	25
轩广章鱼小丸子	20
大嫂什锦水果罐头	0
雅比沙拉酱	0
山地玫瑰蒸馏果酒	0
梦阳奶粉	26
沃尔特舒汽车维修专用工具	30
日月腐乳	0
鹏泽海鲜锅底	0
万盛牌瓷砖	25
大王牌大豆酶解蛋白粉	570
好娃娃薯片	26
诚诚油炸花生仁	50
金多多婴儿营养米粉	0
吉欧蒂亚干红葡萄酒	60
蜂圣牌蜂王浆冻干粉片	380
脆香饼干	100
黄桃水果罐头	26
利鑫达板栗	50
小师傅方便面	276
休闲黑瓜子	0
玫瑰红酒	18
神奇松花蛋	0
兴华苦杏仁	269

续表

货品名称	出库量（箱）
爱牧云南优质小粒咖啡	0
联广酶解可可豆	100
隆达葡萄籽油	39
乐纳可茄汁沙丁鱼罐头	25
金谷精品杂粮营养粥	36
华冠芝士微波炉爆米花	27
早苗栗子西点蛋糕	27
轩广章鱼小丸子	0
大嫂什锦水果罐头	12
雅比沙拉酱	0
山地玫瑰蒸馏果酒	0
梦阳奶粉	13
沃尔特舒汽车维修专用工具	0
日月腐乳	20
鹏泽海鲜锅底	0
万盛牌瓷砖	0
大王牌大豆酶解蛋白粉	820
好娃娃薯片	0
诚诚油炸花生仁	50
金多多婴儿营养米粉	20
吉欧蒂亚干红葡萄酒	60
蜂圣牌蜂王浆冻干粉片	63
脆香饼干	97
黄桃水果罐头	0
利鑫达板栗	0
小师傅方便面	297

续表

货品名称	出库量（箱）
休闲黑瓜子	27
玫瑰红酒	46
神奇松花蛋	40
兴华苦杏仁	82
爱牧云南优质小粒咖啡	200
联广酶解可可豆	17
隆达葡萄籽油	100
乐纳可茄汁沙丁鱼罐头	54
金谷精品杂粮营养粥	27
华冠芝士微波炉爆米花	43
早苗栗子西点蛋糕	0
轩广章鱼小丸子	15
大嫂什锦水果罐头	5
雅比沙拉酱	20
山地玫瑰蒸馏果酒	0
梦阳奶粉	13
沃尔特舒汽车维修专用工具	30
日月腐乳	20
鹏泽海鲜锅底	11
万盛牌瓷砖	0
大王牌大豆酶解蛋白粉	1 064
好娃娃薯片	28
诚诚油炸花生仁	50
金多多婴儿营养米粉	0
吉欧蒂亚干红葡萄酒	50
蜂圣牌蜂王浆冻干粉片	458

续表

货品名称	出库量（箱）
脆香饼干	48
黄桃水果罐头	27
利鑫达板栗	0
小师傅方便面	217
休闲黑瓜子	4
玫瑰红酒	45
神奇松花蛋	44
兴华苦杏仁	243
爱牧云南优质小粒咖啡	100
联广酶解可可豆	165
隆达葡萄籽油	100
乐纳可茄汁沙丁鱼罐头	12
金谷精品杂粮营养粥	17
华冠芝士微波炉爆米花	39
早苗栗子西点蛋糕	20
轩广章鱼小丸子	15
大嫂什锦水果罐头	0
雅比沙拉酱	0
山地玫瑰蒸馏果酒	0
梦阳奶粉	0
沃尔特舒汽车维修专用工具	0
日月腐乳	0
鹏泽海鲜锅底	11
万盛牌瓷砖	25
大王牌大豆酶解蛋白粉	451
好娃娃薯片	0

★步骤2：将表4-2-8按货品名称进行降序排列。

单击Excel数据选项，在下拉列表选降序，注意此处要按货品名称进行降序排列，得出表4-2-9的形式。

表4-2-9　　　　　　　　　　　　**按货品名称降序排列后的数据表**

货品名称	出库量（箱）
早苗栗子西点蛋糕	12
早苗栗子西点蛋糕	36
早苗栗子西点蛋糕	25
早苗栗子西点蛋糕	27
早苗栗子西点蛋糕	0
早苗栗子西点蛋糕	20
雅比沙拉酱	10
雅比沙拉酱	0
雅比沙拉酱	0
雅比沙拉酱	0
雅比沙拉酱	20
雅比沙拉酱	0
轩广章鱼小丸子	60
轩广章鱼小丸子	0
轩广章鱼小丸子	20
轩广章鱼小丸子	0
轩广章鱼小丸子	15
轩广章鱼小丸子	15
休闲黑瓜子	37
休闲黑瓜子	7
休闲黑瓜子	25
休闲黑瓜子	0
休闲黑瓜子	27
休闲黑瓜子	4

续表

货品名称	出库量（箱）
兴华苦杏仁	400
兴华苦杏仁	96
兴华苦杏仁	380
兴华苦杏仁	269
兴华苦杏仁	82
兴华苦杏仁	243
小师傅方便面	975
小师傅方便面	65
小师傅方便面	1 270
小师傅方便面	276
小师傅方便面	297
小师傅方便面	217
沃尔特舒汽车维修专用工具	30
沃尔特舒汽车维修专用工具	0
沃尔特舒汽车维修专用工具	30
沃尔特舒汽车维修专用工具	0
沃尔特舒汽车维修专用工具	30
沃尔特舒汽车维修专用工具	0
万盛牌瓷砖	0
万盛牌瓷砖	20
万盛牌瓷砖	25
万盛牌瓷砖	0
万盛牌瓷砖	0
万盛牌瓷砖	25
神奇松花蛋	80
神奇松花蛋	47

续表

货品名称	出库量（箱）
神奇松花蛋	59
神奇松花蛋	0
神奇松花蛋	40
神奇松花蛋	44
山地玫瑰蒸馏果酒	0
山地玫瑰蒸馏果酒	20
山地玫瑰蒸馏果酒	0
山地玫瑰蒸馏果酒	0
山地玫瑰蒸馏果酒	0
山地玫瑰蒸馏果酒	0
日月腐乳	50
日月腐乳	0
日月腐乳	0
日月腐乳	20
日月腐乳	20
日月腐乳	0
鹏泽海鲜锅底	31
鹏泽海鲜锅底	37
鹏泽海鲜锅底	0
鹏泽海鲜锅底	0
鹏泽海鲜锅底	11
鹏泽海鲜锅底	11
梦阳奶粉	0
梦阳奶粉	38
梦阳奶粉	26
梦阳奶粉	13

货品名称	出库量（箱）
梦阳奶粉	13
梦阳奶粉	0
玫瑰红酒	0
玫瑰红酒	37
玫瑰红酒	94
玫瑰红酒	18
玫瑰红酒	46
玫瑰红酒	45
隆达葡萄籽油	100
隆达葡萄籽油	61
隆达葡萄籽油	0
隆达葡萄籽油	39
隆达葡萄籽油	100
隆达葡萄籽油	100
联广酶解可可豆	342
联广酶解可可豆	56
联广酶解可可豆	0
联广酶解可可豆	100
联广酶解可可豆	17
联广酶解可可豆	165
利鑫达板栗	88
利鑫达板栗	30
利鑫达板栗	32
利鑫达板栗	50
利鑫达板栗	0
利鑫达板栗	0

续表

货品名称	出库量（箱）
乐纳可茄汁沙丁鱼罐头	30
乐纳可茄汁沙丁鱼罐头	30
乐纳可茄汁沙丁鱼罐头	39
乐纳可茄汁沙丁鱼罐头	25
乐纳可茄汁沙丁鱼罐头	54
乐纳可茄汁沙丁鱼罐头	12
金谷精品杂粮营养粥	37
金谷精品杂粮营养粥	38
金谷精品杂粮营养粥	25
金谷精品杂粮营养粥	36
金谷精品杂粮营养粥	27
金谷精品杂粮营养粥	17
金多多婴儿营养米粉	0
金多多婴儿营养米粉	25
金多多婴儿营养米粉	25
金多多婴儿营养米粉	0
金多多婴儿营养米粉	20
金多多婴儿营养米粉	0
吉欧蒂亚干红葡萄酒	150
吉欧蒂亚干红葡萄酒	20
吉欧蒂亚干红葡萄酒	0
吉欧蒂亚干红葡萄酒	60
吉欧蒂亚干红葡萄酒	60
吉欧蒂亚干红葡萄酒	50
黄桃水果罐头	0
黄桃水果罐头	37

续表

货品名称	出库量（箱）
黄桃水果罐头	0
黄桃水果罐头	26
黄桃水果罐头	0
黄桃水果罐头	27
华冠芝士微波炉爆米花	21
华冠芝士微波炉爆米花	0
华冠芝士微波炉爆米花	0
华冠芝士微波炉爆米花	27
华冠芝士微波炉爆米花	43
华冠芝士微波炉爆米花	39
好娃娃薯片	36
好娃娃薯片	0
好娃娃薯片	26
好娃娃薯片	0
好娃娃薯片	28
好娃娃薯片	0
蜂圣牌蜂王浆冻干粉片	900
蜂圣牌蜂王浆冻干粉片	150
蜂圣牌蜂王浆冻干粉片	259
蜂圣牌蜂王浆冻干粉片	380
蜂圣牌蜂王浆冻干粉片	63
蜂圣牌蜂王浆冻干粉片	458
大王牌大豆酶解蛋白粉	2 576
大王牌大豆酶解蛋白粉	269
大王牌大豆酶解蛋白粉	570
大王牌大豆酶解蛋白粉	820

续表

货品名称	出库量（箱）
大王牌大豆酶解蛋白粉	1 064
大王牌大豆酶解蛋白粉	451
大嫂什锦水果罐头	13
大嫂什锦水果罐头	0
大嫂什锦水果罐头	0
大嫂什锦水果罐头	12
大嫂什锦水果罐头	5
大嫂什锦水果罐头	0
脆香饼干	146
脆香饼干	42
脆香饼干	67
脆香饼干	100
脆香饼干	97
脆香饼干	48
诚诚油炸花生仁	60
诚诚油炸花生仁	0
诚诚油炸花生仁	50
诚诚油炸花生仁	50
诚诚油炸花生仁	50
诚诚油炸花生仁	50
爱牧云南优质小粒咖啡	397
爱牧云南优质小粒咖啡	106
爱牧云南优质小粒咖啡	87
爱牧云南优质小粒咖啡	0
爱牧云南优质小粒咖啡	200
爱牧云南优质小粒咖啡	100

★步骤3：对表4-2-9进行分类汇总。

单击数据选项分类汇总，弹出分类汇总下拉列表，其中分类字段选货品名称，汇总方式选求和，选定汇总项选出库量（箱），得到表4-2-10。

表4-2-10　　　　　　　　　　　　**分类汇总货品数据表**

货品名称	出库量（箱）
早苗栗子西点蛋糕	12
早苗栗子西点蛋糕	36
早苗栗子西点蛋糕	25
早苗栗子西点蛋糕	27
早苗栗子西点蛋糕	0
早苗栗子西点蛋糕	20
早苗栗子西点蛋糕　汇总	120
雅比沙拉酱	10
雅比沙拉酱	0
雅比沙拉酱	0
雅比沙拉酱	0
雅比沙拉酱	20
雅比沙拉酱	0
雅比沙拉酱　汇总	30
轩广章鱼小丸子	60
轩广章鱼小丸子	0
轩广章鱼小丸子	20
轩广章鱼小丸子	0
轩广章鱼小丸子	15
轩广章鱼小丸子	15
轩广章鱼小丸子　汇总	110
休闲黑瓜子	37
休闲黑瓜子	7
休闲黑瓜子	25
休闲黑瓜子	0

货品名称	出库量（箱）
休闲黑瓜子	27
休闲黑瓜子	4
休闲黑瓜子　汇总	100
兴华苦杏仁	400
兴华苦杏仁	96
兴华苦杏仁	380
兴华苦杏仁	269
兴华苦杏仁	82
兴华苦杏仁	243
兴华苦杏仁　汇总	1 470
小师傅方便面	975
小师傅方便面	65
小师傅方便面	1 270
小师傅方便面	276
小师傅方便面	297
小师傅方便面	217
小师傅方便面　汇总	3 100
沃尔特舒汽车维修专用工具	30
沃尔特舒汽车维修专用工具	0
沃尔特舒汽车维修专用工具	30
沃尔特舒汽车维修专用工具	0
沃尔特舒汽车维修专用工具	30
沃尔特舒汽车维修专用工具	0
沃尔特舒汽车维修专用工具　汇总	90
万盛牌瓷砖	0
万盛牌瓷砖	20
万盛牌瓷砖	25

货品名称	出库量（箱）
万盛牌瓷砖	0
万盛牌瓷砖	0
万盛牌瓷砖	25
万盛牌瓷砖　汇总	70
神奇松花蛋	80
神奇松花蛋	47
神奇松花蛋	59
神奇松花蛋	0
神奇松花蛋	40
神奇松花蛋	44
神奇松花蛋　汇总	270
山地玫瑰蒸馏果酒	0
山地玫瑰蒸馏果酒	20
山地玫瑰蒸馏果酒	0
山地玫瑰蒸馏果酒	0
山地玫瑰蒸馏果酒	0
山地玫瑰蒸馏果酒	0
山地玫瑰蒸馏果酒　汇总	20
日月腐乳	50
日月腐乳	0
日月腐乳	0
日月腐乳	20
日月腐乳	20
日月腐乳	0
日月腐乳　汇总	90
鹏泽海鲜锅底	31
鹏泽海鲜锅底	37

货品名称	出库量（箱）
鹏泽海鲜锅底	0
鹏泽海鲜锅底	0
鹏泽海鲜锅底	11
鹏泽海鲜锅底	11
鹏泽海鲜锅底　汇总	90
梦阳奶粉	0
梦阳奶粉	38
梦阳奶粉	26
梦阳奶粉	13
梦阳奶粉	13
梦阳奶粉	0
梦阳奶粉　汇总	90
玫瑰红酒	0
玫瑰红酒	37
玫瑰红酒	94
玫瑰红酒	18
玫瑰红酒	46
玫瑰红酒	45
玫瑰红酒　汇总	240
隆达葡萄籽油	100
隆达葡萄籽油	61
隆达葡萄籽油	0
隆达葡萄籽油	39
隆达葡萄籽油	100
隆达葡萄籽油	100
隆达葡萄籽油　汇总	400
联广酶解可可豆	342

续表

货品名称	出库量（箱）
联广酶解可可豆	56
联广酶解可可豆	0
联广酶解可可豆	100
联广酶解可可豆	17
联广酶解可可豆	165
联广酶解可可豆　汇总	680
利鑫达板栗	88
利鑫达板栗	30
利鑫达板栗	32
利鑫达板栗	50
利鑫达板栗	0
利鑫达板栗	0
利鑫达板栗　汇总	200
乐纳可茄汁沙丁鱼罐头	30
乐纳可茄汁沙丁鱼罐头	30
乐纳可茄汁沙丁鱼罐头	39
乐纳可茄汁沙丁鱼罐头	25
乐纳可茄汁沙丁鱼罐头	54
乐纳可茄汁沙丁鱼罐头	12
乐纳可茄汁沙丁鱼罐头　汇总	190
金谷精品杂粮营养粥	37
金谷精品杂粮营养粥	38
金谷精品杂粮营养粥	25
金谷精品杂粮营养粥	36
金谷精品杂粮营养粥	27
金谷精品杂粮营养粥	17
金谷精品杂粮营养粥　汇总	180

货品名称	出库量（箱）
金多多婴儿营养米粉	0
金多多婴儿营养米粉	25
金多多婴儿营养米粉	25
金多多婴儿营养米粉	0
金多多婴儿营养米粉	20
金多多婴儿营养米粉	0
金多多婴儿营养米粉　汇总	70
吉欧蒂亚干红葡萄酒	150
吉欧蒂亚干红葡萄酒	20
吉欧蒂亚干红葡萄酒	0
吉欧蒂亚干红葡萄酒	60
吉欧蒂亚干红葡萄酒	60
吉欧蒂亚干红葡萄酒	50
吉欧蒂亚干红葡萄酒　汇总	340
黄桃水果罐头	0
黄桃水果罐头	37
黄桃水果罐头	0
黄桃水果罐头	26
黄桃水果罐头	0
黄桃水果罐头	27
黄桃水果罐头　汇总	90
华冠芝士微波炉爆米花	21
华冠芝士微波炉爆米花	0
华冠芝士微波炉爆米花	0
华冠芝士微波炉爆米花	27
华冠芝士微波炉爆米花	43
华冠芝士微波炉爆米花	39

货品名称	出库量（箱）
华冠芝士微波炉爆米花　汇总	130
好娃娃薯片	36
好娃娃薯片	0
好娃娃薯片	26
好娃娃薯片	0
好娃娃薯片	28
好娃娃薯片	0
好娃娃薯片　汇总	90
蜂圣牌蜂王浆冻干粉片	900
蜂圣牌蜂王浆冻干粉片	150
蜂圣牌蜂王浆冻干粉片	259
蜂圣牌蜂王浆冻干粉片	380
蜂圣牌蜂王浆冻干粉片	63
蜂圣牌蜂王浆冻干粉片	458
蜂圣牌蜂王浆冻干粉片　汇总	2 210
大王牌大豆酶解蛋白粉	2 576
大王牌大豆酶解蛋白粉	269
大王牌大豆酶解蛋白粉	570
大王牌大豆酶解蛋白粉	820
大王牌大豆酶解蛋白粉	1 064
大王牌大豆酶解蛋白粉	451
大王牌大豆酶解蛋白粉　汇总	5 750
大嫂什锦水果罐头	13
大嫂什锦水果罐头	0
大嫂什锦水果罐头	0
大嫂什锦水果罐头	12
大嫂什锦水果罐头	5

续表

货品名称	出库量（箱）
大嫂什锦水果罐头	0
大嫂什锦水果罐头 汇总	30
脆香饼干	146
脆香饼干	42
脆香饼干	67
脆香饼干	100
脆香饼干	97
脆香饼干	48
脆香饼干 汇总	500
诚诚油炸花生仁	60
诚诚油炸花生仁	0
诚诚油炸花生仁	50
诚诚油炸花生仁	50
诚诚油炸花生仁	50
诚诚油炸花生仁	50
诚诚油炸花生仁 汇总	260
爱牧云南优质小粒咖啡	397
爱牧云南优质小粒咖啡	106
爱牧云南优质小粒咖啡	87
爱牧云南优质小粒咖啡	0
爱牧云南优质小粒咖啡	200
爱牧云南优质小粒咖啡	100
爱牧云南优质小粒咖啡 汇总	890

★步骤4：选择汇总显示形式。

用鼠标左键单击Excel表左上123数字级次2（如图4-2-1所示），将显示内容复制粘贴到新的工作簿中。具体做法为选择需复制的表格区域，按顺序点击查找和选择→定位条件（如图4-2-2所示，也可以通过"Ctrl+G"快速访问），在弹出的对话框中勾选"可见单元格"，点击确定，通过"Ctrl+C"复制，在新工作簿中通过"Ctrl+V"粘贴即可，结果见表4-2-11。

图4-2-1 分类汇总分级显示图

图4-2-2 定位条件查找与设置

表4-2-11   变换汇总显示形式

货品名称	出库量（箱）
早苗栗子西点蛋糕 汇总	120
雅比沙拉酱 汇总	30
轩广章鱼小丸子 汇总	110
休闲黑瓜子 汇总	100
兴华苦杏仁 汇总	1 470

续表

货品名称	出库量（箱）
小师傅方便面　汇总	3 100
沃尔特舒汽车维修专用工具　汇总	90
万盛牌瓷砖　汇总	70
神奇松花蛋　汇总	270
山地玫瑰蒸馏果酒　汇总	20
日月腐乳　汇总	90
鹏泽海鲜锅底　汇总	90
梦阳奶粉　汇总	90
玫瑰红酒　汇总	240
隆达葡萄籽油　汇总	400
联广酶解可可豆　汇总	680
利鑫达板栗　汇总	200
乐纳可茄汁沙丁鱼罐头　汇总	190
金谷精品杂粮营养粥　汇总	180
金多多婴儿营养米粉　汇总	70
吉欧蒂亚干红葡萄酒　汇总	340
黄桃水果罐头　汇总	90
华冠芝士微波炉爆米花　汇总	130
好娃娃薯片　汇总	90
蜂圣牌蜂王浆冻干粉片　汇总	2 210
大王牌大豆酶解蛋白粉　汇总	5 750
大嫂什锦水果罐头　汇总	30
脆香饼干　汇总	500
诚诚油炸花生仁　汇总	260
爱牧云南优质小粒咖啡　汇总	890
总计	17 900

★步骤5：将表4-2-11单元格中的"汇总"字样删掉，再按出库量（箱）进行降序排列，注意在"排序提醒"中，要选择"扩展选定区域"，排序后用自动求和求出出库

量总计数，见表4-2-12。

表4-2-12　　　　　　　　　　　　按出库量降序排列汇总表

货品名称	出库量（箱）
大王牌大豆酶解蛋白粉	5 750
小师傅方便面	3 100
蜂圣牌蜂王浆冻干粉片	2 210
兴华苦杏仁	1 470
爱牧云南优质小粒咖啡	890
联广酶解可可豆	680
脆香饼干	500
隆达葡萄籽油	400
吉欧蒂亚干红葡萄酒	340
神奇松花蛋	270
诚诚油炸花生仁	260
玫瑰红酒	240
利鑫达板栗	200
乐纳可茄汁沙丁鱼罐头	190
金谷精品杂粮营养粥	180
华冠芝士微波炉爆米花	130
早苗栗子西点蛋糕	120
轩广章鱼小丸子	110
休闲黑瓜子	100
沃尔特舒汽车维修专用工具	90
日月腐乳	90
鹏泽海鲜锅底	90
梦阳奶粉	90
黄桃水果罐头	90
好娃娃薯片	90
万盛牌瓷砖	70
金多多婴儿营养米粉	70
雅比沙拉酱	30
大嫂什锦水果罐头	30
山地玫瑰蒸馏果酒	20
总计	17 900

★步骤6：计算出库量所占百分比。

计算出库量所占百分比的计算方法为每种商品的出库量除以总出库量。需注意：当利用Excel计算占总百分比时，在公式中总出库量的单元格需要固定单元格，做法是在该单元格的列、行前都加上绝对引用符号"$"（也可以通过选中单元格时按F4快速添加），计算结果见表4-2-13。

表4-2-13 计算出库量所占百分比

货品名称	出库量（箱）	出库量所占百分比
大王牌大豆酶解蛋白粉	5 750	32.12%
小师傅方便面	3 100	17.32%
蜂圣牌蜂王浆冻干粉片	2 210	12.35%
兴华苦杏仁	1 470	8.21%
爱牧云南优质小粒咖啡	890	4.97%
联广酶解可可豆	680	3.80%
脆香饼干	500	2.79%
隆达葡萄籽油	400	2.23%
吉欧蒂亚干红葡萄酒	340	1.90%
神奇松花蛋	270	1.51%
诚诚油炸花生仁	260	1.45%
玫瑰红酒	240	1.34%
利鑫达板栗	200	1.12%
乐纳可茄汁沙丁鱼罐头	190	1.06%
金谷精品杂粮营养粥	180	1.01%
华冠芝士微波炉爆米花	130	0.73%
早苗栗子西点蛋糕	120	0.67%
轩广章鱼小丸子	110	0.61%
休闲黑瓜子	100	0.56%
沃尔特舒汽车维修专用工具	90	0.50%
日月腐乳	90	0.50%
鹏泽海鲜锅底	90	0.50%
梦阳奶粉	90	0.50%
黄桃水果罐头	90	0.50%
好娃娃薯片	90	0.50%
万盛牌瓷砖	70	0.39%

续表

货品名称	出库量（箱）	出库量所占百分比
金多多婴儿营养米粉	70	0.39%
雅比沙拉酱	30	0.17%
大嫂什锦水果罐头	30	0.17%
山地玫瑰蒸馏果酒	20	0.11%
总计	17 900	100.00%

★步骤7：计算出库量累计百分比。

按从大到小的顺序依次累加出库量所占百分比，以单元格D2为例，其公式为"＝SUM（＄C＄2：C2）"，之后向下复制公式即可，得出出库量累计百分比，如图4-2-3所示。

| | | | fx | =SUM($C$2:C2) |

	A	B	C	D
1	货品名称	出库量（箱）	出库量所占百分比	出库量累计百分比
2	大王牌大豆酶解蛋白粉	5 750	32.12%	32.12%
3	小师傅方便面	3 100	17.32%	49.44%
4	蜂圣牌蜂王浆冻干粉片	2 210	12.35%	61.79%
5	兴华苦杏仁	1 470	8.21%	70.00%
6	爱牧云南优质小粒咖啡	890	4.97%	74.97%
7	联广酶解可可豆	680	3.80%	78.77%
8	脆香饼干	500	2.79%	81.56%
9	隆达葡萄籽油	400	2.23%	83.80%
10	吉欧蒂亚干红葡萄酒	340	1.90%	85.70%
11	神奇松花蛋	270	1.51%	87.21%
12	诚诚油炸花生仁	260	1.45%	88.66%
13	玫瑰红酒	240	1.34%	90.00%
14	利鑫达板栗	200	1.12%	91.12%
15	乐纳可茄汁沙丁鱼罐头	190	1.06%	92.18%
16	金谷精品杂粮营养粥	180	1.01%	93.18%
17	华冠芝士微波炉爆米花	130	0.73%	93.91%
18	早苗栗子西点蛋糕	120	0.67%	94.58%
19	轩广章鱼小丸子	110	0.61%	95.20%
20	休闲黑瓜子	100	0.56%	95.75%
21	沃尔特舒汽车维修专用工具	90	0.50%	96.26%
22	日月腐乳	90	0.50%	96.76%
23	鹏泽海鲜锅底	90	0.50%	97.26%
24	梦阳奶粉	90	0.50%	97.77%
25	黄桃水果罐头	90	0.50%	98.27%
26	好娃娃薯片	90	0.50%	98.77%
27	万盛牌瓷砖	70	0.39%	99.16%
28	金多多婴儿营养米粉	70	0.39%	99.55%
29	雅比沙拉酱	30	0.17%	99.72%
30	大嫂什锦水果罐头	30	0.17%	99.89%
31	山地玫瑰蒸馏果酒	20	0.11%	100.00%
32	总计	17 900	100.00%	

图4-2-3 计算出库量累计百分比

★步骤8：计算品种所占百分比。

根据资料，货品种类一共30种，因此每种占比为1/30=3.33%，如图4-2-4所示。

| E2 | | | × | √ | fx | =1/30 | |

	A	B	C	D	E
1	货品名称	出库量（箱）	出库量所占百分比	出库量累计百分比	品种所占百分比
2	大王牌大豆酶解蛋白粉	5 750	32.12%	32.12%	3.33%
3	小师傅方便面	3 100	17.32%	49.44%	3.33%
4	蜂圣牌蜂王浆冻干粉片	2 210	12.35%	61.79%	3.33%
5	兴华苦杏仁	1 470	8.21%	70.00%	3.33%
6	爱牧云南优质小粒咖啡	890	4.97%	74.97%	3.33%
7	联广酶解可可豆	680	3.80%	78.77%	3.33%
8	脆香饼干	500	2.79%	81.56%	3.33%
9	隆达葡萄籽油	400	2.23%	83.80%	3.33%
10	吉欧蒂亚干红葡萄酒	340	1.90%	85.70%	3.33%
11	神奇松花蛋	270	1.51%	87.21%	3.33%
12	诚诚油炸花生仁	260	1.45%	88.66%	3.33%
13	玫瑰红酒	240	1.34%	90.00%	3.33%
14	利鑫达板栗	200	1.12%	91.12%	3.33%
15	乐纳可茄汁沙丁鱼罐头	190	1.06%	92.18%	3.33%
16	金谷精品杂粮营养粥	180	1.01%	93.18%	3.33%
17	华冠芝士微波炉爆米花	130	0.73%	93.91%	3.33%
18	早苗栗子西点蛋糕	120	0.67%	94.58%	3.33%
19	轩广章鱼小丸子	110	0.61%	95.20%	3.33%
20	休闲黑瓜子	100	0.56%	95.75%	3.33%
21	沃尔特舒汽车维修专用工具	90	0.50%	96.26%	3.33%
22	日月腐乳	90	0.50%	96.76%	3.33%
23	鹏泽海鲜锅底	90	0.50%	97.26%	3.33%
24	梦阳奶粉	90	0.50%	97.77%	3.33%
25	黄桃水果罐头	90	0.50%	98.27%	3.33%
26	好娃娃薯片	90	0.50%	98.77%	3.33%
27	万盛牌瓷砖	70	0.39%	99.16%	3.33%
28	金多多婴儿营养米粉	70	0.39%	99.55%	3.33%
29	雅比沙拉酱	30	0.17%	99.72%	3.33%
30	大嫂什锦水果罐头	30	0.17%	99.89%	3.33%
31	山地玫瑰蒸馏果酒	20	0.11%	100.00%	3.33%
32	总计	17 900	100.00%	—	100.00%

图4-2-4 计算品种所占百分比

★步骤9：计算品种累计百分比。

按从大到小的顺序依次累加品种所占百分比，以单元格F2为例，其公式为"=SUM（＄E＄2：E2）"，之后向下复制公式即可，得出品种累计百分比例，如图4-2-5所示。

★步骤10：根据分类标准进行分类。

我们进行ABC分类管理的实质是将众多商品分成A、B、C共3组，每组用不同的方法管理，重点管理A类商品，这样才能抓住关键、提高效率。具体分类过程如下：

F2		=SUM($E$2:E2)

	A	B	C	D	E	F
1	货品名称	出库量（箱）	出库量所占百分比	出库量累计百分比	品种所占百分比	品种累计百分比
2	大王牌大豆酶解蛋白粉	5 750	32.12%	32.12%	3.33%	3.33%
3	小师傅方便面	3 100	17.32%	49.44%	3.33%	6.67%
4	蜂圣牌蜂王浆冻干粉片	2 210	12.35%	61.79%	3.33%	10.00%
5	兴华苦杏仁	1 470	8.21%	70.00%	3.33%	13.33%
6	爱牧云南优质小粒咖啡	890	4.97%	74.97%	3.33%	16.67%
7	联广酶解可可豆	680	3.80%	78.77%	3.33%	20.00%
8	脆香饼干	500	2.79%	81.56%	3.33%	23.33%
9	隆达葡萄籽油	400	2.23%	83.80%	3.33%	26.67%
10	吉欧蒂亚干红葡萄酒	340	1.90%	85.70%	3.33%	30.00%
11	神奇松花蛋	270	1.51%	87.21%	3.33%	33.33%
12	诚诚油炸花生仁	260	1.45%	88.66%	3.33%	36.67%
13	玫瑰红酒	240	1.34%	90.00%	3.33%	40.00%
14	利鑫达板栗	200	1.12%	91.12%	3.33%	43.33%
15	乐纳可茄汁沙丁鱼罐头	190	1.06%	92.18%	3.33%	46.67%
16	金谷精品杂粮营养粥	180	1.01%	93.18%	3.33%	50.00%
17	华冠芝士微波炉爆米花	130	0.73%	93.91%	3.33%	53.33%
18	早苗栗子西点蛋糕	120	0.67%	94.58%	3.33%	56.67%
19	轩广章鱼小丸子	110	0.61%	95.20%	3.33%	60.00%
20	休闲黑瓜子	100	0.56%	95.75%	3.33%	63.33%
21	沃尔特舒汽车维修专用工具	90	0.50%	96.26%	3.33%	66.67%
22	日月腐乳	90	0.50%	96.76%	3.33%	70.00%
23	鹏泽海鲜锅底	90	0.50%	97.26%	3.33%	73.33%
24	梦阳奶粉	90	0.50%	97.77%	3.33%	76.67%
25	黄桃水果罐头	90	0.50%	98.27%	3.33%	80.00%
26	好娃娃薯片	90	0.50%	98.77%	3.33%	83.33%
27	万盛牌瓷砖	70	0.39%	99.16%	3.33%	86.67%
28	金多多婴儿营养米粉	70	0.39%	99.55%	3.33%	90.00%
29	雅比沙拉酱	30	0.17%	99.72%	3.33%	93.33%
30	大嫂什锦水果罐头	30	0.17%	99.89%	3.33%	96.67%
31	山地玫瑰蒸馏果酒	20	0.11%	100.00%	3.33%	100.00%
32	总计	17 900	100.00%	—	100.00%	—

图4-2-5　计算品种累计百分比

A类货品的累计品种所占比重为0<A≤10%，查对表格为3项货物；A类货品的累计出库量所占比重为0<A≤65%，查对表格也为3项货物，因此得出A类货物为大王牌大豆酶解蛋白粉、小师傅方便面、蜂圣牌蜂王浆冻干粉片3种。

B类货品的累计品种所占比重为10%<B≤24%，查对表格为4项货物；B类货品的累计出库量所占比重为65%<B≤85%，查对表格为5项货物，因必须同时满足两项标准，所以得出B类货物为兴华苦杏仁、爱牧云南优质小粒咖啡、联广酶解可可豆、脆香饼干4种。

剩余货物则划分为C类货物，共23种，具体分类结果见表4-2-14。

表4-2-14　　　　　　　　　　根据分类标准进行ABC分类

货品名称	出库量（箱）	出库量所占百分比	出库量累计百分比	品种所占百分比	品种累计百分比	分类结果
大王牌大豆酶解蛋白粉	5 750	32.12%	32.12%	3.33%	3.33%	A类
小师傅方便面	3 100	17.32%	49.44%	3.33%	6.67%	A类
蜂圣牌蜂王浆冻干粉片	2 210	12.35%	61.79%	3.33%	10.00%	A类
兴华苦杏仁	1 470	8.21%	70.00%	3.33%	13.33%	B类
爱牧云南优质小粒咖啡	890	4.97%	74.97%	3.33%	16.67%	B类
联广酶解可可豆	680	3.80%	78.77%	3.33%	20.00%	B类
脆香饼干	500	2.79%	81.56%	3.33%	23.33%	B类
隆达葡萄籽油	400	2.23%	83.80%	3.33%	26.67%	C类
吉欧蒂亚干红葡萄酒	340	1.90%	85.70%	3.33%	30.00%	C类
神奇松花蛋	270	1.51%	87.21%	3.33%	33.33%	C类
诚诚油炸花生仁	260	1.45%	88.66%	3.33%	36.67%	C类
玫瑰红酒	240	1.34%	90.00%	3.33%	40.00%	C类
利鑫达板栗	200	1.12%	91.12%	3.33%	43.33%	C类
乐纳可茄汁沙丁鱼罐头	190	1.06%	92.18%	3.33%	46.67%	C类
金谷精品杂粮营养粥	180	1.01%	93.18%	3.33%	50.00%	C类
华冠芝士微波炉爆米花	130	0.73%	93.91%	3.33%	53.33%	C类
早苗栗子西点蛋糕	120	0.67%	94.58%	3.33%	56.67%	C类
轩广章鱼小丸子	110	0.61%	95.20%	3.33%	60.00%	C类
休闲黑瓜子	100	0.56%	95.75%	3.33%	63.33%	C类
沃尔特舒汽车维修专用工具	90	0.50%	96.26%	3.33%	66.67%	C类
日月腐乳	90	0.50%	96.76%	3.33%	70.00%	C类
鹏泽海鲜锅底	90	0.50%	97.26%	3.33%	73.33%	C类
梦阳奶粉	90	0.50%	97.77%	3.33%	76.67%	C类
黄桃水果罐头	90	0.50%	98.27%	3.33%	80.00%	C类
好娃娃薯片	90	0.50%	98.77%	3.33%	83.33%	C类
万盛牌瓷砖	70	0.39%	99.16%	3.33%	86.67%	C类
金多多婴儿营养米粉	70	0.39%	99.55%	3.33%	90.00%	C类
雅比沙拉酱	30	0.17%	99.72%	3.33%	93.33%	C类
大嫂什锦水果罐头	30	0.17%	99.89%	3.33%	96.67%	C类
山地玫瑰蒸馏果酒	20	0.11%	100.00%	3.33%	100.00%	C类
总计	17 900	100.00%	—	100.00%	—	—

★步骤11：绘制ABC分类图。

利用Excel选择表格数据，插入三维柱形图，如图4-2-6所示。

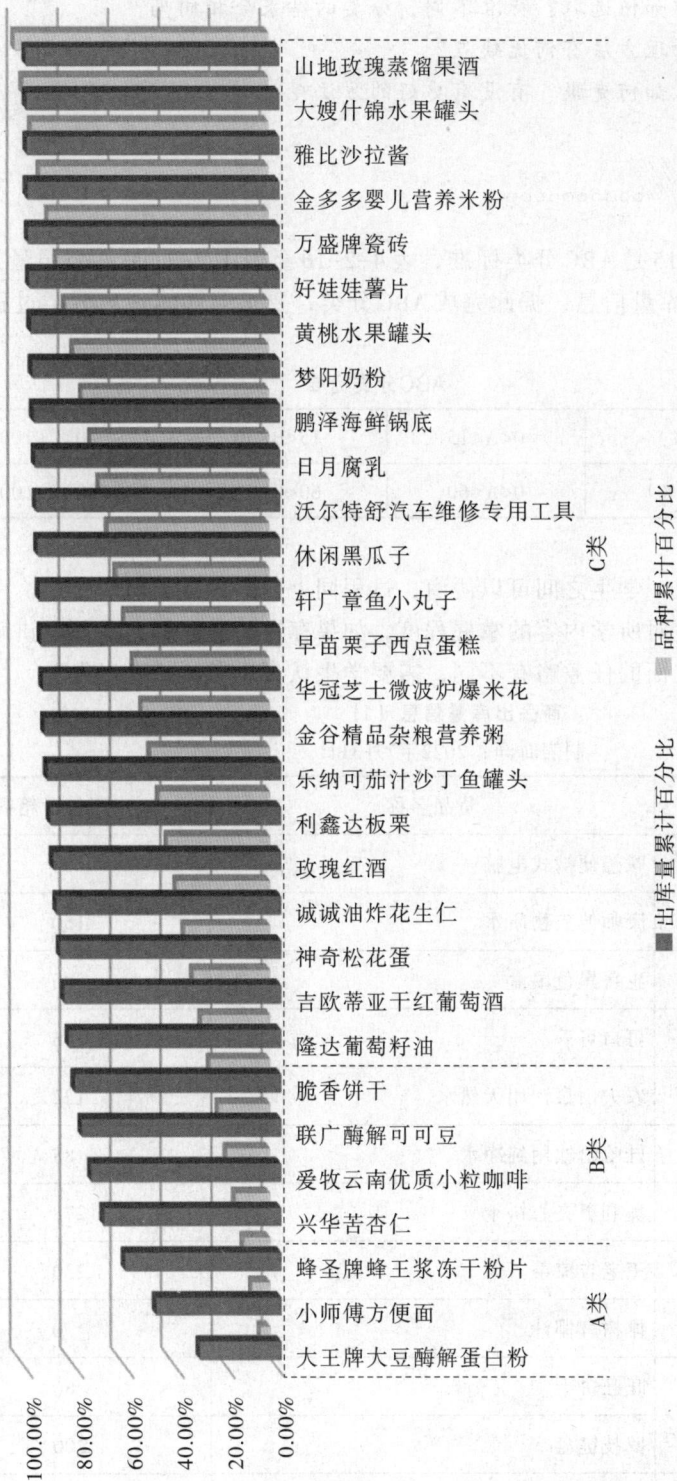

图4-2-6　ABC分类图

图中纵轴自上而下依次为：山地玫瑰蒸馏果酒、大嫂什锦水果罐头、雅比沙拉酱、金多多婴儿营养米粉、万盛牌瓷砖、好娃娃薯片、黄桃水果罐头、梦阳奶粉、鹏泽海鲜锅底、日月腐乳、沃尔特舒汽车维修专用工具、休闲黑瓜子、轩广章鱼小丸子、早苗栗子西点蛋糕、华冠芝士微波炉爆米花、金谷精品杂粮营养粥、乐纳可茄汁沙丁鱼罐头、利鑫达板栗、玫瑰红酒、诚诚油炸花生仁、神奇松花蛋、吉欧蒂亚干红葡萄酒、隆达葡萄籽油、脆香饼干、联广酶解可可豆、爱牧云南优质小粒咖啡、兴华苦杏仁、蜂圣牌蜂王浆冻干粉片、小师傅方便面、大王牌大豆酶解蛋白粉。图例：出库量累计百分比、品种累计百分比。分类标注：C类、B类、A类。纵轴刻度：100.00%、80.00%、60.00%、40.00%、20.00%、0.00%。

注意：

（1）ABC分类是现代经济管理中被广泛应用的一种现代化管理方法，可以用于仓储管理、销售管理、质量管理、成本管理等管理的各个方面。

（2）进行ABC分类之前，需要明确分类依据，除了按照出库量、品种进行分类，也可以按照销售额、周转量、库存金额、百分比变化率等等进行分类，需要根据实际情况进行分析确定。

（3）当依据多个标准进行分类时，要统筹考虑才能使分出来的类别更加准确和科学。

【课堂讨论】

（1）ABC分类的标准如何选取？标准不同，分类的结果会相同吗？

（2）ABC分类这种管理方法有何优缺点？

（3）ABC分类的缺点如何克服？有没有更好的方法呢？

技能强化

操作视频4.2

表4-2-15是ABC分类标准，表4-2-16至表4-2-21是某公司最近6个月的商品出库量信息，据此完成ABC分类，要求能够体现出分类过程和分类结果。

表4-2-15　　　　　　　　ABC分类标准

累计品种所占比重（%）	0<A≤15	15<B≤30	30<C≤100
累计出库量所占比重（%）	0<A≤60	60<B≤80	80<C≤100

要求：

（1）由学生独立完成，学生之间可以协商，过程同上面的任务类似。

（2）通过此检验学生对所学内容的掌握程度，如果存在普遍问题，老师再讲解。

（3）此分类标准与上面的任务略有不同，需要学生认真思考，相互启发。

表4-2-16　　　　　　　　商品出库量信息（1）

制表人：林诺　　　　　　制表时间：2022年7月31日

货品编码/条码	货品名称	出库量（箱）
6911989331808	联想便携式电脑	60
6921317905038	康师傅矿物质水	150
6922266436192	惠普黑色墨盒	900
6908512110849	可口可乐	146
6921168509256	农夫山泉饮用天然水	122
6902083881405	娃哈哈饮用纯净水	88
6902563688999	奥利奥夹心饼干	278
6901424333948	王老吉凉茶	230
6901347800053	椰树牌椰汁	0
6921200101102	旺旺饼干	80
6922100321100	罗技键盘	200
6925011022012	红牛方便面	237

货品编码/条码	货品名称	出库量（箱）
6922266437342	戴尔台式电脑	174
6922654700112	喜洋洋背包	100
6920226613033	精灵鼠标	30
6921100369990	联想台式电脑	37
6920380201108	创意记事本	21

表4-2-17　　　　　　　　　　**商品出库量信息（2）**

制表人：林诺　　　　　　　　制表时间：2022年8月31日

货品编码/条码	货品名称	出库量（箱）
6911989331808	联想便携式电脑	25
6902563688999	奥利奥夹心饼干	200
6901424333948	王老吉凉茶	250
6901347800053	椰树牌椰汁	42
6922266437342	戴尔台式电脑	107
6902083881405	娃哈哈饮用纯净水	30
6921200101102	旺旺饼干	47
6921317905038	康师傅矿物质水	76
6922266436192	惠普黑色墨盒	1 406
6908512110849	可口可乐	756
6921168509256	农夫山泉饮用天然水	41
6920226613033	精灵鼠标	30
6921100369990	联想台式电脑	38
6920380201108	创意记事本	0
6922100321100	罗技键盘	36
6925011022012	红牛方便面	120
6922654700112	喜洋洋背包	45

表4-2-18　　　　　　　　　商品出库量信息（3）

制表人：林诺　　　　　　　制表时间：2022年9月30日

货品编码/条码	货品名称	出库量（箱）
6920226613033	精灵鼠标	50
6921100369990	联想台式电脑	25
6920380201108	创意记事本	0
6922100321100	罗技键盘	59
6921317905038	康师傅矿物质水	167
6902083881405	娃哈哈饮用纯净水	10
6921200101102	旺旺饼干	89
6908512110849	可口可乐	1 270
6922266436192	惠普黑色墨盒	1455
6921168509256	农夫山泉饮用天然水	59
6925011022012	红牛方便面	39
6922654700112	喜洋洋背包	25
6911989331808	联想便携式电脑	0
6902563688999	奥利奥夹心饼干	25
6901424333948	王老吉凉茶	220
6901347800053	椰树牌椰汁	0
6922266437342	戴尔台式电脑	113

表4-2-19　　　　　　　　　商品出库量信息（4）

制表人：林诺　　　　　　　制表时间：2022年10月31日

货品编码/条码	货品名称	出库量（箱）
6902083881405	娃哈哈饮用纯净水	50
6921200101102	旺旺饼干	125
6920226613033	精灵鼠标	40
6921100369990	联想台式电脑	80
6920380201108	创意记事本	100

续表

货品编码/条码	货品名称	出库量（箱）
6922100321100	罗技键盘	26
6921317905038	康师傅矿物质水	50
6911989331808	联想便携式电脑	176
6902563688999	奥利奥夹心饼干	220
6901424333948	王老吉凉茶	180
6901347800053	椰树牌椰汁	45
6922266437342	戴尔台式电脑	269
6908512110849	可口可乐	450
6922266436192	惠普黑色墨盒	600
6921168509256	农夫山泉饮用天然水	139
6925011022012	红牛方便面	25
6922654700112	喜洋洋背包	80

表4-2-20　　　　　　　　　　**商品出库量信息（5）**

制表人：林诺　　　　　　　制表时间：2022年11月30日

货品编码/条码	货品名称	出库量（箱）
6902563688999	奥利奥夹心饼干	50
6901424333948	王老吉凉茶	120
6901347800053	椰树牌椰汁	60
6921100369990	联想台式电脑	63
6920380201108	创意记事本	97
6922100321100	罗技键盘	0
6921317905038	康师傅矿物质水	34
6911989331808	联想便携式电脑	97
6921168509256	农夫山泉饮用天然水	65
6925011022012	红牛方便面	46
6922654700112	喜洋洋背包	40

货品编码/条码	货品名称	出库量（箱）
6922266437342	戴尔台式电脑	82
6908512110849	可口可乐	700
6922266436192	惠普黑色墨盒	317
6902083881405	娃哈哈饮用纯净水	43
6921200101102	旺旺饼干	154
6920226613033	精灵鼠标	27

表4-2-21　　　　　　　　　商品出库量信息（6）

制表人：林诺　　　　　　制表时间：2022年12月31日

货品编码/条码	货品名称	出库量（箱）
6908512110849	可口可乐	650
6922266436192	惠普黑色墨盒	1 250
6902083881405	娃哈哈饮用纯净水	50
6921200101102	旺旺饼干	60
6921317905038	康师傅矿物质水	48
6911989331808	联想便携式电脑	27
6920226613033	精灵鼠标	0
6902563688999	奥利奥夹心饼干	217
6921168509256	农夫山泉饮用天然水	74
6925011022012	红牛方便面	45
6922654700112	喜洋洋背包	44
6922266437342	戴尔台式电脑	243
6920380201108	创意记事本	100
6922100321100	罗技键盘	65
6901424333948	王老吉凉茶	100
6901347800053	椰树牌椰汁	12
6921100369990	联想台式电脑	17

效果评价 ////////......

"ABC分类"技能训练评价，见表4-2-22。

表4-2-22　　　　　　　　　"ABC分类"技能训练评价

考核项目	考核内容	得分	备注
训练任务 （集体50%）	学习态度端正（10分）		
	按时上交完成（10分）		
	团队分工协作（10分）		
	积极主动训练（10分）		
	汇总表正确（15分）		
	出库量累计百分比正确（10分）		
	品种累计百分比正确（10分）		
	分类结果正确（15分）		
	分类图正确（10分）		
	合计		
练习任务 （个人50%）	学习态度端正（10分）		
	按时上交完成（10分）		
	独立自主完成（10分）		
	积极主动训练（10分）		
	汇总表正确（15分）		
	出库量累计百分比正确（10分）		
	品种累计百分比正确（10分）		
	分类结果正确（15分）		
	分类图正确（10分）		
	合计		
总分			
小组名称		小组成员	
自我评价			
教师点评			

技能训练 4.3
验收作业

■ 实训目标
■ 实训要求
■ 实训过程
■ 技能强化
■ 效果评价

■ **实训目标**

知识目标：

（1）了解入库验收货物的性能、特点，熟悉货物验收的内容。

（2）掌握货物验收的方法。

（3）掌握收货检验单证的填写规范。

能力目标：

（1）能够采用恰当的方法进行验收作业。

（2）能够正确地使用设备进行辅助检验。

（3）能够准确核对并填写收货检验单证。

素养目标：

（1）培养学生实事求是、严谨细致的工作态度。

（2）培养学生敬廉崇洁、诚信立身的道德品质。

■ **实训要求**

（1）事先分组，每4~6名同学分为1组，每组选出1名组长，相互协作，共同完成任务，需要提交小组作业和个人练习作业。

（2）在实训室模拟货物验收过程。

（3）布置收货场景，放置不同类型货物、收货单据。

实训过程

任务发布

2023 年 1 月 10 日，万通物流仓库收到一批入库货物，详见表 4-3-1、表 4-3-2、表 4-3-3，其中永胜牌瓷砖属于首次入库货物，需要安排堆放在宽 5 米的地堆区。请根据仓库出入及储藏规范，按照验收流程，采用恰当的工具，完成入库货物验收工作。

技能训练4.3

表单下载

表4-3-1　　　　　　　　　　入库通知单1

入库通知单编号：R2023011001　　　　　　　　　　　　　　计划入库时间：2023年1月10日

序号	商品名称	条码	包装规格（mm）（长×宽×高）	单价（元/箱）	重量（kg）	堆码层限	生产日期	保质期	入库数量（箱）
1	大王牌大豆酶解蛋白粉	6932706439193	400×250×200	100	6	6层	2022年9月21日	12个月	120
2	兴华苦杏仁	6907305713076	400×300×180	100	12	6层	2022年11月4日	12个月	100
3	休闲黑瓜子	6923221610106	465×265×220	100	10	6层	2022年12月9日	12个月	45

供应商：嘉禾商贸有限公司

表4-3-2　　　　　　　　　　入库通知单2

入库通知单编号：R2023011002　　　　　　　　　　　　　　计划入库时间：2023年1月10日

序号	商品名称	条码	包装规格（mm）（长×宽×高）	单价（元/箱）	重量（kg）	堆码层限	入库数量（箱）	入库数量（托）
1	永胜牌瓷砖	6905560643919	500×200×280	400	45	5层	2 400	

供应商：永胜器材有限公司

表4-3-3　　　　　　　　　　入库通知单3

入库通知单编号：R2023011003　　　　　　　　　　　　　　计划入库时间：2023年1月10日

序号	商品名称	包装规格	包装材料	单价（万元/台）	重量（kg）	数量（台）
1	流通加工机床	设备底架为两条2 000mm×500mm的钢架，高2 000mm	无	200	20 000	1

供应商：百强机械有限公司

♻ 背景知识

1.验收的意义

验收是指仓库在货物正式入库前，按照一定的程序和手续，对到库货物进行数量和外观质量等检查，以验证它是否符合订货合同规定的一项工作。

通过验收不仅可以防止企业遭受经济损失，而且可以起到监督供货单位和承运商的作用，也可指导保管和使用。具体表现为：

（1）验收可为货物保管和使用提供可靠依据。

（2）验收记录是货主退货、换货和索赔的依据。

（3）验收是避免货物积压，减少经济损失的重要手段。

（4）验收有利于维护保管方利益等。

2.验收的程序

验收工作是一项技术要求高、组织严密的工作，关系到整个仓储业务能否顺利进行，所以必须做到准确、及时、严格、经济。验收作业的程序为验收准备、核对凭证、实物检验。

（1）验收准备。仓库接到到货通知后，应根据货物的性质和批量提前做好验收前的准备工作，大致包括以下内容：

① 人员准备。安排好负责质量验收的技术人员或用料单位的专业技术人员，以及配合数量验收的装卸与搬运人员。

② 资料准备。收集并熟悉待验货物的有关文件，例如技术标准、订货合同等。

③ 器具准备。准备好验收用的检验工具，例如衡器、量具等，并校验准确。

④ 货位准备。针对到库货物的性质、特点和数量，确定货物的存放地点和保管方法，其中要为可能出现的不合格货物预留存放地点。

⑤ 设备准备。大批量货物的数量验收，必须有装卸与搬运机械的配合，应做好设备的申请调用。

此外，对于有些特殊货物的验收，例如毒害品、腐蚀品、放射品等，要准备相应的防护用品，计算和准备堆码、苫垫材料，对进口货物或存货单位指定需要进行质量检验的，应通知有关检验部门会同验收。

（2）核对凭证。入库货物必须具备下列凭证：

① 业务主管部门或货主提供的入库通知单和订货合同副本，是仓库接收货物的主要凭证。

② 供货单位提供的材质证明书、装箱单、磅码单、发货明细表等。

③ 货物承运单位提供的运输单证，包括运输商务记录、提货通知单、货物残损记录、运输交接单等。

（3）实物检验。实物检验就是根据入库单和有关技术资料对实物进行包装、数量与质量检验。

3.验收的项目

（1）包装检验。当核对的凭证都符合条件后，对实物进行外观包装验收，一般情况下采用感官检验方法。

（2）数量检验。数量检验是保证货物数量准确的重要步骤。仓库管理人员需要严格进行数量检验，对于货物的大件包装，可采用逐件点数、集中堆码点数等大数点收方式进行点收，大数点收合格后，仓库管理人员应当遵循如下规则进行细数检验：

① 开箱、开包，核点货物细数。

② 称重货物按照净重计数。

③ 定尺和按件表明数量的货物，需要拆内包装进行抽查。抽验无差错或者其他问题时，可不再拆验内包装。

④ 不能换算或者抽查的货物一律全部过磅计量。

（3）质量检验。

① 外在质量检验：通过感官检验就能确定货物质量的，由仓储部门自检，并做好货物检验记录。

② 内在质量检验：内在质量检验是对货物的内在进行检验，包括对物理结构、化学成分和使用功能等进行鉴定，必要时要交由质检部门进行化验和技术测定。

任务实施

★步骤1：做好验收准备

（1）入库通知单1验收准备。根据入库货物特性、包装规格、重量、数量等信息，将入库通知单1中的大王牌大豆酶解蛋白粉、兴华苦杏仁、休闲黑瓜子存储在托盘货架区，需要准备空托盘若干、条码、叉车、捆扎带、缠绕膜、验收凭证、作业人员等，其中条码的制作见技能训练4.4。

（2）入库通知单2验收准备。由于永胜牌瓷砖属于首次入库货物，需要进行准确测量和称重，需要准备量尺、秤、刀、胶带、堆码区域、验收凭证、作业人员等。

（3）入库通知单3验收准备。由于流通加工机床属于重型设备，需准备大型装卸搬运设备、堆码区域、地磅、垫垛材料、验收凭证、作业人员等。

★步骤2：核对入库货物相关凭证

仓库验收人员需对货物验收依据加以核对；凡供货方提供的质量证明书、合格证、发货明细表等均需要和入库货物相符；当送货方拒绝提供相关单据时，应拒绝检验接收货物。验收时需要核对的凭证包括以下3个方面，不得漏检：

（1）审核验收依据，包括货物的入库通知单、订货合同、协议书等内容。

（2）供货方提供的验收凭证，包括质量证明书、合格证、装箱单、磅码单、发货明细表等。

（3）送货方（承运单位）提供的运输单证，包括运输商务记录、提货通知单、货物残损记录、运输交接单等。

当供货方提供的证件、单据不齐全，或者与实际货物不符时，应和供货方、承运单位以及有关业务部门联系，尽快解决问题。

★步骤3：实物检验

（1）包装检验。对于大王牌大豆酶解蛋白粉、兴华苦杏仁、休闲黑瓜子、永胜牌瓷砖这4类箱装货物可通过感官检验，检查货物的标签和标志是否具备、完整和清晰等，以及标签、标志与货物内容是否一致；检查包装是否完好，是否受沾污、受潮、霉变、受锈蚀和破裂等。如果存储合同对包装有具体要求的，要严格按照规定验收。包装验收内容包括箱板厚度，纸箱、包袋的质量，包装干燥程度等。

（2）数量检验。对于大王牌大豆酶解蛋白粉、兴华苦杏仁、休闲黑瓜子、永胜牌瓷砖这4类箱装货物，应以箱数为计量单位，全部逐一清点数量。因为对于有小件包装的货物，如果包装完好，打开包装则不利于以后进行搬运和保管，所以通常情况下，只检查外包装，不拆包检查。首次入库的永胜牌瓷砖需要拆包抽检，进行细数验收，对货物的重量、尺寸进行衡量和测量。

在数量检验过程中，对有数量短缺或溢增的货物，要做好记录，单独堆码，妥善保管，不得混淆，等候处理。

（3）质量检验。一般情况下，或者合同没有约定检验事项时，仓库仅对货物的品种、规格、数量、外包装状况，以及无须开箱、拆捆就可以直观可辨的外观质量情况进行检验。具体方法有：

① "看"：在充足的光线下利用视力观察货物的状态、颜色和结构等表面状态，检查有无变形、破损、脱落、变色和结块等损害情况，以判断质量。

② "听"：通过摇动、搬运、轻度敲击来听取声音，以判断质量。

③ "触"：利用手感鉴定货物的细度、光滑度、黏度和柔软程度等，以判断质量。

④ "闻"：通过对货物所特有的气味进行测定来判断质量，或者感觉串味损害。

如通过外包装检验发现有异常，需进一步打开外包装验收，开包检验必须有两人以上在场，检验后在外包装上印贴已验收的标志。

对于流通加工机床这种大型设备的验收，必须由责任部门人员、供货方技术人员到场，需要直接查看货物的表面，检查是否有生锈、破裂、脱落、撞击和刮伤等损害，需要认真检查机械设备的性能是否完好，必要时需要进行运行操作检验。

★步骤4：填写收货检验单

按照验收的实际情况填写收货检验单，见表4-3-4。

表4-3-4　　　　　　　　　　　收货检验单

收货检验单号：J2023011001　　　　　　　　　　　　　　　计划入库时间：2023年1月10日

序号	商品名称	包装规格（mm）	重量（kg）	计划数量	验收数量	差异说明
1	大王牌大豆酶解蛋白粉	400×250×200	6	120箱		
2	兴华苦杏仁	400×300×180	12	100箱		
3	休闲黑瓜子	465×265×220	10	45箱		
4	永胜牌瓷砖	500×200×280	45	2 400箱		
5	流通加工机床	设备底架为两条2 000×500的钢架，高2 000	20 000	1台		

供应商：　　　　　　　　　主管签字：　　　　　　　　　日期：

【课堂讨论】

（1）验收资料不全应如何处理？

（2）验收数量短、溢应如何处理？

（3）规格发错、质量不合格、包装不符要求的货物应如何处理？

技能强化 ///////·◦◦◦◦◦◦◦◦◦◦

2023 年 2 月 20 日，东东仓库需要对下列到库物资进行验收：5m 定尺交货的钢管200 根、3 000mm×1 000mm×10mm 的钢板 200 张、化肥 5 吨、玉米 5 吨、橡胶轮胎 200条、立白透明皂 200 箱。请按照验收流程，采用恰当的工具，完成货物的入库验收工作。

效果评价 ///////·◦◦◦◦◦◦◦◦◦◦

"验收作业"技能训练评价，见表 4-3-5。

表 4-3-5　　　　　　　　　　"验收作业"技能训练评价

考核项目	考核内容	得分	备注
训练任务 （集体 50%）	学习态度端正（10 分）		
	按时上交完成（10 分）		
	团队分工协作（10 分）		
	积极主动训练（10 分）		
	单据审核正确（10 分）		
	包装检验正确（15 分）		
	数量检验正确（15 分）		
	质量检验正确（10 分）		
	异常原因分析正确（10 分）		
	合计		
练习任务 （个人 50%）	学习态度端正（10 分）		
	按时上交完成（10 分）		
	独立自主完成（10 分）		
	积极主动训练（10 分）		
	单据审核正确（10 分）		

续表

考核项目	考核内容	得分	备注
练习任务 （个人50%）	包装检验正确（15分）		
	数量检验正确（15分）		
	质量检验正确（10分）		
	异常原因分析正确（10分）		
	合计		
总分			
小组名称		小组成员	
自我评价			
教师点评			

技能训练4.4
制作条码

- ■ 实训目标
- ■ 实训要求
- ■ 实训过程
- ■ 技能强化
- ■ 效果评价

■ **实训目标**

　　知识目标：

　　（1）熟悉条码的种类、条码扫描设备的使用。

　　（2）掌握条码打印机的安装、打印的方法。

　　能力目标：

　　（1）能够安装和调试条码打印设备。

　　（2）能够按照要求制作和打印条码。

　　素养目标：

　　（1）培养学生创新意识和实践能力。

　　（2）培养学生规则意识和信息素养。

■ **实训要求**

　　（1）事先分组，每4~6名同学分为1组，每组选出1名组长，相互协作，共同完成任务，需要提交小组作业和个人练习作业。

　　（2）按照条码编制要求，利用条码软件制作条码，利用条码打印机打印条码，并正确粘贴到指定位置。

实训过程 /////////◦◦◦◦◦◦◦◦◦◦

技能训练4.4

表单下载

👩 任务发布

1.某服装企业主要生产西服，其向中国物品编码中心申请获得的厂商识别代码为69286172，商品项目代码目前已使用到第0069号，表4-4-1是企业近期订单的情况。

表4-4-1   企业订单信息

客户	商品名称	数量（件）	面料	规格
A	品牌男西服	100	B 2163A	58B
B	品牌男西服	200	B 2163A	56B
C	品牌男西服	200	B 2163A	54B
D	品牌男西裤	300	W 2389A	33/44
E	品牌男西裤	300	W 2389A	33/45
F	品牌男西裤	400	W 2389A	33/46

要求：为该笔订单涉及的商品编制商品条形码并设计、制作条形码。

2.某公司现在有3款产品上市销售，产品信息见表4-4-2，请为所有产品制作商品条形码、小箱外箱条形码（注：小箱包装不用于零售）。

表4-4-2   产品信息

序号	商品名称	产品包装特点
产品1	小师傅方便面	箱型1，每小箱24袋，每20小箱1大箱
产品2	恰恰香瓜子	箱型2，每小箱20袋，每20小箱1大箱
产品3	南海面条鱼	箱型3，每小箱18袋，每20小箱1大箱

要求：选择合适码制并设计、制作条形码。

3.二维码的设计、制作。

（1）货物运单信息。

发货人：张华，宝洁公司，上海市淞虹路110号，电话13611547×××。

收货人：李丽，沃尔玛淮安一店，上海市淮海东路12号，电话13611234×××。

货物清单：海飞丝洗发露，去屑型，500毫升，20瓶×5箱。

运输方式：公路运输。

（2）PDF417：此种条形码为二维码，要求打印内容为自己的班级、姓名和学号。

（3）QR码：此种条形码为二维码，要求打印内容为自己的班级、姓名和学号。

（4）Code-39：要求打印内容为HGL7ZI03016-3A1，最后一位1为系统自动生成的校验码。

要求：设计、制作二维码。

♻ 背景知识

1.条形码认知

条形码技术被广泛应用于商业、邮政、图书管理、仓储、工业生产过程控制、交通等领域。它是在计算机应用中产生并发展起来的，具有输入快、准确度高、成本低、可靠性强等优点。条形码技术是实现销售终端（point of sale，POS）系统、电子数据交换（electronic date interchange，EDI）、电子商务、供应链管理等的技术基础，是物流管理现代化的重要技术手段。

（1）条形码的含义和特点。

条形码是由一组规则排列的条、空及对应字符组成的用以表示一定信息的图形标记符。条是指对光线反射率较低的部分。空是指对光线反射率较高的部分。这些条、空组成的标记被识读设备读取后，转换成与计算机兼容的二进制和十进制信息。

在今天，全世界每天几乎要扫描上百亿次条形码。据估计，条形码每年可为超市和大型商场的客户、零售商和制造商节约300亿美元的费用。这些数字足以说明条形码使用的普遍性和重要性。条形码之所以有如此广泛的应用，是因为使用条形码具有以下几个突出特点：

① 准确性高。键盘输入数据出错率为三百分之一，利用光学字符识别技术出错率为万分之一，而采用条形码技术误码率低于百万分之一。

② 输入速度快。在做同样工作的情况下条形码输入约比键盘输入快5倍，并且能实现即时数据输入。

③ 采集信息量大。利用传统的一维条形码一次可采集几十位字符的信息，二维条形码更可以携带数千个字符的信息，并有一定的自动纠错能力。

④ 灵活实用。条形码符号作为一种识别手段可以单独使用，也可以和有关设备组成识别系统实现自动化识别，还可以和其他控制设备联合起来实现整个系统的自动化管理。

⑤ 自由度大。识别装置与条形码标签相对位置的自由度要比光学字符识别大得多。同一条形码上所表示的信息完全相同并且连续，这样即使标签有部分欠缺，仍可以从正常部分输入正确的信息。

另外，条形码符号识别设备结构简单，操作容易，而且条形码标签经济便宜、易于制作，对印刷技术、设备和材料无特殊要求。

（2）常用条形码。

条形码可分为一维条形码（one dimensional barcode）和二维条形码（two dimensional barcode）两大类，目前在商品上的应用仍以一维条形码为主。

① 一维条形码。一维条形码在社会生活中处处可见，在全世界得到了极为广泛的应用。一维条形码由以下部分依次组成：空白区（前）、起始字符、数据字符、校验字符、终止字符、空白区（后），如图4-4-1所示。

| 空白区 | 起始字符 | 数据字符 | 校验字符 | 终止字符 | 空白区 |

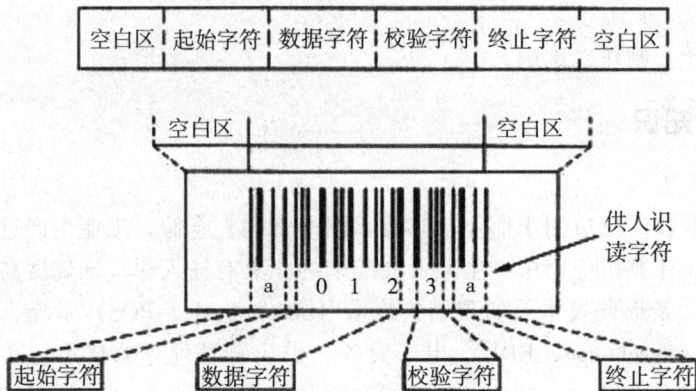

图4-4-1 条形码符号的构成

一维条形码有20多种，其中使用最广泛的是EAN码。下面简单介绍EAN商品条形码。EAN商品条形码也称通用商品条形码，由国际物品编码协会制定，通用于世界各地，是目前国际上使用最广泛的一种商品条形码。目前在我国推行使用的也是这种商品条形码。EAN商品条形码分为EAN-13（标准版）和EAN-8（缩短版）两种。

EAN-13通用商品条形码一般由前缀码、制造厂商代码、商品代码和校验码组成。商品条形码中的前缀码是用来标识国家或地区的代码，赋码权在国际物品编码协会，如00～09代表美国、加拿大；45～49代表日本；690～699代表中国大陆；471代表中国台湾地区；489代表中国香港地区。制造厂商代码由各个国家或地区的物品编码组织赋权，我国由中国物品编码中心赋予制造厂商代码。商品代码是用来标识商品的代码，赋码权由产品生产企业自己行使，生产企业按照规定条件自己决定在自己的何种商品上使用哪些阿拉伯数字作为商品条形码。商品条形码最后1位为校验码，用来校验商品条形码中左起第1～12位数字代码的正确性。

EAN-8商品条形码是指用于标识的数字代码为8位的商品条形码，由7位数字表示的商品项目代码和1位数字表示的校验符组成。

常见的一维条形码码制还包括code-93、code-39、code-128、UPC-A、UPC-E等码制。

②二维条形码。与一维条形码只能从一个方向读取数据这点不同，二维条形码可以从水平、垂直两个方向来获取信息，因此其包含的信息量远远大于一维条形码，并且具备自动纠错功能。二维条形码可分为以下3种类型（如图4-4-2所示）：

a.线性堆叠式二维码。就是在一维条形码的基础上，降低条形码行的高度，安排一个纵横比大的窄长条形码行，并将各行在顶上互相堆积，每行间都用一个模块宽的厚黑条进行分隔。

b.矩阵式二维码。它是采用统一的黑白方块的组合，能够提供更高的信息密度，存储更多的信息，与此同时，矩阵式的条形码比堆叠式的条形码具有更高的自动纠错能力，更适用于条形码容易受到损坏的场合。

c.邮政码。它是对不同长度的条进行编码，主要用于邮件编码。

线性堆叠式二维码   矩阵式二维码

邮政码

图4-4-2 二维条形码

（3）条形码编辑软件。

条形码可以用专业的条形码编辑软件设计并打印出来，也可以通过办公软件如 WPS Office 来制作简单的条形码。常见的条形码编辑软件有 ZebraDesigner、LabelShop、BarTender 等。

ZebraDesigner 提供了一个易于使用的界面，带来了一个完整的条形码打印解决方案，满足用户在零售、物流、医疗保健、化工、汽车和其他行业任何标签设计与高效的标签打印解决方案的印刷要求。

ZebraDesigner 可用于任何 32 位的 Windows 作业系统，如 Windows 98 SE，Windows Me，Windows NT 4.0，Windows 2 000，Windows XP，Windows Server 2003，Windows 7等。

2.条形码打印机

条形码打印机是一种专用的打印机。条形码打印机和普通打印机的最大区别就是，条形码打印机的打印是以热为基础，以碳带为打印介质（或直接使用热敏纸）完成打印。这种打印方式相对于普通打印方式的最大优点在于它可以在无人看管的情况下实现连续高速打印。它所打印的内容一般为企业的品牌标志、序列号标志、包装标志、条形码标志、信封标签、服装吊牌等。

目前国内市场上常见的打印机由于品牌的差异，存在两种不同的打印头：一种是平压式打印头，整个打印头压在碳带上，可以适应各种碳带，具有广泛的用户群，也是最常见的，被广泛应用于各种品牌的条形码打印机上；另一种是悬浮式打印头，这是一种新型的打印头模式，打印头只是尖端压在碳带上，虽然它对碳带的要求比较高，但它具有节省碳带的功能，所以被一些技术力量雄厚的大公司广泛采用。

（1）条形码打印机的优点。

它除了具有普通打印机的打印功能以外，还具有的优点有：

① 工业级的品质，不受打印量的限制，可以 24 小时打印。

② 不受打印材料限制，可以使用 PET、铜版纸、热敏纸不干胶标签、聚酯以及 PVC 等合成材料和水洗标布料等。

③ 采用热转印方式打印的文字与图形具有防刮效果，采用特殊碳带打印还可以使打印产品具有防水、防污、防腐蚀、耐高温等特点。

④ 打印速度极快，快的可以达到 16 英寸（40.64厘米）每秒。

⑤可以打印连续的序列号，连接数据库成批打印。

⑥标签纸一般都有几百米长，可以达到数千到数万个小标签；标签打印机采取连续打印方式，更易于保存和整理。

⑦不受工作环境的限制。

⑧单张标签长的可以达到120多厘米。

（2）常见种类。

①工业级条形码打印机。如图4-4-3所示，工业级条形码打印机拥有结实耐用的压铸金属外壳、强大的实时连接功能、卓越的兼容性以及低廉的价格；适应工业现场使用的需要，满足工业高品质打印的要求；智能化的特点和丰富的接口，使其可接入多种设备和主机；无须PC支持，便可独立执行用户程序。

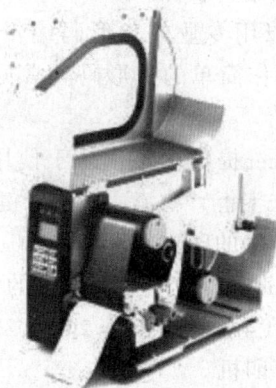

图4-4-3　工业级条形码打印机

②桌面式条形码打印机。桌面式条形码打印机属于小型经济条形码打印设备，适合用于中小企业移动办公，体积小巧、结构坚固、功能强大、价格低廉（如图4-4-4所示）。

图4-4-4　桌面式条形码打印机

③便携式条形码打印机。便携式条形码打印机体积小巧、轻便、抗环境干扰，采用了红外或蓝牙技术作为打印数据通信的接口（如图4-4-5所示）。

图4-4-5　便携式条形码打印机

（3）参数性能。

①打印宽度。打印宽度表示打印机所能打印的最大宽度。一般来说，打印宽度范围从3英寸（7.62厘米）到8英寸（20.32厘米）。打印宽度是选择打印机的决定性因素之一。

②打印精度。打印精度依靠打印机中打印头这一重要配件实现。市面上的打印精度分别为200dpi、300dpi、600dpi等。精度越高，打印出来的标签文字和条形码越精细清晰。用户可根据行业情况、标签大小情况选择适合自身打印需求的产品。

③打印速度。打印速度快是条形码打印机较之于针式打印机的优势之一。市面上工业级条形码打印机打印速度可达到16英寸（40.64厘米）/秒。对于同种机器而言，速度越快，精度越低。用户在使用中，需要调节机器，以求速度和精度完美组合。

④接口。市面上销售的条形码打印机，配有USB接口、并口（LPT）、串口（RS232）等。

⑤配件。为了让打印机达到用户的要求，条形码打印机各厂家均设计了很多可选配件，如切刀、剥离器、纸架等。

3.条形码扫描枪

扫描枪作为与光学、机械、电子、软件应用等技术紧密结合的高科技产品，是继键盘和鼠标之后的第三代主要的电脑输入设备。扫描枪自20世纪80年代诞生之后，得到了迅猛的发展和广泛的应用，从最直接的图片、照片、胶片到各类图纸图形以及文稿资料等都可以用扫描枪输入计算机中，进而实现对这些图像信息的处理、管理、使用、存储或输出。

常见的平板式扫描枪一般由光源、光学透镜、扫描模组、模拟数字转换电路和塑料外壳等构成。当扫描一幅图像的时候，光源照射到图像上后反射光穿过光学透镜汇聚到扫描模组上，由扫描模组把光信号转换成模拟数字信号（即电压，它与接收到的光的强度有关），同时指出那个像素的灰暗程度。这时候模拟数字转换电路把模拟电压转换成数字信号，传送到电脑。颜色用RGB三色的8、10、12位来量化，即把信号处理成上述位数的图像输出。如果有更高的量化位数，意味着图像能有更丰富的层次和深度，但颜色范围已超出人眼的识别能力，所以在可分辨的范围内对于我们来说，更高位数的扫描枪扫描出来的效果就是颜色衔接平滑，能够看到更多的画面细节。

（1）小滚筒式扫描枪。

这是手持式扫描枪和平台式扫描枪的中间产品（后来有新的出现，因内置供电且体积小被称为笔记本扫描枪）。这种产品绝大多数采用CIS技术，光学分辨率为300dpi，有彩色和灰度两种，彩色型号一般为24位彩色。也有极少数小滚筒式扫描枪采用CCD技术，扫描效果明显优于CIS技术的产品，但由于结构限制，体积一般明显大于CIS技术的产品。小滚筒式的设计是将扫描枪的镜头固定，而移动要扫描的物件，使其通过镜头来扫描，运作时就像打印机那样，要扫描的物件必须穿过机器再送出，因此被扫描的物件不可以太厚。这种扫描枪最大的好处就是，体积很小，但是使用起来有多种局限，例如，只能扫描薄薄的纸张，范围还不能超过扫描枪的大小。

（2）平台式扫描枪。

平台式扫描枪又称平板式扫描枪、台式扫描枪，如今在市面上大部分的扫描枪都属于平板式扫描枪。这类扫描枪光学分辨率在300dpi~8 000dpi之间，色彩位数从24位到48位，扫描幅面一般为A4或者A3。平板式的好处在于像使用复印机一样，只要把扫描枪的上盖打开，不管是书本、报纸、杂志、照片底片等都可以放上去扫描，相当方便，而且扫描出的效果是所有常见类型扫描枪中较好的。

（3）其他类型扫描枪。

其他类型的还有大幅面扫描用的大幅面扫描枪、笔式扫描枪、底片扫描枪（注意不是平板式扫描枪加透扫，效果要好得多，价格当然也贵）、实物扫描枪（不是有实物扫描能力的平板式扫描枪，有点类似于数码相机），还有主要用于印刷排版领域的滚筒式扫描枪等，如图4-4-6所示。

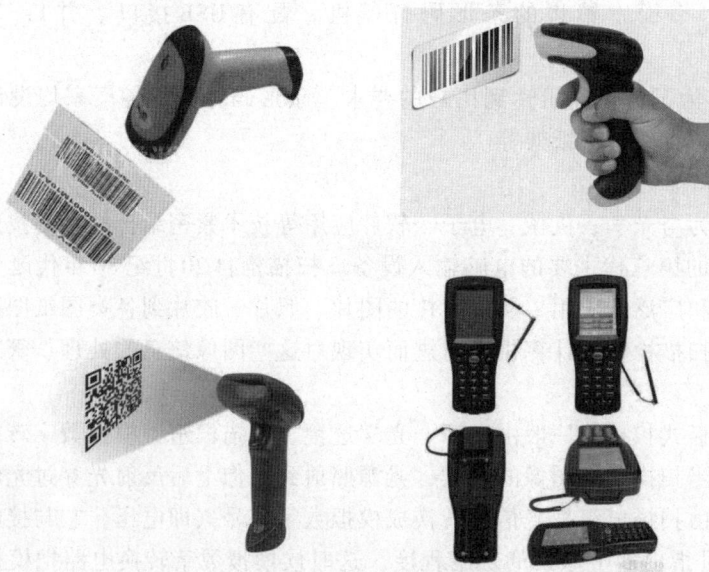

图4-4-6　不同类型的条形码扫描枪

任务实施

★步骤1：安装条形码编辑打印软件。

（1）安装程序。在斑马公司官方网站下载正版的ZebraDesigner条形码编辑打印软件，或搜索相关网站下载免费版本的软件到计算机中。下面以zerpro-v250版本为例予以说明，下载后进行解压缩到文件夹中，如图4-4-7所示。

图4-4-7 软件下载到电脑中

（2）在文件夹中找到zerpro-v250程序文件，双击该图标，执行安装任务。在弹出的窗口中选择安装程序的语言，选择"简体中文"（如图4-4-8所示），单击【确定】后，出现安装界面。

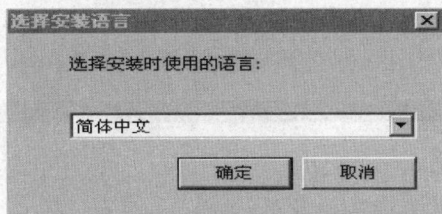

图4-4-8 选择安装语言

（3）安装程序运行后，弹出如图4-4-9所示的界面，选中"我接受协议"，单击【下一步】，执行安装命令，单击【下一步】，如图4-4-10所示。

图4-4-9 软件安装设置（1）

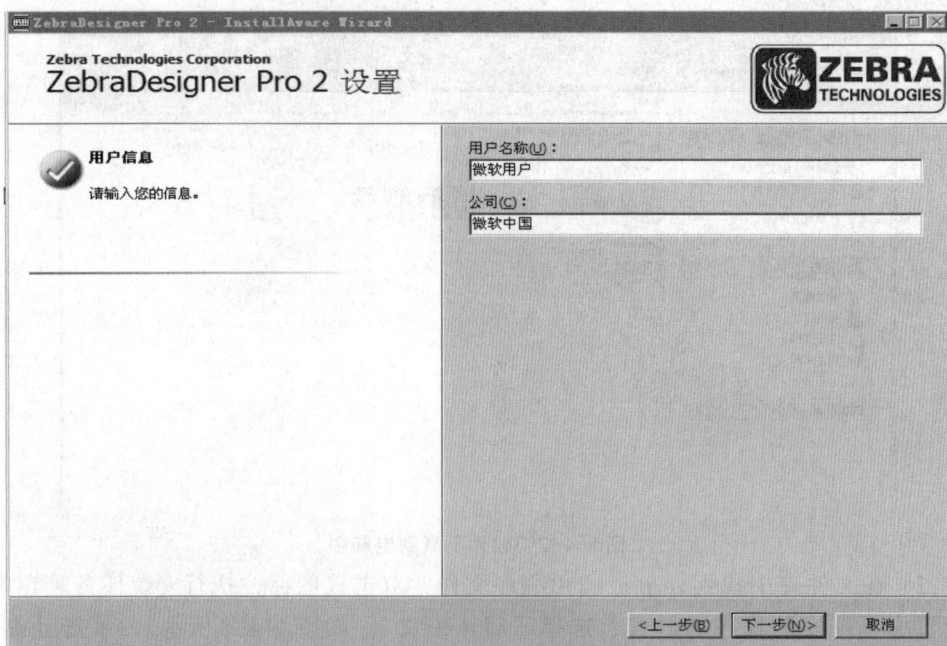

图4-4-10　软件安装设置（2）

　　（4）选择要安装的文件夹目录，然后单击【下一步】，继续执行安装程序，如图4-4-11和图4-4-12所示。

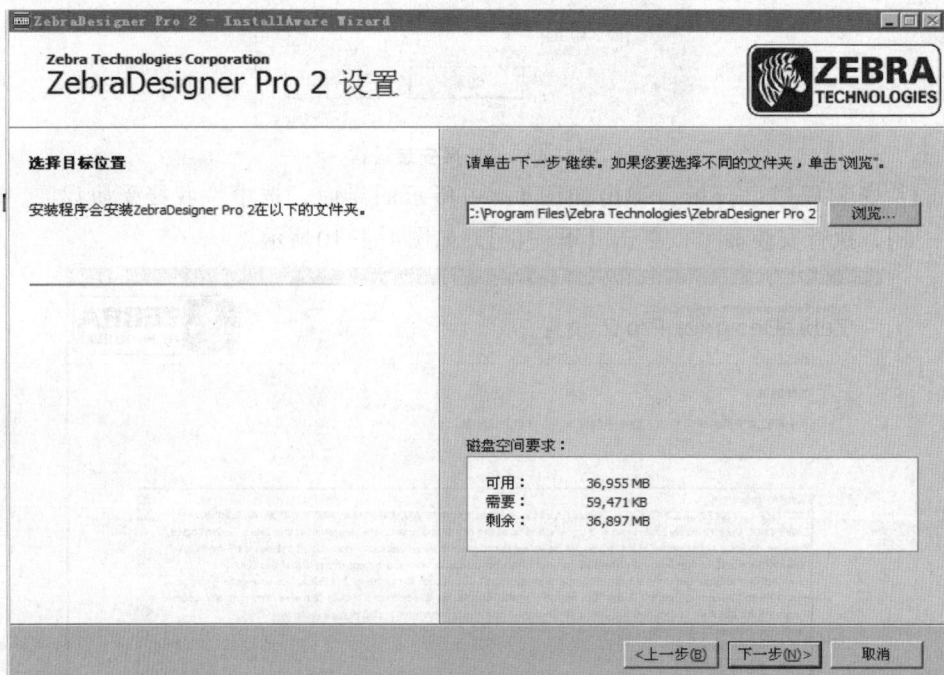

图4-4-11　软件安装设置（3）

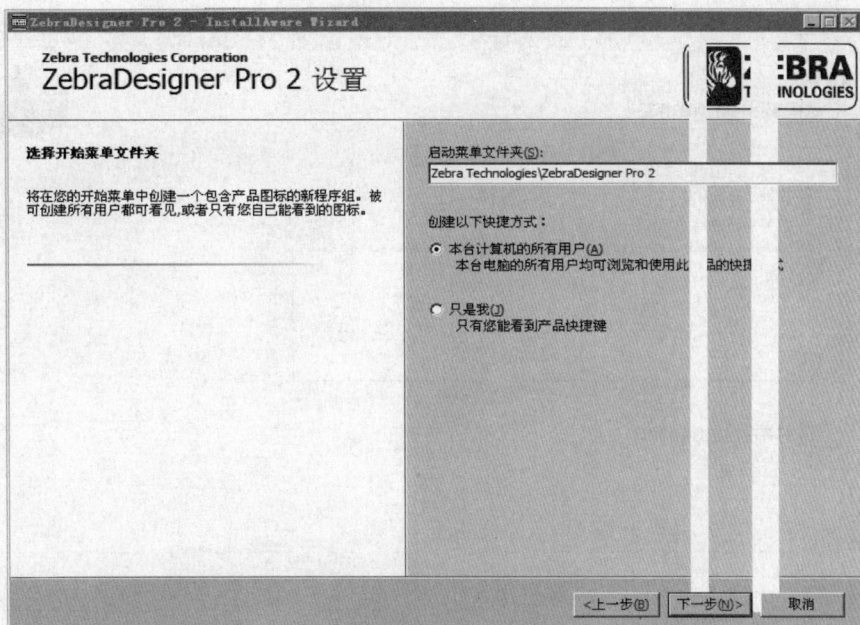

图4-4-12 软件安装设置（4）

（5）单击【下一步】后，按照安装向导的提示，执行默认选项的安装，直至出现如图4-4-13所示的界面，单击【完成】，完成软件的安装。

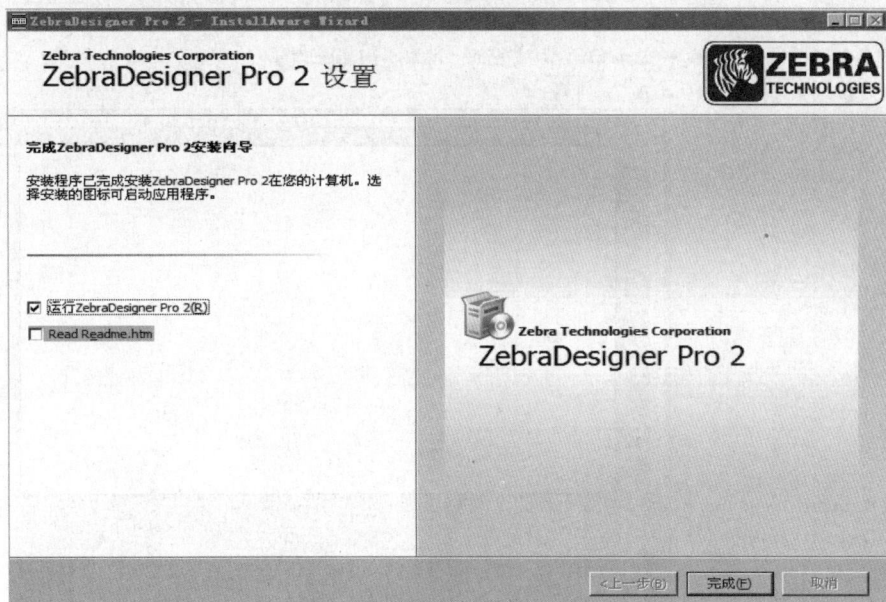

图4-4-13 软件安装设置（5）

★步骤2：条形码的制作。

（1）开始操作之前要确保当前电脑已安装条形码打印机。点击开始程序或在桌面上双击启动程序图标"ZebraDesigner Pro 2"，第一次启动该软件会出现3个选项，如图4-4-14所示。

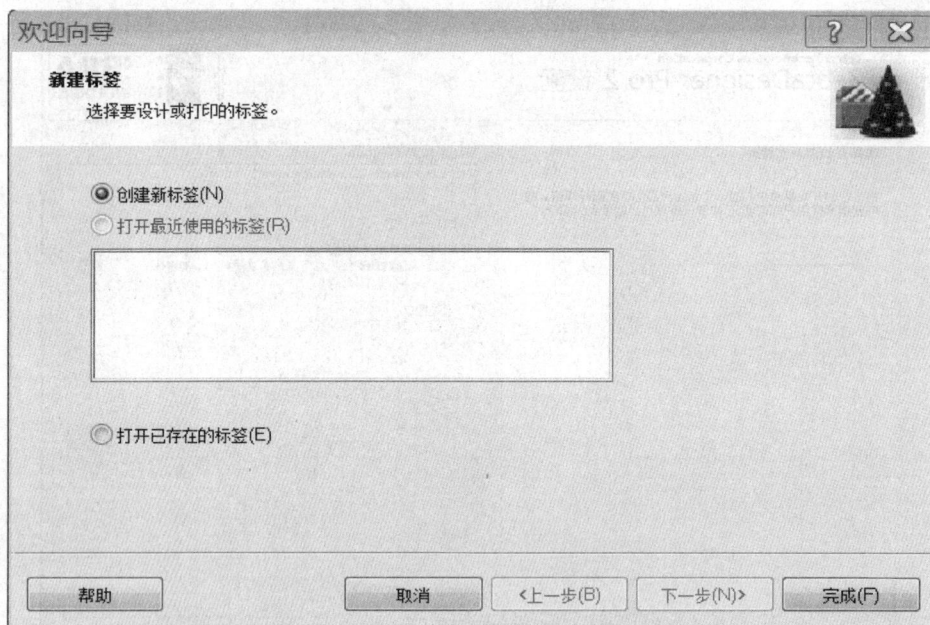

图4-4-14　条形码制作创建新标签

选中"创建新标签",单击【完成】,进入条形码设计界面,如图4-4-15所示。

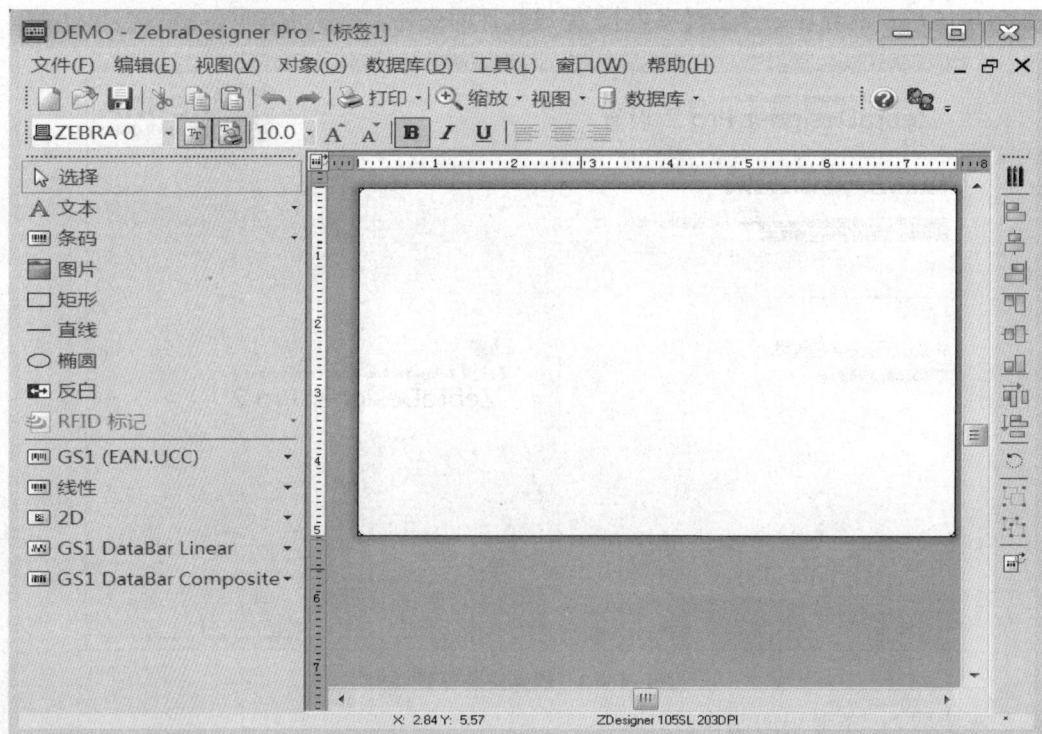

图4-4-15　条形码制作主工作区

(2)在主界面单击【对象】,下拉菜单中选取"固定的条形码",光标移至主工作区,单击一下,会弹出如图4-4-16所示的窗口。

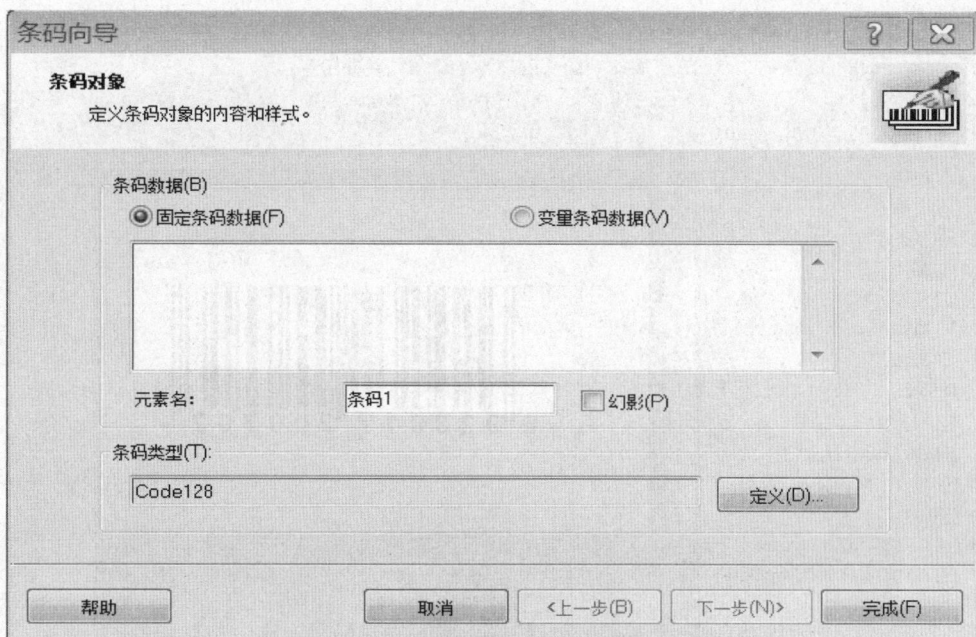

图4-4-16 定义条形码对象的内容和样式

单击【定义】，进入条形码类型选取界面，打开左侧"GS1"前面的加号展开，如图 4-4-17 所示，然后选取 EAN-13。

图4-4-17 选取条形码类型

（3）单击【确定】后，在固定条形码数据中填入 6928617200702，然后单击【完成】，生成一个需要的条形码，如图 4-4-18 所示。

图4-4-18 生成条形码

★步骤3：条形码的打印与识读。

（1）单击【打印】，弹出如图4-4-19所示的对话框，单击【确定】，在已连接的条形码打印机上打印出这张EAN-13条形码。

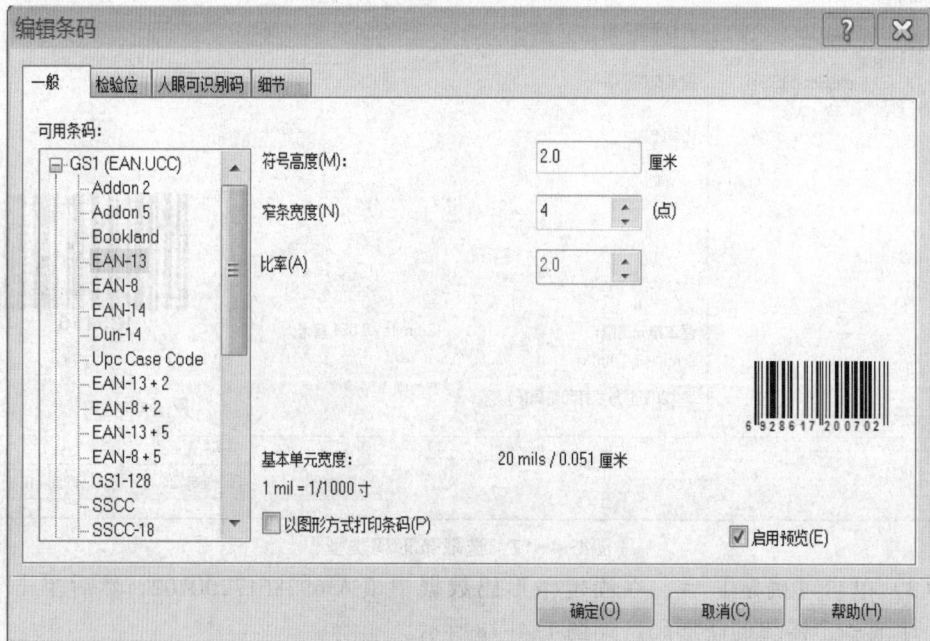

图4-4-19 确认并打印条形码

（2）用连接在电脑上的USB红外线扫描枪识读本条形码信息，如成功向组长报告并登记，由组长填入"制作条码"技能训练评价表内。

（3）依照以上操作步骤分别完成任务中的其他服装、商品及包装等条形码以及二维码的设计、制作、打印与识读。

【课堂讨论】

（1）在仓储入库的时候，明明货物有自己的条码，为什么收货人员还要粘贴新条码呢？

（2）物流条码和商品条码有什么区别？

（3）二维码近几年被广泛采用，它有哪些优势？在物流领域有哪些应用呢？

技能强化 ||||||||

东东物流服装仓要接受一批共计50托的入库物资，企业将全部采用新托盘，请为托盘制作并打印条码，要求码制为code-39码、6位，前两位为"FZ"，后4位为顺序号，从"1001"开始编码，一个托盘粘贴2个条码，采用序列化打印的方式，高效打印条码，并粘贴到托盘上。

效果评价 ||||||||

"制作条码"技能训练评价见表4-4-3。

表4-4-3 **"制作条码"技能训练评价**

考核项目	考核内容	得分	备注
训练任务（集体50%）	学习态度端正（10分）		
	按时上交完成（10分）		
	团队分工协作（10分）		
	积极主动训练（10分）		
	数量完成（20分）		
	质量（完整、尺寸、识别等）（20分）		
	规定时间内完成（20分）		
	合计		
练习任务（个人50%）	学习态度端正（10分）		
	按时上交完成（10分）		
	独立自主完成（10分）		

续表

考核项目	考核内容	得分	备注
练习任务 （个人50%）	积极主动训练（10分）		
	数量完成（15分）		
	质量（完整、尺寸、识别等）（15分）		
	规定时间内完成（15分）		
	粘贴位置正确（15分）		
	合计		
总分			
小组名称		小组成员	
自我评价			
教师点评			

技能训练4.5
组托堆码

■ 实训目标
■ 实训要求
■ 实训过程
■ 技能强化
■ 效果评价

■ **实训目标**

知识目标

(1) 熟悉托盘码放的要求，熟悉托盘堆码的方式。

(2) 掌握托盘码放数量的计算方法。

(3) 掌握仓储系统和数据采集设备的操作方法。

能力目标

(1) 能够利用word绘图功能正确绘制货物组托示意图。

(2) 能够利用仓储系统和数据采集设备完成货物组托作业。

(3) 能够利用托盘合理、安全、整洁码放货物。

素养目标

(1) 在反复练习过程中培养学生吃苦耐劳的劳动精神。

(2) 在动手实践过程中培养学生求真务实的工作精神。

■ **实训要求**

(1) 事先分组，每4~6名同学分为1组，每组选出1名组长，相互协作，共同完成任务，需要提交小组作业和个人练习作业。

(2) 用word绘制组托示意图，用仓储系统和手持设备在实训室完成货物组托作业。

实训过程 ///////.........

技能训练4.5

表单下载

😊 任务发布

已知托盘尺寸为 1 200mm×1 000mm×160mm，托盘承重 1 200kg，托盘自重20kg/个，托货集装单元高度不超过1 280mm，货物边缘不能超出托盘边缘。入库需要组托货物见表4-5-1。

表4-5-1   入库通知单

入库通知单编号：R2023011001   计划入库时间：2023年1月10日

序号	商品名称	条码	包装规格（mm）（长×宽×高）	单价（元/箱）	重量（kg）	堆码层限	生产日期	保质期	入库数量（箱）
1	大王牌大豆酶解蛋白粉	6932706439193	400×250×200	100	6	6层	2022年9月21日	12个月	120
2	兴华苦杏仁	6907305713076	400×300×180	100	12	6层	2022年11月4日	12个月	100
3	休闲黑瓜子	6923221610106	465×265×220	100	10	6层	2022年12月9日	12个月	45

供应商：嘉禾商贸有限公司

要求：

（1）用word绘图功能画出奇数层和偶数层的组托俯视图；在图上标出托盘的长、宽尺寸（以mm为单位）；将托盘上的货物以浅灰色填涂；用文字说明每层堆码的箱数、每托堆码的层、每种货物所需托盘数，并将具体数据填入表4-5-2内。

表4-5-2   货物组托情况

序号	商品名称	入库数量	整托每层货物数量	整托每托层数	所需托盘个数	整托每托所放货物数量	散托所放货物数量

（2）利用仓储系统和手持设备完成组托堆码的实操演练。

♻ 背景知识

1.堆码与组托

堆码是将货物整齐、规则地摆放成货垛的物流活动（可以有或者无托盘），即根据货物的外形、重量、数量、性能和特点等，结合仓库地坪负荷、存储时间，将货物分别堆成各种垛形。

组托是为了提高托盘利用率和仓库空间利用率，并方便仓库内装卸搬运，以托盘为载体，按照一定的码放方式，把单件货物成组化和单元化的物流活动。

托盘也是一种集装设备，现在已被广泛应用于各行各业，尤其运输、仓储和流通领域。托盘被认为是20世纪物流业的两大关键性创新之一。

2.堆码的方式

（1）重叠式堆码：各层码放方式相同，上下对应。这种方式的优点是，工人操作速度快，包装货物的4个角和边重叠垂直，承载能力大。其缺点是各层之间缺少咬合作用，容易发生塌垛。在货物底面积较大的情况下，采用这种方式具有足够的稳定性，如果再配上相应的紧固方式，不但能保持稳定，还能使装卸操作省力。

（2）正反交错式堆码：同一层中，不同列的以90度垂直码放，相邻两层的码放形式是另一层旋转180度的形式。这种方式类似于建筑上的砌砖方式，不同层间咬合强度较高，相邻层之间不重缝，因而码放后稳定性较高，但操作较为麻烦，且包装体之间不是垂直面相互承受载荷。

（3）纵横交错式堆码：相邻两层摆放旋转90度，一层横向放置，另一层纵向放置。每层间有一定的咬合效果，但咬合强度不高。

（4）旋转交错式堆码：第一层相邻的两个包装体互为90度，两层间码放又相差180度，这样相邻两层之间互相咬合交叉，货体的稳定性较高，不易塌垛。其缺点是，码放的难度较大，且中间易形成空穴，降低托盘的利用效率。

（5）仰俯相间式堆码：对上下两面有大小差别或凹凸的物品，如槽钢、钢轨等，将物品仰放一层，在反一面俯放一层，仰俯相向相扣，该垛极为稳定，但操作不便。

货物堆码方式如图4-5-1所示。

a.重叠式　　b.正反交错式　　c.纵横交错式　　d.旋转交错式　　e.仰俯相间式

图4-5-1　货物堆码方式

3.组托的要求

（1）应该根据货物的类型、托盘所载货物的质量和托盘的尺寸等，合理确定货物在托盘上的码放方式。尽可能多地利用托盘表面积，托盘的承载表面积利用率一般应不低于80%。

（2）货物品种不混堆，规格型号不混堆，生产厂家不混堆，批号不混堆。

（3）奇偶层压缝、旋转交错及缺口留中，并且整齐、美观和牢固。

（4）不能超出货架规定的高度、安全作业高度，货物边缘不能超出托盘边缘。

（5）托盘的负荷量都有严格的标准，堆叠码放时一定要考虑托盘的负荷量，严禁超载。

（6）堆码整齐，货物堆码后4个角分别对齐成一条直线。

4.组托方式的计算

（1）根据托盘和货物的尺寸计算托盘每层最大摆放数量。

（2）根据托盘和货物的尺寸计算托盘堆码的最大层数。

（3）画出奇数层和偶数层的摆放示意图。

（4）如果是散托，注意最后一层货物的摆放方式。

任务实施

★步骤1：绘制组托示意图。

画组托示意图时要符合组托的要求，尽可能做到奇数层和偶数层交错压缝，每层尽可能多码货，货物边缘不能超出托盘边缘，不要超高。组托没有万能的公式，更多是依靠经验和简单的试算，一般情况下每层都有横竖两种码放形状，通过试算达到在满足要求的前提下尽可能地多码放货物，这样才能提高设备设施的利用率，从而提高效率和降低成本，如图4-5-2至图4-5-4所示。

1.大王牌大豆酶解蛋白粉

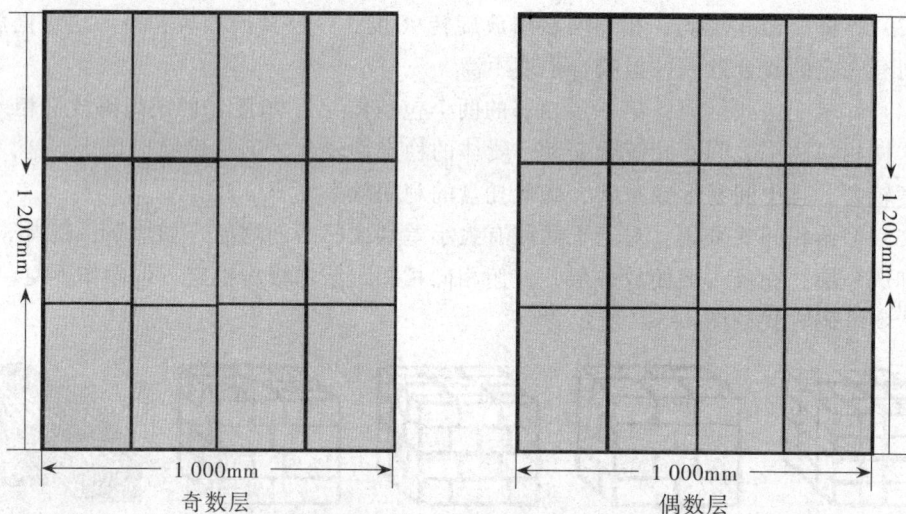

图4-5-2　大王牌大豆酶解蛋白粉组托示意图

2.兴华苦杏仁

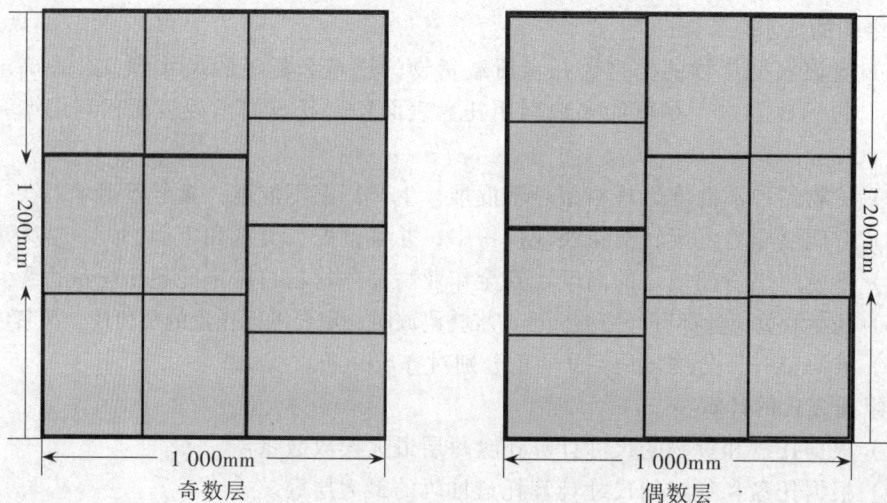

图4-5-3　兴华苦杏仁组托示意图

3.休闲黑瓜子

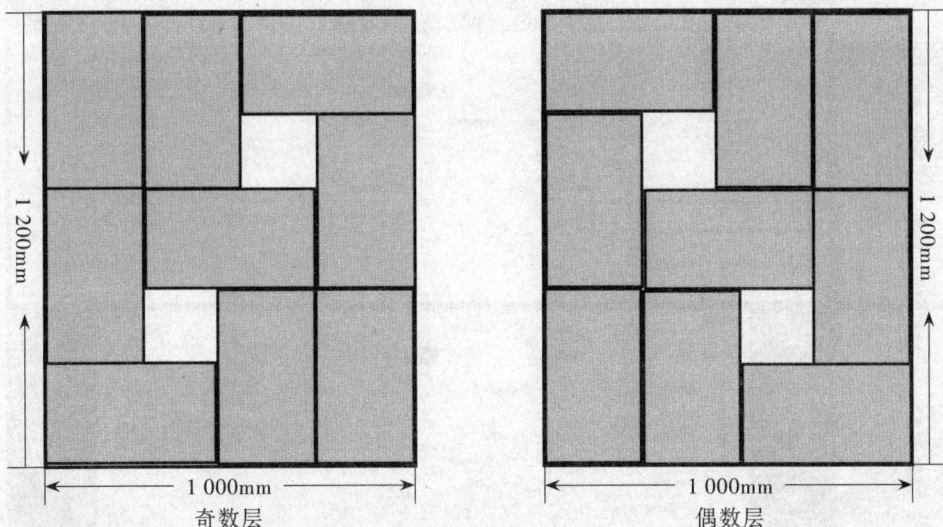

图4-5-4　休闲黑瓜子组托示意图

★步骤2：填写货物组托情况表。

货物组托情况表要根据组托示意图、入库的商品数量、托盘承重、货物包装规格、货托限高等条件来进行计算和填写。例如，大王牌大豆酶解蛋白粉从组托示意图可以看出，整托每层货物数量是12箱，货托限高是1 280毫米，货物高度是200毫米，可以算出最多能码放5层（（1 280-160）÷200），也就是整托每个托盘能码放60箱（12×5），货物（没有超过托盘的承重），需要入库120箱，则需要2个托盘，每个托盘码放60箱。货物组托情况见表4-5-3。

表4-5-3　　　　　　　　　　　　　　货物组托情况

序号	商品名称	入库数量	整托每层货物数量	整托每托层数	所需托盘个数	整托每托所放货物数量	散托所放货物数量
1	大王牌大豆酶解蛋白粉	120箱	12箱	5层	2个	60箱	－
2	兴华苦杏仁	100箱	10箱	6层	2个	60箱	40箱
3	休闲黑瓜子	45箱	9箱	5层	1个	45箱	－

注意：

组托示意图绘制过程中学生可以相互讨论、相互协作，组托方式不唯一，但有好坏之分。组托没有固定的公式，需要不断试算，通常第一层很重要，第一层一般有横竖两种码放形式，只有这样才能实现压缝。填制货物组托情况表时要结合码放示意图。

★步骤3：利用仓储系统添加入库计划。

利用现有的仓储系统，添加入库计划，选择入库日期，维护入库物料名称和数量，确认信息，如图4-5-5所示。

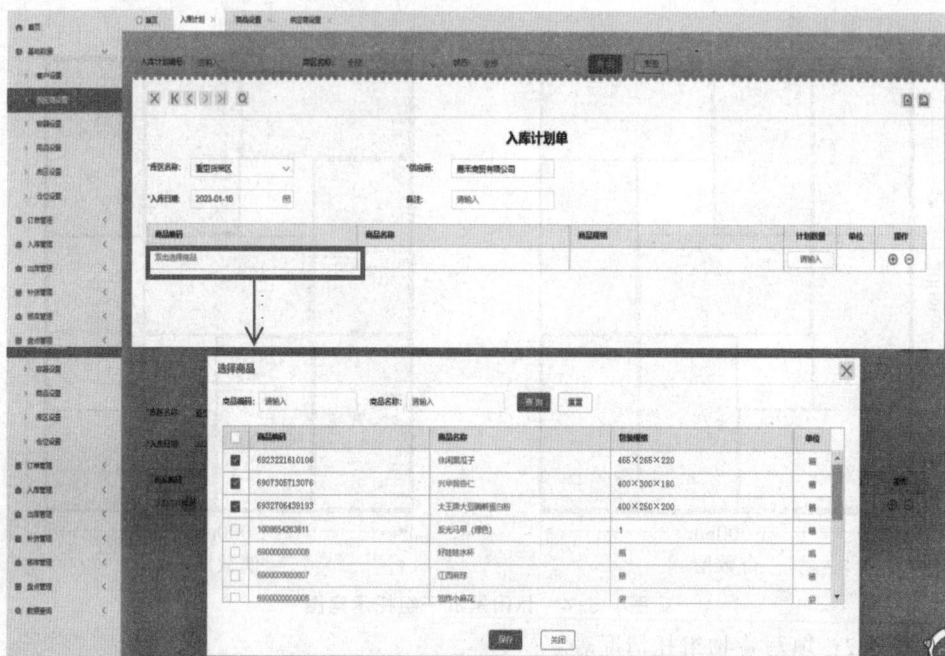

图4-5-5　仓储系统添加入库计划

★步骤4：入库货物堆码训练。

货物验收后，按照绘制的组托示意图样式，在托盘上进行堆码，如图4-5-6所示。在堆码时，除了要注意前面提到的事项，还应注意：

图4-5-6　货物组托

（1）托盘上的货物标签要面朝外，这样每个纸箱上的条形码在不用移动的情况下就能被扫描。

（2）货物托盘使用时，托盘叉口要朝向方便周转搬运的方向，以配合设备使用。

（3）严禁倾斜不规则堆放货物，预防货物在运输中跌落，以及确保堆叠的托盘在运输中稳定，以免造成安全事故。必要时，要使用打包带、缠绕膜等材料进行加固。使用缠绕膜对纸箱打托，确保缠绕膜完全覆盖托盘上的商品。

（4）托盘堆码时，需要与墙面、照明灯、堆垛、房顶、屋柱等之间留出适当的空隙，方便货物清点、周转和保存。

★步骤5：入库货物组托训练。

打开数据采集设备（手持终端或者可穿戴设备）中的仓储系统，选择待入库计划，扫描货物条码、托盘条码，输入数量，进行组托，当前计划全部组托完成后，点击提交，即完成组托作业，如图4-5-7和图4-5-8所示。

图4-5-7 利用穿戴设备进行组托

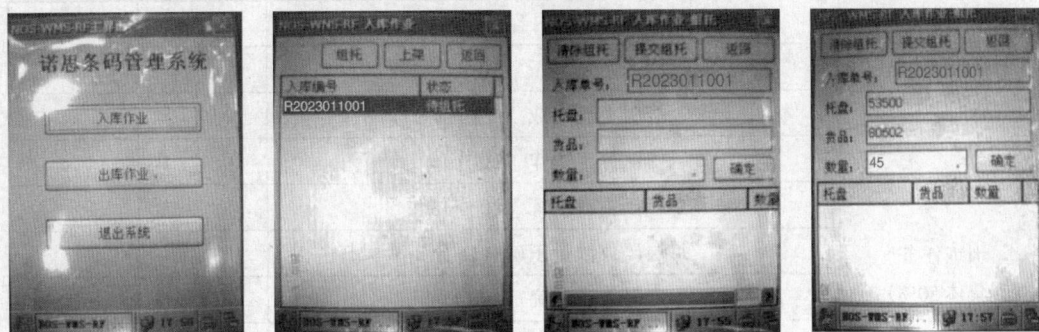

图4-5-8 利用手持设备进行组托

【课堂讨论】

（1）托盘堆码的优点有哪些？

（2）什么是托盘标准化？

（3）托盘标准化的文件有哪些？是如何规定的？

技能强化

已知托盘尺寸为1 200mm×1 000mm×160mm，托盘承重1 200kg，托盘自重20kg/个，托货集装单元高度不超过1 280mm，货物边缘不能超出托盘边缘。入库需要组托货物见表4-5-4。

表4-5-4 入库通知单

入库通知单编号：R2023011101 　　　　　　　　　　　　　　　　计划入库时间：2023年1月11日

序号	商品名称	条码	包装规格（mm）（长×宽×高）	单价（元/箱）	重量（kg）	堆码层限	生产日期	保质期	入库数量（箱）
1	早苗栗子西点蛋糕	6922786436778	203×153×200	100	4	6层	2022年12月21日	12个月	100
2	小师傅方便面	6937709714046	220×180×220	100	6	6层	2022年12月4日	12个月	50
3	脆香饼干	6903202319961	235×160×180	100	3	6层	2022年12月9日	12个月	125

供应商：嘉禾商贸有限公司

要求：

（1）用word绘图功能画出奇数层和偶数层的组托俯视图；在图上标出托盘的长、宽尺寸（以mm为单位）；将托盘上的货物以浅灰色填涂；用文字说明每层堆码的箱数、每托堆码的层、每种货物所需托盘数，并将具体数据填入表4-5-2内。

（2）利用仓储系统和手持设备完成组托堆码的实操演练。

效果评价

"组托堆码"技能训练评价见表4-5-5。

表4-5-5　　　　　　　　　"组托堆码"技能训练评价

考核项目	考核内容	得分	备注
训练任务（集体50%）	学习态度端正（10分）		
	按时上交完成（10分）		
	团队分工协作（10分）		
	积极主动训练（10分）		
	每层码放数量正确（15分）		
	堆码方式正确（10分）		
	码放层数正确（10分）		
	所需托盘数量正确（10分）		
	组托货物摆放整齐、美观、牢固（15分）		
	合计		
练习任务（个人50%）	学习态度端正（10分）		
	按时上交完成（10分）		
	独立自主完成（10分）		
	积极主动训练（10分）		
	每层码放数量正确（15分）		
	堆码方式正确（10分）		
	码放层数正确（10分）		
	所需托盘数量正确（10分）		
	组托货物摆放整齐、美观、牢固（15分）		
	合计		
总分			
小组名称		小组成员	
自我评价			
教师点评			

技能训练4.6
入库存储

■ 实训目标
■ 实训要求
■ 实训过程
■ 技能强化
■ 效果评价

■ **实训目标**

知识目标：

（1）熟悉货物就地堆码所需面积的计算方法。

（2）熟悉需垫垛货物的计算方法。

（3）掌握仓储系统和设备的入库操作方法。

能力目标：

（1）能够分析和计算货物就地堆码所需面积。

（2）能够分析和计算需垫垛货物的衬垫物数量。

（3）能够利用仓储系统和设备完成货物上架。

素养目标：

（1）培养学生牢固树立安全生产、文明生产的纪律意识。

（2）培养学生严格执行工作标准、规章制度的责任意识。

■ **实训要求**

（1）事先分组，每4~6名同学分为1组，每组选出1名组长，相互协作，共同完成任务，需要提交小组作业和个人练习作业。

（2）利用电脑查看仓储系统的储位情况，进行存储区域的计算和堆码布置，在实训室完成成托货物的上架训练。

实训过程 ////// ....

技能训练4.6

表单下载

任务发布

万通物流仓库高度为4.7m，地坪载荷限定为2 000kg/m²。2023年1月10日，仓库收到一批入库货物（详见表4-3-1、表4-3-2、表4-3-3），请完成货物的入库存储作业任务：

1.大王牌大豆酶解蛋白粉、兴华苦杏仁、休闲黑瓜子存放在托盘货架区，要求根据技能训练4.5计算出来的托盘数量，以及托盘货架存储图（如图4-6-1所示）合理分配储位。

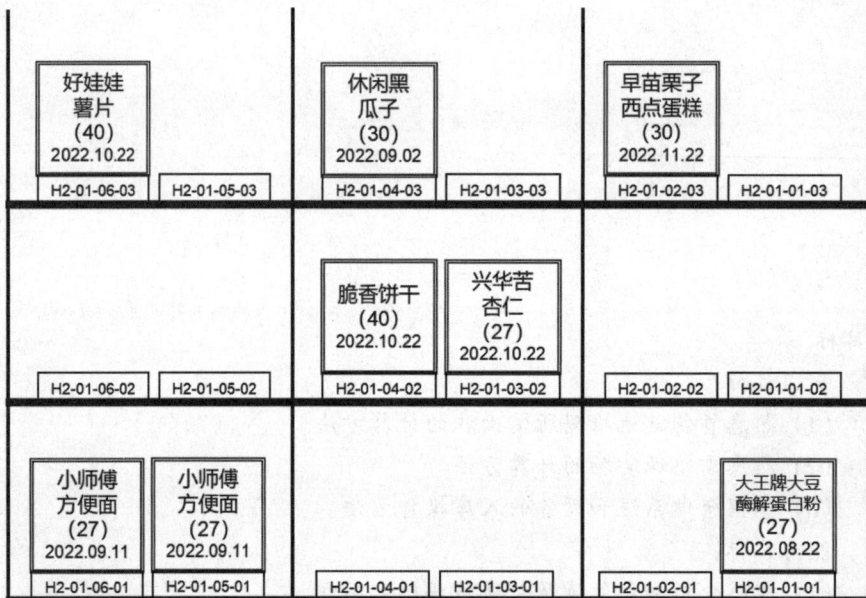

图4-6-1　托盘货架存储图

2.永胜牌瓷砖存放方式为托盘平置堆码，计划存放在宽度限制为5.0m的地堆区（无墙、无柱），垛形为重叠堆码的平台垛，顶距为0.5m，要求计算出计划堆成的货垛的垛长、垛宽及垛高各为多少，并说明垛形。

3.流通加工机床重20t，就地放置在临时存储区，请判断是否需要垫垛？仓库垫垛材料为2m×1.5m、自重0.6t的钢板。如需要垫垛，需要几块？

背景知识

1.分区分类规划存储

分区分类规划存储是指按照库存物品的性质划分出类别，根据各类物品存储量的计划任务，结合各种库房、货场、起重运输设备的具体条件，确定出各库房和货场的分类存储方案。分区分类规划存储的基本原则是：存放在同一货区的物品必须具有互容性；

保管条件不同的物品不应混存；作业手段不同的物品不应混存；灭火措施不同的物品不能混存。

（1）按库存物品理化性质不同进行规划。按库存物品理化性质不同进行规划即按照库存物品的理化性质进行分区分类管理，如化工品区、纺织品区、金属材料区、冷藏品区等。在这种方式下，理化性质相同的物品集中堆放，便于仓库对库存物品采取相应的养护措施，还便于对同种库存物品进行清仓盘点。

（2）按库存物品的使用方向或按货主的不同进行规划。按库存物品的使用方向或按货主的不同进行规划即根据物品的所有权关系进行分区分类管理，以便于仓库发货或货主提货，但这种方式非常容易造成货位的交叉占用，使物品间相互产生影响。

（3）混合货位规划。混合货位规划即综合考虑按理化性质分区分类和按使用方向或按货主分区分类的优缺点，对通用物品按理化性质分区分类保管，对专用物品则按使用方向或按货主分区分类保管。

2.货位管理

仓库中存储的每一批物品在其理化性质、来源、去向、批号、保质期等方面都有各自的特点，要根据这些物品的特点确定合理的货位，既要保证合理利用仓储空间，又要便于仓库的作业和管理。仓库管理者需要按照物品自身的理化性质和存储要求，根据分库、分区、分类的原则，将物品在固定区域与位置存放。此外，应进一步在规划区域内，根据物品材质和型号规格等，按一定顺序依次存放。货位管理的基本步骤如图4-6-2所示。

3.货位的存货方式

货位存货方式主要分为固定型和流动型两种。

（1）固定型。固定型是一种利用信息系统事先将货架进行分类、编号，并粘贴货架代码，对各货架内装载的物品事先加以确定的货位存货方式。在固定型管理方式下，各货架内装载的物品保持长期一致，这样进行物品备货作业较为容易，同时信息管理系统的建立较为方便，这是因为只要第一次将货架编号以及物品代码输入计算机，接下来在物品发出以后，利用信息管理系统就能很方便地掌握账目和实际剩余在库量，可以及时补充库存，从而很容易地掌握物品出入库动态，省去了不断进行库存商品统计的烦琐业务。

（2）流动型。流动型指所有物品按顺序摆放在空的货架中，不事先确定各类物品的专用货架的货位存货方式。因为各货架内装载的物品是不断变化的，所以采用流动型管理方式在物品变更货架时容易出现差错，增加找寻时间，管理较固定型复杂，但仓库空间利用率较高。

固定型货位存货方式尽管具有准确性和便利性等优点，但是它有某些局限性，也就是说，固定型货位存货方式和流动型货位存货方式各有优缺点及适用范围。所以，在确定货位存货时，要根据具体情况选择恰当的方式。一般来讲，固定型货位存货方式适用于非季节性物品、重点客户的物品，以及库存物品种类比较多且性质差异较大的情况。而季节性需求特征明显的物品或物动量波动较大的物品，由于周转较快，出入库频繁，采用流动型货位存货方式更为合适。这样可以提高仓库空间利用率，从而降低成本。

存储目标
存储策略
存储形式

确定存储条件

空间评估
规划设计

规划存储空间

设备选型
成本评估

确定位置和作业方式

分区编码
分类编码
地址确认

进行货位编号

电脑分配
人工调整

确定货位分配方式

自动控制
表单应用

货位管理与维护

定期检查
随机检查

检查改善

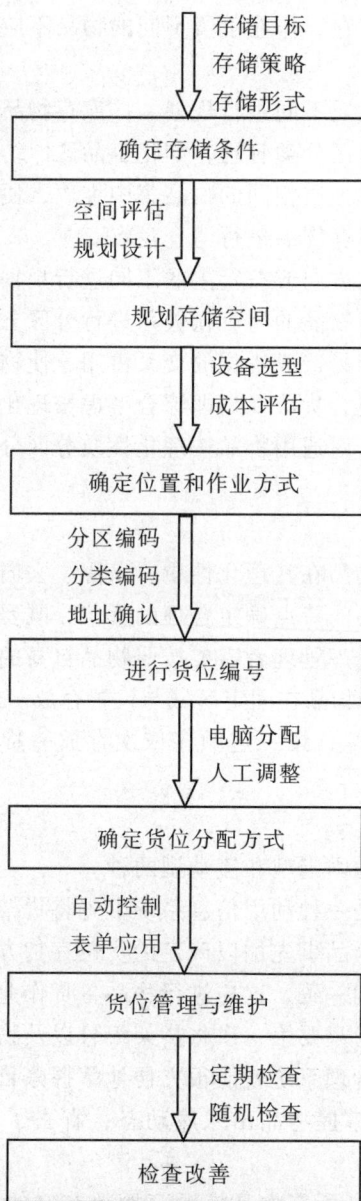

图4-6-2　货位管理的基本步骤

4.托盘货物上下架摆放标准

（1）目的。

① 确保库房工作安全、高效、快速开展，以提高工作质量和效率，不断满足客户的需求。

② 合理利用货架和叉车，使货物安全、准确入库入位。

③ 使仓库整洁、协调，通道顺畅。

（2）适用范围。适用于仓库入库上架、出库下架、库区货位移动，适用人员包括仓库管理人员、库工、叉车工。

（3）上下架工具。电动叉车/平衡动力叉车、堆高机、拖车等。

（4）货物上架流程。货物上架流程如图4-6-3所示。

操作人员	上架流程	操作
信息员	入库指令	准确的货物上架信息
入库管理员	准备入库	安排入库人员、车辆等
库区管理员	库区货架货位确认	通过手持终端确认货物所在库区和货架货位
叉车、拖车司机	叉车/拖车	叉车/拖车按规定通道安全行驶，右侧通行，车速控制在安全车速内；叉车/拖车配合工作时要有序进行，避免事故
堆高车司机	堆高车	按规定货位上架，保证货架货物准确安全。货物摆放从上到下按照轻货、一般货物、重货摆放
库工/堆高车司机	货物扫描 按货位上架	扫描货物上架入位，按照货架摆放规则摆放，保证货物上架入位准确、安全、摆放整齐、标签明显
库区管理员	检查货架货位	检查货物上架情况，保证货物准确安全

图4-6-3 货物上架流程

（5）货物上架摆放分类。

下层：摆放A类货物，因为A类货物物动量大，摆放在下层可以提高效率。

中层：摆放B类货物。

上层：摆放C类货物。

5.仓库"五距"

仓库"五距"是指墙距、垛距、柱距、灯距和顶距。

（1）墙距。这是指货垛与墙的距离。墙距一般不得小于0.5米，便于通风散潮和防火，如发生火灾，可供消防救援人员出入。

（2）垛距。这是指货垛与货垛之间的距离。垛距一般不小于1米，防止货物混淆，也便于通风检查，一旦发生火灾，便于抢救、疏散货物。

（3）柱距。这是指货垛与屋柱之间的距离。柱距一般不得小于0.3米，防止货物发生火灾后灼烧柱子，对房屋结构产生影响，造成房屋垮塌。

（4）灯距。这是指在仓库里的照明灯与货物之间的距离。灯距一般不小于0.5米，防止照明灯过于接近货物时灯具产生的热量将货物引燃。

（5）顶距。这是指货堆的顶部与仓库屋顶平面之间的距离。顶距一般不小于0.5米，如发生火灾货物燃烧时，可防止大火直接燃烧至屋顶，导致房屋起火。

【课堂讨论】

请说出图4-6-4标注的数字符号分别是"五距"中的哪一个，看谁说得又快又好。

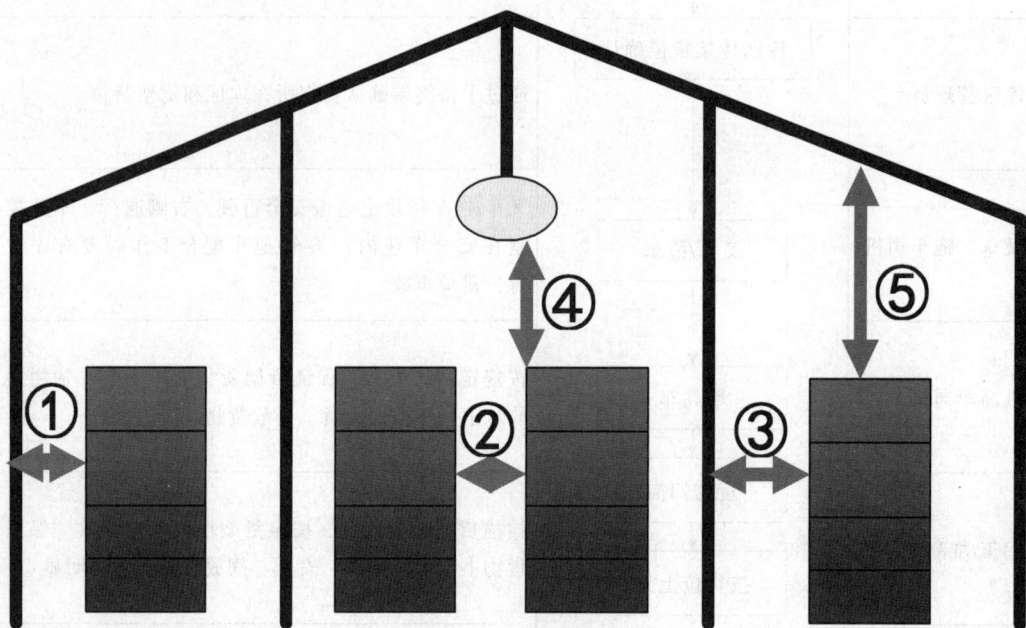

图4-6-4 仓库"五距"图

6.就地堆码垛形示意图

就地堆码垛形有多种形式，如图4-6-5所示。

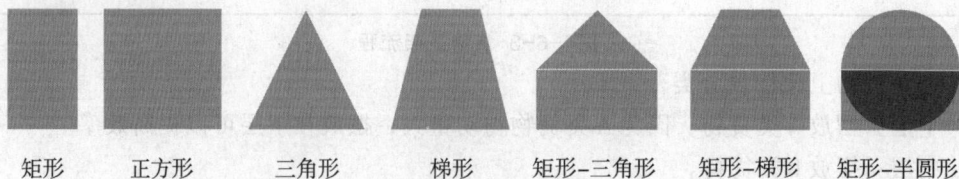

矩形　　正方形　　三角形　　梯形　　矩形-三角形　　矩形-梯形　　矩形-半圆形

图4-6-5 垛形示意图

7.搬运活性

搬运活性是指货物的存放状态对搬运作业的难易程度。货物的存放状态分为地面散放、地面装箱、集装单元、集装待运和装在运载工具上等，其搬运活性指数依次升高，如图4-6-6所示。

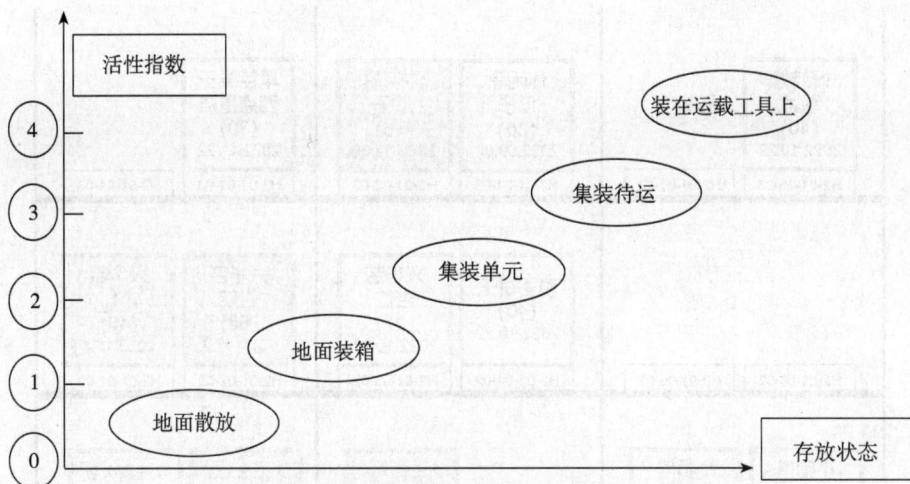

图4-6-6　搬运活性示意图

8.垫垛

垫垛是指在货物码垛前，在预定的货位地面位置，使用衬垫材料进行铺垫。

垫垛的目的是：使地面平整；使货物与地面隔开，防止地面潮气和积水浸湿；通过强度较大的衬垫物使重物的压力分散，避免损害地坪；使地面杂物、尘土与货物隔开；形成垛底通风层，有利于货垛通风排湿；使货物的泄漏物留存在衬垫之内，防止流动扩散，以便于收集和处理等。

衬垫物数量的确定：

$$n = \frac{Q_m}{l \times w \times q - Q_p}$$

式中：n——衬垫物数量；

Q_m——货物重量；

l——衬垫物长度；

w——衬垫物宽度；

q——仓库地坪承载能力；

Q_p——衬垫物自重。

任务实施

★步骤1：上架货物储位分配。

按照分类存储的原则，第一层摆放A类货物，第二层摆放B类货物，第三层摆放C类货物。因此，分配货位如图4-6-7所示。

接下来按照分配好的货位，利用数据采集设备扫描托盘编码、仓位编码，全部上架完成后进行提交，之后在仓储系统中进行审批确认，上架完成。可以在库存查询中查看新入库货物的库存信息，如图4-6-8所示。

好娃娃 薯片 (40) 2022.10.22		休闲黑 瓜子 (30) 2022.09.02	休闲黑 瓜子 (45) 2022.12.09	早苗栗子 西点蛋糕 (30) 2022.11.22	
H2-01-06-03	H2-01-05-03	H2-01-04-03	H2-01-03-03	H2-01-02-03	H2-01-01-03
		脆香饼干 (40) 2022.10.22	兴华苦 杏仁 (27) 2022.10.22	兴华苦 杏仁 (60) 2022.11.4	兴华苦 杏仁 (40) 2022.11.4
H2-01-06-02	H2-01-05-02	H2-01-04-02	H2-01-03-02	H2-01-02-02	H2-01-01-02
小师傅 方便面 (27) 2022.09.11	小师傅 方便面 (27) 2022.09.11		大王牌大豆 酶解蛋白粉 (60) 2022.09.21	大王牌大豆 酶解蛋白粉 (60) 2022.09.21	大王牌大豆 酶解蛋白粉 (27) 2022.08.22
H2-01-06-01	H2-01-05-01	H2-01-04-01	H2-01-03-01	H2-01-02-01	H2-01-01-01

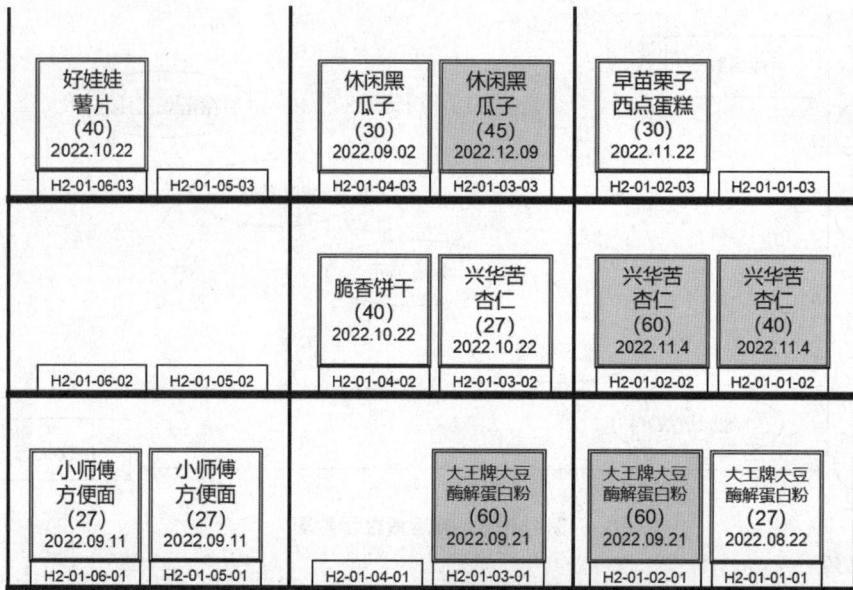

图4-6-7　货物储位分配图

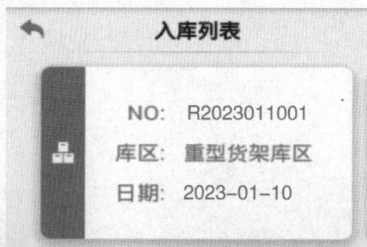

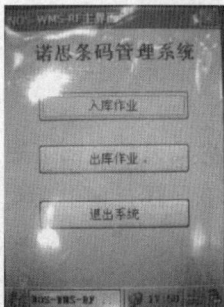

图4-6-8　入库系统和数据采集设备操作图

★步骤2：就地堆码货物储区面积计算。

（1）计算层高。层高受3个条件限制，分别是地坪载荷、仓库高度和包装标志限高，3个条件选最低者。

① 包装层数限制。根据包装标识可知是5层。

② 仓库高度限制。库高度是4.7米，顶距是0.5米，每件包装箱高是0.28米，由于仓库高度的限制，因此可以堆码15层（（4.7-0.5）÷0.28）。

③ 地坪载荷限制。单箱货物底面积为0.1平方米（500毫米×200毫米），1平方米可以堆码10箱（1÷0.1）。

每箱重量是45千克，10箱是450千克。也就是说，1平方米堆码1层的地坪载荷是450千克，地坪载荷2 000千克/平方米时能堆码4.4层（2 000÷450），取整数可放4层。

综合3个有关层高的计算结果取最小的层数即4层。

（2）计算垛长。

货物竖着码放，目标存储区域宽度为5米，如果货物竖放，1列1层可堆码10箱（5÷0.5），4层可放40箱（10×4），也就是每1列可堆码40箱。一共2 400箱需要堆码60列（2 400÷40）。由于不考虑垛距，每箱货物的宽是0.2米，所以垛长是12米（60×0.2）。

货物也可以横着码放，目标存储区域宽度为5米，如果货物横放，1列1层可堆码25箱（5÷0.2），4层可放100箱（25×4），也就是每1列可堆码100箱。一共2 400箱需要堆码24列（2 400÷100）。由于不考虑垛距，每箱货物的长是0.5米，所以垛长是12米（24×0.5）。

（3）得出计算结果。

所需面积：5×12=60（平方米）

堆码方式①：竖着放，垛长60箱（12米），垛宽10箱（5米），垛高4层。

堆码方式②：横着放，垛长24箱（12米），垛宽25箱（5米），垛高4层。

★步骤3：垫垛货物垫垛方式计算。

先判断是否需要垫垛，需计算货物对地面的压力：

$$P = \frac{20}{2 \times 0.5 \times 2} = 10\,吨/平方米 > 2\,吨/平方米$$

所以，需要垫垛。

再计算垫垛所需钢板数量：

$$N = \frac{20}{2 \times 1.5 \times 2 - 0.6} \approx 4\,块$$

所以，需要使用4块钢板衬垫。将4块钢板平铺展开，设备的每条支架分别均匀地压在两块钢板之上。

【课堂讨论】

根据货物搬运的活性，你认为就地堆码的优缺点有哪些？

技能强化 ///////..........

今收到入库通知单（见表4-6-1至表4-6-3），计划到货日期为明天上午11点。仓库高度为4.6米，顶距为0.5米，地坪载荷限定为1 600千克/平方米。垫垛材料为2米×1米、自重50千克的钢板。

要求：完成入库通知单1的储位分配，图4-6-1为原储位图；完成入库通知2的就地堆码，目标区域宽5米；完成入库通知3的垫垛计算。

表4-6-1   入库通知单1

入库通知单编号：R2023011101   计划入库时间：2023年1月11日

序号	商品名称	条码	包装规格（mm）（长×宽×高）	单价（元/箱）	重量（kg）	堆码层限	生产日期	保质期	入库数量（箱）
1	早苗栗子西点蛋糕	6922786436778	203×153×200	100	4	6层	2022年12月21日	12个月	100
2	小师傅方便面	6937709714046	220×180×220	100	6	6层	2022年12月4日	12个月	50
3	脆香饼干	6903202319961	235×160×180	100	3	6层	2022年12月9日	12个月	120

供应商：嘉禾商贸有限公司

表4-6-2   入库通知单2

入库通知单编号：R2023011102   计划入库日期：2023年1月11日

品名	五金工具	包装规格	500mm×400m×400mm
包装材质	杨木	单体毛重	80kg
包装标志限高	4层	数量	2 400箱

供应商：永胜器材有限公司

表4-6-3   入库通知单3

入库通知单编号：R2023011103   计划入库时间：2023年1月11日

序号	商品名称	包装规格	包装材料	单价（万元/台）	重量（kg）	数量（台）
1	机械设备	设备底架为两条4m×0.5m的钢架，高2m	无	200	40 000	1台

供应商：百强机械有限公司

效果评价 ///////..........

"入库存储"技能训练评价见表4-6-4。

表4-6-4   **"入库存储"技能训练评价**

考核项目	考核内容		得分	备注
训练任务 （集体50%）	学习态度端正（10分）			
	按时上交完成（10分）			
	团队分工协作（10分）			
	积极主动训练（10分）			
	上架作业正确（30分）			
	就地堆码正确（15分）			
	垫垛计算正确（15分）			
	合计			
练习任务 （个人50%）	学习态度端正（10分）			
	按时上交完成（10分）			
	独立自主完成（10分）			
	积极主动训练（10分）			
	上架作业正确（30分）			
	就地堆码正确（15分）			
	垫垛计算正确（15分）			
	合计			
总分				
小组名称		小组成员		
自我评价				
教师点评				

技能训练 4.7
盘点作业

- ■ 实训目标
- ■ 实训要求
- ■ 实训过程
- ■ 技能强化
- ■ 效果评价

■ **实训目标**

知识目标：

(1) 了解盘点的意义。

(2) 熟悉盘点的内容。

(3) 掌握盘点的方法和步骤。

能力目标：

(1) 能够采用恰当的方法进行盘点作业。

(2) 能够按照正确的程序完成盘点作业。

素养目标：

(1) 培养学生一丝不苟、严谨细致的工作态度。

(2) 培养学生职责明确、有责必究的责任担当。

■ **实训要求**

(1) 事先分组，每4~6名同学分为1组，每组选出1名组长，相互协作，共同完成任务，需要提交小组作业和个人练习作业。

(2) 在实训室上课，利用仓储系统或者纸质单据完成实训任务。

实训过程 ////////○○○○○○○○○

😊 任务发布

2023 年 1 月 31 日，万通物流对仓储物资进行年末盘点，统一清点所有商品数量，此次盘点工作量大，采取分区、分组的方式进行。请采用暗盘的方式为其安排并完成盘点工作（可以通过盘点实训室内的商品进行训练）。

♻ 背景知识

1. 盘点的意义

盘点是指定期或临时对库存物品实际数量进行清查、清点的一种作业。进行盘点，一是为了确定现存量，并修正账物不符产生的误差；二是能够及时掌握损益情况，以便真实地把握经营绩效，并尽早采取防漏措施；三是为了审核物品管理的绩效，使出入库的管理方法和保管状态变得清晰，如对于滞销品、临近过期商品、需要保养维修的物品等，均可通过盘点发现，寻求改善的策略。

【课堂讨论】

通常物品经过一段时间的不断接收与发放后容易产生误差，形成这些误差的主要原因有哪些？

2. 盘点的内容

（1）查数量：通过点数统计查明物品在库的实际数量，核对库存账面数量与实际库存数量是否一致。

（2）查质量：检查在库物品质量有无变化，有无超过有效期和保质期，有无长期积压等，必要时还必须对物品进行技术检验。

（3）查条件：检查保管条件是否与各种物品的保管要求相符合。如堆码是否合理稳固，库内温湿度是否符合要求，各类计量器具是否准确等。

（4）查安全：检查各种安全措施和消防设备、器材是否符合安全要求，建筑物和设备是否处于安全状态。

3. 盘点的方法

合理的盘点方法可以快速有效解决物品盘点的问题。准确快速地盘点是盘点工作的最重要部分。

（1）账面盘点法（永续盘点法），就是在入库的时候就盘点，将每一种物品分别设立"存货账卡"，然后将每一种物品的出入库数量及有关信息记录在账面上，逐笔汇总出账面库存结余量的方法。通常量少而单价高的物品较适合采用此方法。

（2）循环盘点法，就是在每天、每周等清点一部分物品，一个循环周期将每种物品至少清点一次的方法。可以同物品 ABC 分类管理结合起来，对于不同物品可以进行不同的管理，A 类主要物品可以每天或每周盘点一次，B 类物品可以每 2~3 周盘点一次，C 类较不重要物品可以每月盘点一次。

（3）期末盘点法，就是在会计计算期末（如月末或季度末）统一清点所有物品数量的方法。这种方法工作量大、要求严格，通常采取分区、分组的方式进行。

（4）定期盘点法，就是每周盘一次、每月盘一次、每个季度盘一次或者每年盘一次的方法。应每年至少盘一次。盘点周期越短，越容易及时处理那些超过存储期的积压库存。

（5）暗盘法，就是在盘点时，操作者只知道当前盘点数量却无法查看到当前库存，只有最终提交结果生效后才可知道差异信息的方法。通常这么做的目的是防止操作者在盘点过程中作弊，为了应付考核而弄虚作假。

（6）明盘法，就是在盘点时，允许操作者知道当前库存的方法。其目的是让操作者在盘点过程中知道差异，并及时核实差异，确认差异原因，确保提交的结果是准确的。明盘法又可细分为：

单人明盘法，就是一个人拿报表，自己看报表自己点数的方法。

双人唱盘法，就是一个人看报表，一个人看实物点数的方法。它还可以细分为唱报表和唱实物两种不同方法。

多人合作法，就是由三个及以上的人一起合作点数的方法。比如一个人唱实物，一个人不看报表只记账，一个人看报表核对。

（7）纸单盘点，就是盘点人员根据打印出的盘点清单，逐项进行盘点的方法。

（8）RF盘点，就是盘点工作产生后，根据一定的规则，将盘点工作推入RF系统，之后由仓库管理员根据系统指引逐一进行盘点的方法。

4.盘点的步骤

一般盘点需要依照图4-7-1所示步骤实施：

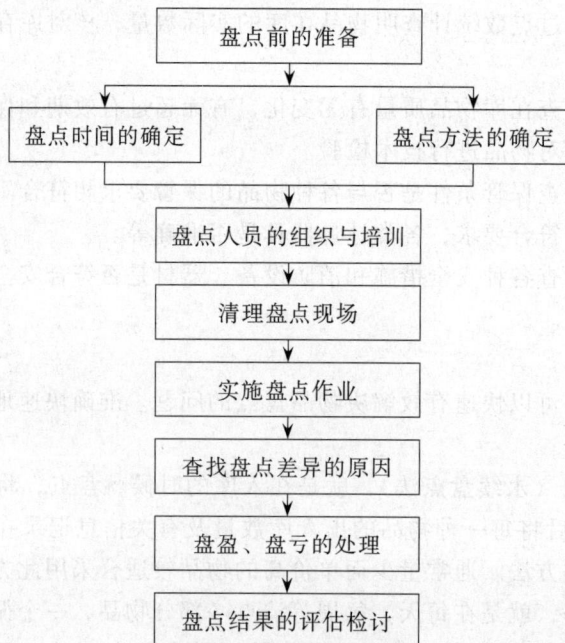

图4-7-1　盘点的步骤

（1）盘点前的准备。仓库盘点作业的事先准备工作是否充分，决定了仓库盘点作业进行的顺利程度。

① 盘点时间的确定。一般来说，为保证账物相符，物品盘点次数越多越好，但盘点需投入人力、物力、财力，所以合理地确定盘点时间非常必要。

② 盘点方法的确定。因为不同现场对盘点的要求不同，盘点的方法也会有差异，为尽可能快速准确地完成仓库盘点作业，必须根据实际需要确定盘点方法。

（2）盘点人员的组织与培训。盘点人员通常应进行培训，熟悉盘点现场、盘点物品以及正确填制表格和单证等。

（3）清点盘点现场。盘点现场即仓库的作业区域，仓库盘点作业开始之前必须对其进行整理，以提高仓库盘点作业的效率和盘点结果的准确性。

（4）实施盘点作业。仓库盘点作业的关键是点数，由于手工点数工作强度极大，差错率较高，通常可通过条形码进行盘点，以提高盘点的速度和精确性。

（5）查找盘点差异的原因。通过盘点发现账物不符，而且差异超过容许误差时，应立即追查产生差异的主要原因。盘亏、盘盈的主要原因有：

① 自然损耗：部分物品由于保存的时间太久，会自然损坏或者挥发掉，导致盘亏。

② 计量错误：企业在进货的时候，对所收或者所发的物品数量计算出现了错误。

③ 保管不善：企业在购入了物品之后，没有对物品进行合理的保存，导致物品被雨淋湿或者被虫蛀等情况。

④ 票据漏失：企业虽然售出了或者购买了物品，但是物品的相关发票丢失或者错漏。

⑤ 自然灾害：企业仓库所在地发生了自然灾害，如地震、泥石流、洪水等，导致损失。

（6）盘盈、盘亏的处理。差异原因查明后，应针对主要原因进行适当的调整与处理。例如，属于收发计量错误造成的存货短缺，查找到错误，进行更正；属于管理不善造成存货霉烂变质等，应找到责任人，由过失人赔偿部分损失；属于自然灾害造成的损毁，如物品有保险应找保险公司索赔；属于呆滞品、废品、不良品减价的，应按照公司规定的办法与盘亏一并处理。

（7）盘点结果的评估检讨。通过对盘点结果的评估，可以查出作业和管理中存在的问题，并通过解决问题提高仓储管理水平，减少仓储损失。

📦 任务实施

★步骤1：将参加盘点的人员分区、分组。

例如，可分为重型货架区、阁楼货架区、电子标签货架区等，每组负责一个区域。

★步骤2：打印盘点清单（见表4-7-1）。

表4-7-1　　　　　　　　　　　　　　　盘点清单

序号	商品编码	商品名称	单位	第一次盘点数	第二次盘点数	第三次核对	账面数核对	备注

★步骤3：由一人先清点所负责区域的货品，将清点结果填入各商品的盘点清单。

★步骤4：由第二人复点，填入盘点清单。

★步骤5：由第三人核对，检查前二人之记录是否相同且正确，填入盘点清单。

★步骤6：等所有盘点结束后，再与计算机或账册资料进行对照。

★步骤7：盘点差异分析。

将盘点出现的问题填在"备注"栏里，按照前面介绍的差异分析内容，查找差异原因，找到责任方。

★步骤8：盘盈、盘亏处理。

查明差异原因后，报备给财务部门，按照企业管理规定，进行调整与处理。

上述盘点过程也可采用系统和数据采集设备进行，流程如下：

选择盘点方式为"暗盘"（如图4-7-2所示），选择盘点日期为"2023-01-31"，选择全部盘点商品，逐次选择盘点库区，每个库区生成一个盘点计划。利用手持等设备进行盘点数据采集，如图4-7-3所示。盘点数据采集完成后，在系统中生成盘亏、盘盈单，如图4-7-4所示。

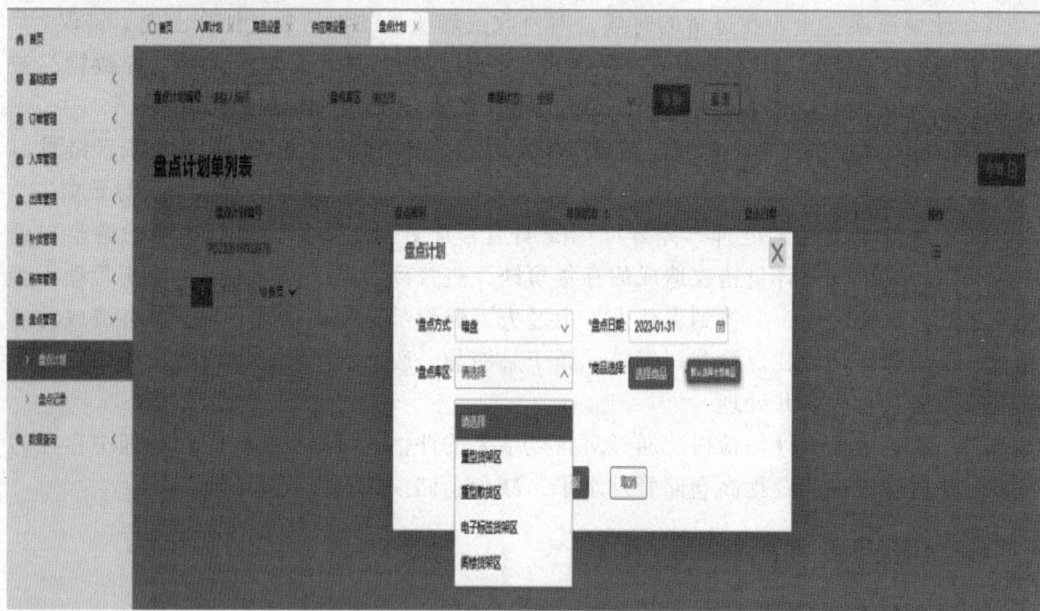

图4-7-2　生成盘点计划

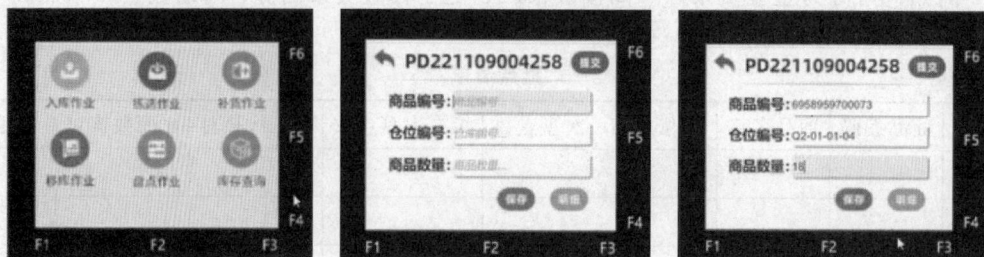

图4-7-3　盘点数据采集

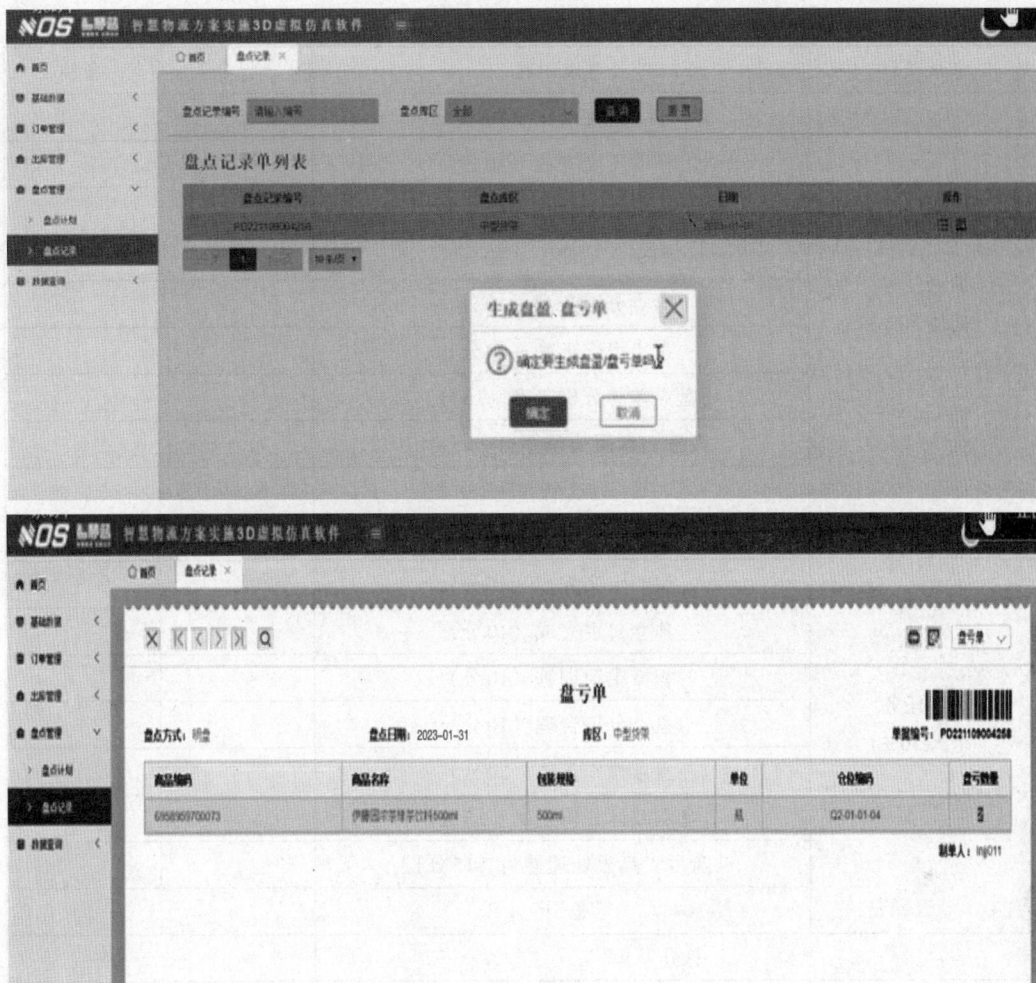

图4-7-4　生成盘亏、盘盈单

【课堂讨论】

（1）任务实施过程中用到了哪些盘点方法？

（2）盘盈、盘亏在财务记账中如何处理？

技能强化 //////..........

2022年12月28日，万通物流对仓储物资进行年末盘点，统一清点所有商品数量。此次盘点工作量大，采取分区、分组的方式进行。请采用明盘的方式为其安排并完成盘点工作（可以通过盘点实训室内的商品进行训练）。

效果评价 //////..........

"盘点作业"技能训练评价见表4-7-2。

表4-7-2   **"盘点作业"技能训练评价**

考核项目	考核内容	得分	备注
训练任务（集体50%）	学习态度端正（10分）		
	按时上交完成（10分）		
	团队分工协作（10分）		
	积极主动训练（10分）		
	盘点分工合理（10分）		
	盘点操作正确（20分）		
	盘点差异分析正确（15分）		
	盘亏、盘盈处理得当（15分）		
	合计		
练习任务（个人50%）	学习态度端正（10分）		
	按时上交完成（10分）		
	独立自主完成（10分）		
	积极主动训练（10分）		
	盘点分工合理（10分）		
	盘点操作正确（20分）		
	盘点差异分析正确（15分）		
	盘亏、盘盈处理得当（15分）		
	合计		
总分			
小组名称		小组成员	
自我评价			
教师点评			

技能训练 4.8
移库补货

■ 实训目标
■ 实训要求
■ 实训过程
■ 技能强化
■ 效果评价

■ **实训目标**

知识目标:

(1) 了解移库作业发生的情形。

(2) 了解补货作业发生的情形。

(3) 掌握移库作业的操作步骤。

(4) 掌握补货作业的操作步骤。

能力目标:

(1) 能够判断是否需要移库,并正确进行移库作业。

(2) 能够判断是否需要补货,并正确进行补货作业。

素养目标:

(1) 培养学生的主动意识和探究精神。

(2) 培养学生的责任意识和担当精神。

■ **实训要求**

(1) 事先分组,每4~6名同学分为1组,每组选出1名组长,相互协作,共同完成任务,需要提交小组作业和个人练习作业。

(2) 在实训室上课,利用仓储系统或者纸质单据完成实训任务。

实训过程 ////////.........

👧 **任务发布**

　　盘点作业完成后，发现重型货架区 H2-01-06-02 储位的小师傅方便面放错了，见表4-8-1重型货架区库存信息表，小师傅方便面为 A 类货物，应放在一层，因此需要进行移库作业，请完成移库作业的实操训练。

表4-8-1　　　　　　　　　　　　　　**重型货架区库存信息表**

序号	商品名称	货位地址	数量（箱）	内装数（件）	生产日期	保质期
1	大王牌大豆酶解蛋白粉	H2-01-01-01	27	20	2022.08.22	12个月
2	大王牌大豆酶解蛋白粉	H2-01-02-01	60	20	2022.09.21	12个月
3	大王牌大豆酶解蛋白粉	H2-01-03-01	60	20	2022.09.21	12个月
4	小师傅方便面	H2-01-06-01	27	12	2022.09.11	12个月
5	小师傅方便面	H2-01-06-02	27	12	2022.09.11	12个月
6	兴华苦杏仁	H2-01-01-02	40	15	2022.11.4	12个月
7	兴华苦杏仁	H2-01-02-02	60	15	2022.11.4	12个月
8	兴华苦杏仁	H2-01-03-02	27	15	2022.10.22	12个月
9	脆香饼干	H2-01-04-02	40	12	2022.10.22	12个月
10	早苗栗子西点蛋糕	H2-01-02-03	30	24	2022.11.22	6个月
11	休闲黑瓜子	H2-01-04-03	30	16	2022.09.02	12个月
12	休闲黑瓜子	H2-01-03-03	45	16	2022.12.09	12个月
13	好娃娃薯片	H2-01-06-03	40	16	2022.10.22	12个月

　　重型散货区部分商品库存不足，需要根据当前库存情况、库存上下限要求进行补货作业（从重型货架区补货至重型散货区）。当前重型散货区库存信息见表4-8-2。要求 SKU 存量低于下限时启动补货作业，并且以箱为单位补货。请判断哪些商品需要补货，填写补货作业单（见表4-8-3），并完成补货作业实操训练。

表4-8-2   重型散货区库存信息表

序号	商品名称	货位地址	库存数量（件）	库存上下限（件）
1	好娃娃薯片	S2-01-01-01	15	45/30
2	大王牌大豆酶解蛋白粉	S2-01-02-01	8	40/15
3	兴华苦杏仁	S2-01-03-01	23	50/20
4	脆香饼干	S2-01-04-01	22	40/15

表4-8-3   补货作业单

序号	品名	源货位	目标货位	补货数量

背景知识

1.移库

在仓库管理过程中，随时会出现货品混杂、空仓、乱堆放、占用通道等现象，因此作为仓库管理人员，要及时做好货品移库的工作。移库是库内作业的一种，是根据仓库内货品质量变化、库存因素、货品放置错误、储位变更等进行调整库存储位的一种手段。移库作业是在库作业中非常重要的作业活动。

在企业内部物流中，形成移库操作的原因有很多，其中主要包含以下几种情况：

（1）因货品种类细分造成的储位移动，如食品类细分，分成冲调食品、休闲食品、粮油食品等。

（2）因货品的流动性而进行货位调整，如从成品仓转移到加工仓，从暂存储位转移到正式储位等。

（3）因日常仓位整理作业需求，即进行库内仓位的"碎片整理"工作而进行货位调整。

（4）因平衡各工作区工作量的需要而进行货位调整。

将货品进行移库以实现最优化，可以减少货品的搬运成本，降低货品在存储过程及搬运过程中的损耗，从而降低物流成本，提高收益。

2.补货

在稍微上规模的企业当中，一般将仓库划分为仓储区和拣选区。补货作业是将货品从仓储区搬运到拣货区的工作，内容包括：确定所需补充的货品；领取货品；做好上架前的各种打理、准备工作；补货上架。

企业库存不能过大或过小。过大会占压资金，不利于改善经营管理；过小会品种不全，数量不足，容易脱销。因此，可以通过设置货品库存的上限和下限进行库存控制。

库存上限就是仓库允许存放的最大库存量。

库存下限就是仓库允许存放的最小库存量。

介于上限和下限之间的就是合理库存量，合理库存量包含上限和下限。

补货的操作方式有以下几种：

（1）整箱补货。这种补货方式是从保管区补货到动管区拣货。其保管区为货架储放区，动管区为两面开放式的流动货架拣货区。拣货员拣货之后把货品运到发货区。当动管区的存货低于设定标准时，进行补货作业。作业员可到保管区取货箱，用手推车等载箱至动管区。这种补货方式较适合于体积小且少量出货的货品。

（2）托盘补货。这种补货方式是以托盘为单位进行补货。托盘由地板堆放保管区运到地板堆放动管区，当动管区存货量低于设定标准时，立即补货。作业员可使用堆垛机等把托盘由地板堆放保管区运到地板堆放动管区，也可把托盘运到货架动管区进行补货。这种补货方式适合于体积大或出货量多的货品。

（3）同货架补货。此种补货方式将保管区与动管区安排在同一货架，也就是将同一货架上的中下层作为动管区，上层作为保管区，而进货时则将动管区放不下的多余货箱放到保管区。当动管区的存货低于设定标准时，利用堆垛机等将保管区的货品搬至动管区。这种补货方式适合于体积不大、存货量不高，且多为中小量出货的货品。

任务实施

★步骤1：移库作业。

新建移库计划，先选择库区，再选择要移库的商品及仓位，选择目标仓位，可以将H2-01-06-02货位的小师傅方便面移至H2-01-05-01，如图4-8-1所示。提交移库数据后，可查看移库作业详情，可对该作业进行审核、撤回和删除操作（如图4-8-2所示），也可以利用纸质作业单结合实际操作进行训练。

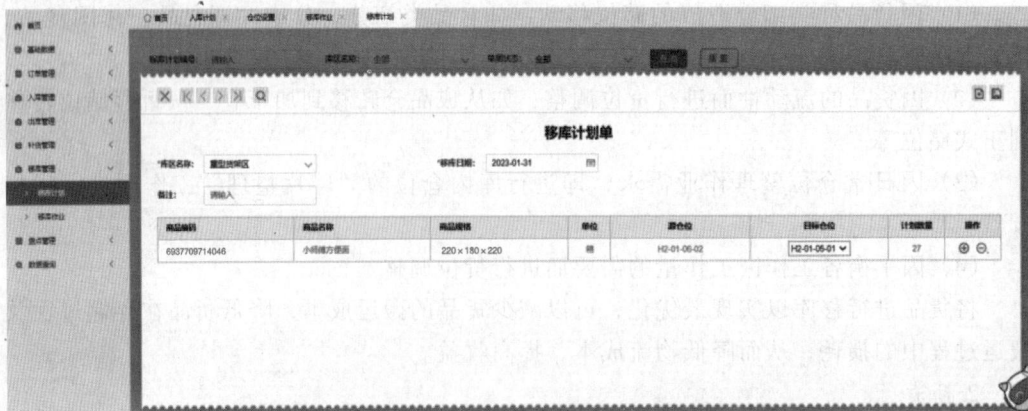

图4-8-1 新建移库作业计划

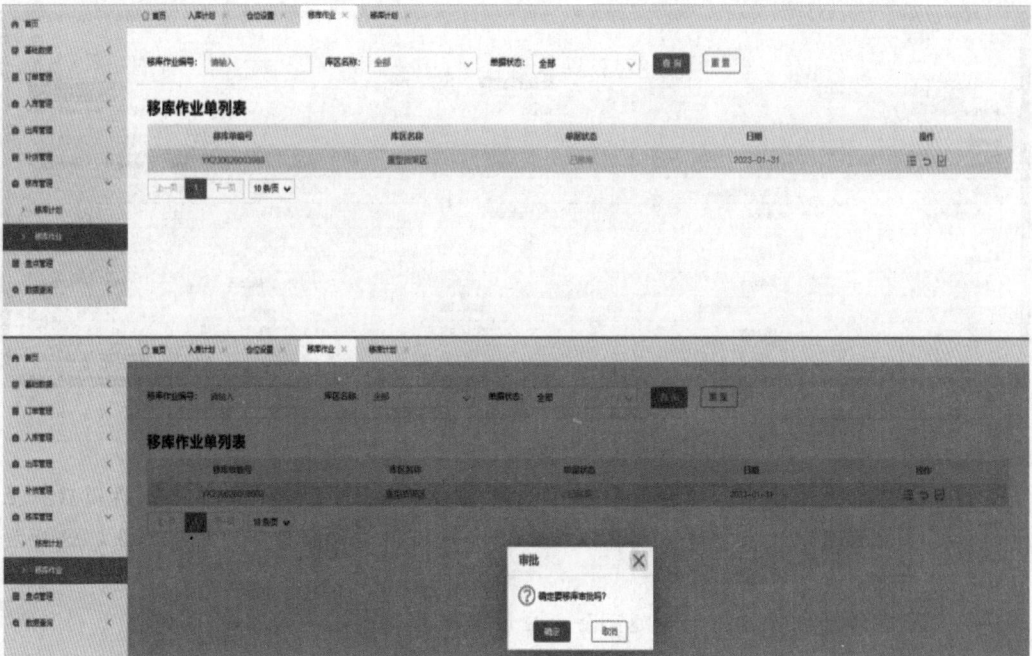

图4-8-2　查看移库作业详情

★步骤2：补货作业。

首先，填写补货作业单，见表4-8-4。

表4-8-4　　　　　　　　　　　　　　补货作业单

序号	品名	源货位	目标货位	补货数量
1	好娃娃薯片	H2-01-06-03	S2-01-01-01	1箱
2	大王牌大豆酶解蛋白粉	H2-01-01-01	S2-01-02-01	1箱

其次，完成补货作业。创建补货作业计划（如图4-8-3所示），填写补货计划单相关信息，保存补货作业计划，发送补货作业计划，执行补货作业计划（如图4-8-4所示）。

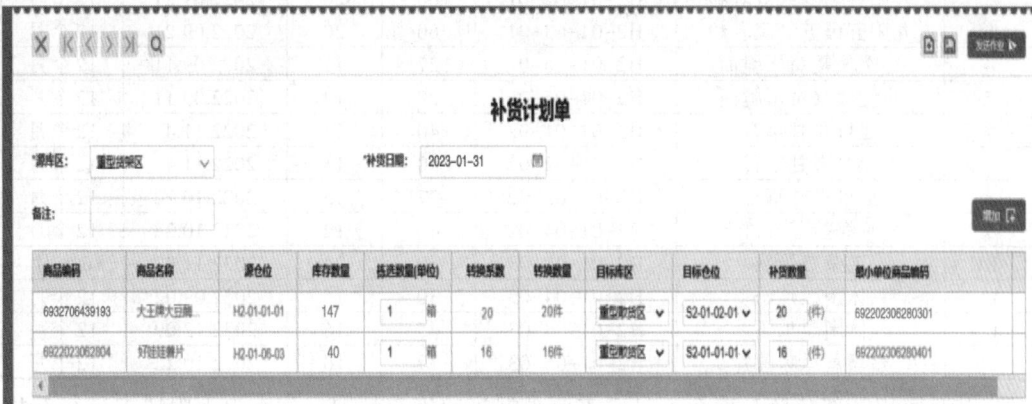

图4-8-3　创建补货作业计划

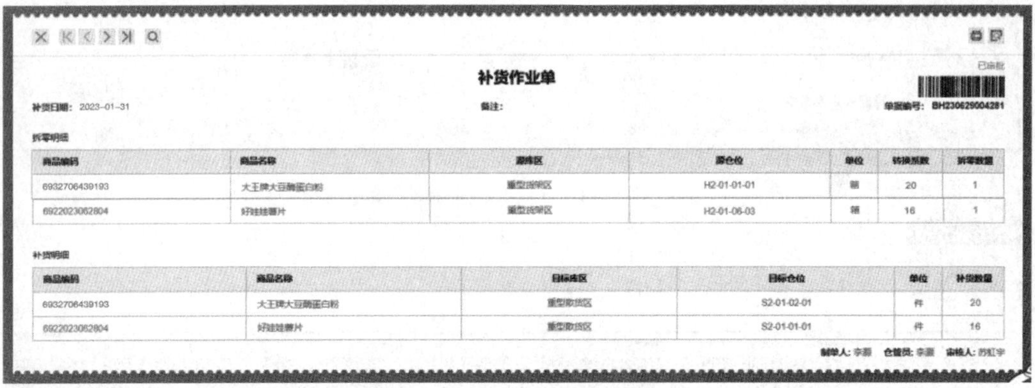

补货作业单

已审批

补货日期：2023-01-31　　备注：　　单据编号：BH230629004281

拆零明细

商品编码	商品名称	源库区	源仓位	单位	转换系数	拆零数量
6932706439193	大王牌大豆酶蛋白粉	重型货架区	H2-01-01-01	箱	20	1
6922023062804	好娃娃薯片	重型货架区	H2-01-06-03	箱	16	1

补货明细

商品编码	商品名称	目标库区	目标仓位	单位	补货数量
6932706439193	大王牌大豆酶蛋白粉	重型散货区	S2-01-02-01	件	20
6922023062804	好娃娃薯片	重型散货区	S2-01-01-01	件	16

制单人：李新　仓管员：李新　审核人：苏虹宇

图4-8-4　执行补货作业

【课堂讨论】

（1）在仓储式超市中，你会看到理货员将货架上端整箱的货物取下来，拆箱后将里边的单件货物取出来放在货架底端，以便供顾客选择，这种操作称为补货作业。这样类似的补货作业，有什么意义呢？

（2）补货的时机如何进行确定？企业应该如何管理才能高效准确？

技能强化

盘点发现重型货架区H2-01-06-01储位与H2-01-05-01的小浣熊蟹黄干脆面商品名称、规格、生产日期等完全相同（见表4-8-5重型货架区库存信息表），并且各不满托，为了节省储位空间，需要进行移库作业，优先放置列数小的货位，请完成移库作业的实操训练。

表4-8-5　重型货架区库存信息表

序号	商品名称	货位地址	数量（箱）	内装数（件）	生产日期	保质期
1	九阳五黑五红豆乳粉	H2-01-01-01	26	20	2022.08.22	12个月
2	九阳五黑五红豆乳粉	H2-01-02-01	60	20	2022.09.21	12个月
3	九阳五黑五红豆乳粉	H2-01-03-01	60	20	2022.09.21	12个月
4	小浣熊蟹黄干脆面	H2-01-06-01	27	12	2022.09.11	12个月
5	小浣熊蟹黄干脆面	H2-01-05-01	27	12	2022.09.11	12个月
6	亚可喜甘草杏	H2-01-01-02	40	15	2022.11.4	12个月
7	亚可喜甘草杏	H2-01-02-02	60	15	2022.11.4	12个月
8	亚可喜甘草杏	H2-01-03-02	27	15	2022.10.22	12个月
9	太平海盐苏打饼干	H2-01-04-02	40	12	2022.10.22	12个月
10	港荣蒸蛋糕	H2-01-02-03	30	24	2022.11.22	6个月
11	休闲黑瓜子	H2-01-04-03	30	16	2022.09.02	12个月
12	休闲黑瓜子	H2-01-03-03	45	16	2022.12.09	12个月
13	嘉嘉黄瓜味薯片	H2-01-06-03	39	16	2022.10.22	12个月

重型散货区部分商品库存不足，需要根据当前库存情况、库存上下限要求进行补货作业（从重型货架区补货至重型散货区）。重型散货区库存信息见表4-8-6。要求SKU

存量低于下限时启动补货作业，并且以箱为单位补货。请判断哪些商品需要补货，填写补货作业单（见表4-8-7），并完成补货作业实操训练。

表4-8-6　　　　　　　　　　　　　重型散货区库存信息表

序号	商品名称	货位地址	库存数量（件）	库存上下限（件）
1	嘉嘉黄瓜味薯片	S2-01-01-01	31	45/30
2	九阳五黑五红豆乳粉	S2-01-02-01	28	40/15
3	亚可喜甘草杏	S2-01-03-01	4	50/20
4	太平海盐苏打饼干	S2-01-04-01	8	40/15

表4-8-7　　　　　　　　　　　　　补货作业单

序号	品名	源货位	目标货位	补货数量

效果评价

"移库补货"技能训练评价见表4-8-8。

表4-8-8　　　　　　　　　　　　"移库补货"技能训练评价

考核项目	考核内容	得分	备注
训练任务（集体50%）	学习态度端正（10分）		
	按时上交完成（10分）		
	团队分工协作（10分）		
	积极主动训练（10分）		
	移库操作正确（25分）		
	补货单填写正确（10分）		
	补货操作正确（25分）		
	合计		
练习任务（个人50%）	学习态度端正（10分）		
	按时上交完成（10分）		
	独立自主完成（10分）		
	积极主动训练（10分）		
	移库操作正确（25分）		
	补货单填写正确（10分）		
	补货操作正确（25分）		
	合计		
总分			
小组名称		小组成员	
自我评价			
教师点评			

项目5　配送管理

【项目概要】

配送是根据客户要求，对货物进行分类、拣选、集货、包装、组配等作业，并送达指定地点的物流活动。配送是物流活动中一种非单一的业务形式，与商流、物流、资金流等紧密结合，是包括了物流活动中大多数必要因素的一种业务形式，可以看成物流的一个缩影或在某小范围内物流活动的体现，是以现代送货形式实现资源的最终配置的经济活动。

本项目以优化配送活动、提高配送效率为目标，通过给出的配送业务资料，依据《即时配送服务规范》（GB/T 42500—2023）、《绿色仓储与配送要求及评估》（GB/T 41243—2022）、《电子商务冷链物流配送服务管理规范》（GB/T 39664—2020）、《商品无接触配送服务规范》（GB/T 39451—2020）等，进行订单分析、客户分析、拣选、配载等实训，使学生掌握配送作业内容和相应的管理方法。

【项目导学】

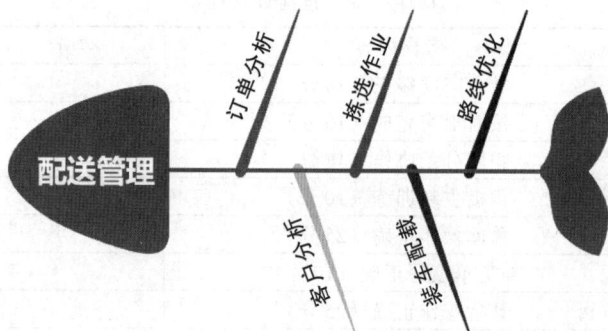

技能训练 5.1
订单分析

- ■ 实训目标
- ■ 实训要求
- ■ 实训过程
- ■ 技能强化
- ■ 效果评价

■ **实训目标**

知识目标：

（1）了解订单结构和内容。

（2）熟悉订单错误的类型。

（3）掌握订单处理的流程。

能力目标：

（1）能够查找订单错误。

（2）能够处理问题订单。

素养目标：

（1）培养学生的认真态度和责任意识。

（2）培养学生的严谨思维和沟通能力。

■ **实训要求**

（1）事先分组，每4~6名同学分为1组，每组选出1名组长，相互协作，共同完成任务，需要提交小组作业和个人练习作业。

（2）用电脑完成，需要在机房上课。

实训过程 //////////○○○○○○○○

任务发布

技能训练5.1

表单下载

2023年6月7日，某物流配送中心收到一份天天超市订单（见表5-1-1），已知天天超市客户档案资料（见表5-1-2）及该配送中心现有库存情况（见表5-1-3），根据所学知识对订单有效性进行分析，并将分析结果上报主管张三。

表5-1-1

天天超市订单

订货单位：天天超市		客户类型：A类客户			订单号：2023060701	
序号	商品名称	规格型号	单位	数量	单价（元）	金额（元）
1	农夫山泉	24瓶×550ml	箱	28	24	672
2	蜂圣牌蜂王浆冻干粉片	32袋×500g	箱	72	320	23 040
3	天王牌大豆酶解蛋白粉	30袋×500g	箱	43	450	19 350
4	康师傅矿物质水	24瓶×390ml	箱	255	12	660
5	诚诚油炸花生仁	20袋×450g	箱	20	40	800
6	利鑫达板栗	12袋×500g	箱	61	60	3 660
合　计						48 182
订货单位联系人		李四		联系电话		
送货日期		2022-09-10				

表5-1-2

天天超市客户档案

公司名称	天天超市			客户编号		20060504	
法定代表人	王细红	家庭地址	杭州市下城区美丽家园12号		联系方式		86554489
证件类型	营业执照	证件编号	210102197512172052		营销区域		下城区
公司地址	杭州市下城区星潮王路8号		邮编	310014	联系人		陈洁
办公电话	88654896	家庭电话	84338906		传真号码		88654897
开户银行	杭州商业银行		银行账号	3133386439896423156			
公司性质	民营	所属行业	零售业	注册资金	400万元	经营范围	食品、办公用品
信用额度	45万元	忠诚度	高	满意度	高	应收账款	42万元
客户类型	重点型		客户级别		A		
建档时间	2006年5月		维护时间	2022年8月			

表5-1-3 库存情况

商品名称	规格型号	库存数量（箱）	单价（元）
农夫山泉	24瓶×550ml	136	24
蜂圣牌蜂王浆冻干粉片	32袋×500g	288	320
大王牌大豆酶解蛋白粉	30袋×500g	138	450
康师傅矿物质水	24瓶×390ml	169	12
诚诚油炸花生仁	20袋×450g	256	40
利鑫达板栗	12袋×500g	172	60
吉欧蒂亚干红葡萄酒	24瓶×550ml	64	3 200
小师傅方便面	24袋×500g	147	60
休闲黑瓜子	32袋×500g	54	150
好娃娃薯片	20袋×450g	134	60
金多多婴儿营养米粉	12袋×500g	60	120

♻ 背景知识

1. 订单处理流程（如图5-1-1所示）

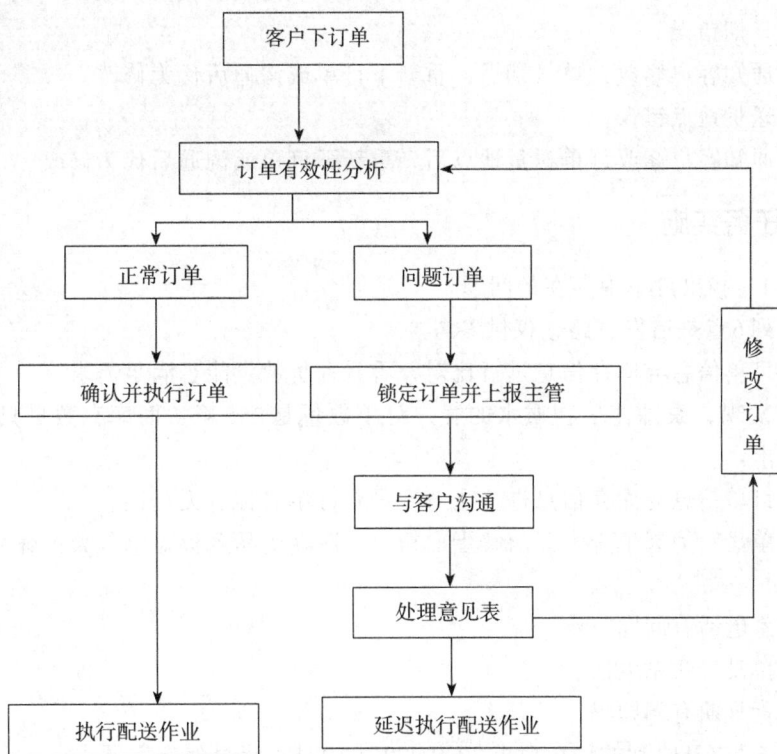

图5-1-1 订单处理流程

2.问题订单类型及处理

（1）订单内容问题。

①订单所需货物本配送中心没有。

处理：通知客户无此货物，更换货物或延迟配送，等待该货物入库后发货。

②订单金额错误。

处理：通知客户修改金额，重新下订单或确认后代为修改。

③订单所需货物数量大于库存量。

处理：通知客户，客户可以选择本次作业不予配送该货物，下次一并配送，或者先按库存最大量配送，剩余数量下次配送补齐。

④订单模糊不清。

处理：要求客户重新下订单。

（2）订单客户问题。

①客户订单金额超出信用额度。

处理：通知客户货款到账后再执行该订单。

②订单客户未签字。

处理：通知客户，在退回的原订单上签字再下订单。

（3）订单其他问题。

①订单联系方式错误。

处理：通知客户修改联系方式后，重新下订单或沟通后代为修改。

②订单日期错误。

处理：通知客户修改订单日期后，重新下订单或沟通后代为修改。

③订单送货地点错误。

处理：通知客户修改订单送货地点后，重新下订单或沟通后代为修改。

任务实施

★步骤1：找出订单中存在的问题。

下面所列6点是启发思路，仅供参考。

（1）将订单信息与库存信息进行比对，看看存货数量能否满足需求。

经比对发现，康师傅矿物质水的客户订单数量是255箱，而库存数量只有169箱，不能满足需求。

（2）将订单信息与库存信息进行比对，看看订单名称有无错误。

客户订单显示为天王牌大豆酶解蛋白粉，而库存商品名称显示是大王牌大豆酶解蛋白粉。

（3）联系电话有问题吗？

客户订单没有联系电话。

（4）送货日期有问题吗？

2023年6月7日收到的订单要求2022年9月10日送货显然有问题。

（5）剩余信用额度够吗？

剩余信用额度是用信用额度减去应收账款。应收账款是赊销的款项，货已经发出但没有收到款项，按照权责发生制计入应收账款项目下，所以在计算剩余信用额度时应把应收账款减掉。剩余信用额度只有3万元（45−42），而订货金额为4.8182万元，超过剩余信用额度，应视为无效，需要与客户沟通后再做进一步处理。

（6）订单金额是否有问题？

康师傅矿物质水的订单金额有问题。

★步骤2：处理订单。

（1）处理问题订单时首先要区分问题的严重程度。

如果问题较为严重，比如存在较大金额的错误或者是订单金额超出信用额度等要及时与客户沟通，并要求客户重新下单。如果不是很严重的问题，比如订单中没有联系方式，可以与客户沟通后帮客户填上即可。

（2）原则性和灵活性相结合。

订单是具有合同性质的单证，所以在处理订单时要坚持必要的原则性，也要考虑客户的满意和方便，可以适当灵活些。有些小问题可以不必要求客户重新下单。另外，订单问题要一并提出，需要修改的地方要一次完成，这样可以方便客户。

（3）加强与客户的沟通和协商。

在处理订单时要加强与客户的沟通和协商，争取客户的理解和支持，并要从客户的角度思考问题，客户满意度是处理订单时需要考虑的重要因素。

（4）及时向主管领导汇报必要的信息。

订单有较为严重的问题时一定要及时向主管领导汇报。这里需要注意的是向主管领导汇报是为了得到主管领导的支持和指导，而不是将问题汇报给领导然后由领导来处理这些问题。

【课堂讨论】

有何种办法可以避免订单地址、电话、客户名称、订单金额等出现低级错误，减少业务人员工作量？

技能强化

2023年6月11日，某物流配送中心收到A、B两个客户订单（分别见表5-1-4和表5-1-5），已知现有库存情况（见表5-1-6），假定A、B两客户的信用额度都是5万元，A客户的应收账款是3万元，B客户的应收账款是1万元。

要求：根据所学知识对订单有效性进行分析，并将分析处理结果上报主管张三。

表5-1-4　　　　　　　　　　　　　　　　　　**A客户订单**

订货单位：老百姓大药房			电话：82031456				
地址：长沙市岳麓区			订货日期：2023年6月11日				
序号	药品名称	药品规格	数量	重量（kg）	体积（cm³）	单价（元）	总价（元）	备注
1	银翘解毒丸	9g×10s	50盒	6.75	8×4×5	5.5	275	有货
2	逍遥丸	200s浓缩丸	100瓶	1.6	2×3×4	5	500	有货
3	云南白药胶囊	0.25g×32s	150瓶	0.4	3×5×6	17	2 550	有货
4	三维鱼肝油乳（成）	500g	20瓶	10	5×4×5	15	300	有货
5	阿莫西林胶囊	0.25g×10s×5g	150盒	0.75	4×3×5	3.6	540	有货
6	保和丸	9g×10s 大蜜丸	60盒	1.5	5×4×2	10	600	有货

交货日期：2023年6月15日17时

交货地点：长沙市岳麓区老百姓大药房

订单形态：☑一般交易　□现销式交易　□间接交易　□合约交易　□寄库交易　□其他

加工包装：无

配送方式：☑送货　□自提　□其他

用户信用：□一级　□二级　☑三级　□四级　□五级

制单：胡谦　　　　审核：张晓

表5-1-5　　　　　　　　　　　　　　　　　　**B客户订单**

订货单位：宁康大药房			电话：82031201				
地址：长沙市芙蓉区			订货日期：2023年6月11日				
序号	药品名称	药品规格	数量	重量（kg）	体积（cm³）	单价（元）	总价（元）	备注
1	加味逍遥丸	6g×10袋 水丸	50盒	0.4	4×3×8	5	250	
2	健儿消食片	0.3g×100s	60瓶	1.6	3×2×4	6	360	
3	保和丸	9g×10s 大蜜丸	80盒	0.72	5×4×2	10	800	
4	盐酸氨溴索口服溶液	10ml；30g×60袋	10盒	1.7	5×4×3	29.1	291	
5	阿莫西林胶囊	0.25g×10s×5板	80盒	1.5	6×4×2	14.5	1160	

交货日期：2023年6月14日

交货地点：长沙市芙蓉区宁康大药房

订单形态：☑一般交易　□现销式交易　□间接交易　□合约交易　□寄库交易　□其他

加工包装：无

配送方式：☑送货　□自提　□其他

用户信用：□一级　□二级　☑三级　□四级　□五级

制单：李四　　　　审核：张三

表5-1-6 库存情况

药品名称	药品规格	单位	单价（元）	每箱包装数量	库存数量（箱）	已拣货数量
银翘解毒丸	9g×10s	盒	5.5	100盒	100	230盒
逍遥丸	200s浓缩丸	瓶	5.5	200瓶	80	200瓶
加味逍遥丸	6g×10袋 水丸	盒	5	100盒	47	120盒
小儿消食片	0.3g×100s	瓶	6	200瓶	110	360瓶
消栓再造丸	9g×10s	盒	12	50盒	2	100盒
保和丸	9g×10s 大蜜丸	盒	10	100盒	86	190盒
盐酸氨溴索口服溶液	10ml：30mg×60袋	盒	29.5	20盒	4	40盒
云南白药胶囊	0.25g×32s	瓶	17	200瓶	150	550瓶
阿莫西林胶囊	0.25g×10s×5板	盒	14.5	200盒	2	400盒

效果评价

"订单分析"技能训练评价，见表5-1-7。

表5-1-7 "订单分析"技能训练评价

考核项目	考核内容	得分	备注
训练任务（集体50%）	学习态度端正（10分）		
	按时上交完成（10分）		
	团队分工协作（10分）		
	积极主动训练（10分）		
	订单的问题能够正确指出（30分）		
	订单的问题能够正确处理（30分）		
	合计		
练习任务（个人50%）	学习态度端正（10分）		
	按时上交完成（10分）		

考核项目	考核内容	得分	备注
练习任务 （个人50%）	独立自主思考（10分）		
	积极主动训练（10分）		
	订单的问题能够正确指出（30分）		
	订单的问题能够正确处理（30分）		
	合计		
总分			
小组名称		小组成员	
自我评价			
教师点评			

技能训练 5.2
客户分析

■ 实训目标
■ 实训要求
■ 实训过程
■ 技能强化
■ 效果评价

■ **实训目标**

知识目标：

（1）了解客户优先权的含义和作用。

（2）熟悉客户优先权的影响因素。

（3）掌握客户优先权分析的思路。

能力目标：

（1）能根据客户资料及订单信息确定优先权。

（2）能根据客户优先权制订库存分配计划。

素养目标：

（1）培养学生勤学善思的学习态度。

（2）培养学生科学严谨的逻辑思维。

■ **实训要求**

（1）事先分组，每4～6名同学分为1组，每组选出1名组长，相互协作，共同完成任务，需要提交小组作业和个人练习作业。

（2）用Excel完成任务，需在机房上课，电脑安装office2010以上版本。

实训过程 //////////

🎧 **任务发布**

已知：4家客户档案资料（分别见表5-2-1、表5-2-2、表5-2-3、表5-2-4），客户订单信息（分别见表5-2-5、表5-2-6、表5-2-7、表5-2-8）及库存情况（见表5-2-9）。

表5-2-1 　　　　　　　　　　客户档案（1）

客户编号	20220504				
公司名称	天天超市			代码	TT
法定代表人	王细红	家庭地址	杭州市西湖区和家园5-2-502	联系方式	86554489
证件类型	营业执照	证件编号	120106754788763	营销区域	西湖区
公司地址	杭州市西湖区潮王路243号		邮编	310005	联系人	陈洁
办公电话	88654896	家庭电话	84338906	传真号码	88654897
开户银行	杭州商业银行	银行账号	31333864398964231566		
公司性质	民营	所属行业	零售业	注册资金	400万元	经营范围	食品、办公用品
信用额度	50万元	忠诚度	高	满意度	高	应收账款	42万元
客户类型	普通型	客户级别	B		
建档时间	2006年5月	维护时间	2022年2月		

表5-2-2 　　　　　　　　　　客户档案（2）

客户编号	20220105				
公司名称	惠民超市			代码	HM
法定代表人	何锡文	家庭地址	杭州市江干区定海路百年家园3-301	联系方式	83438679
证件类型	营业执照	证件编号	120103789346338	营销区域	江干区
公司地址	杭州市江干区庆春东路193号		邮编	310020	联系人	易继培
办公电话	82641893	家庭电话	87827463	传真号码	82641890
开户银行	中国农业银行庆春支行	银行账号	1566331510296580		
公司性质	民营	所属行业	零售业	注册资金	2 000万元	经营范围	食品、日用品、办公用品
信用额度	180万元	忠诚度	高	满意度	高	应收账款	152.5万元
客户类型	重点型	客户级别	A		
建档时间	2009年1月	维护时间	2022年5月		

表5-2-3　　　　　　　　　　　　　　客户档案（3）

客户编号	20221206				
公司名称	四季青商贸有限公司			代码	SJQ
法定代表人	聂华	家庭地址	杭州市西湖区大华西溪风情别墅12号	联系方式	87918998
证件类型	营业执照	证件编号	120243132587676	营销区域	杭州市区
公司地址	杭州西湖区体育场路56号	邮编	310005	联系人	葛高峰
办公电话	83287689	家庭电话	86858957	传真号码	83287688
开户银行	杭州商业银行	银行账号		3133387965687971234	
公司性质	中外合资	所属行业	商业	注册资金	3 200万元	经营范围	食品、日用品、办公用品
信用额度	200万元	忠诚度	高	满意度	高	应收账款	99.5万元
客户类型	母公司		客户级别	A	
建档时间	2001年12月		维护时间	2022年3月	

表5-2-4　　　　　　　　　　　　　　客户档案（4）

客户编号	20220807				
公司名称	万家乐超市			代码	WJL
法定代表人	毛艺红	家庭地址	杭州市滨江区江虹小区丹香苑11-2-803	联系方式	67655865
证件类型	营业执照	证件编号	120108754377888	营销区域	滨江、萧山区
公司地址	杭州市滨江区滨康路43号	邮编	310051	联系人	唐妙丽
办公电话	63876590	家庭电话	68657973	传真号码	63876591
开户银行	杭州联合银行	银行账号		965965357899765	
公司性质	中外合资	所属行业	零售业	注册资金	1 600万元	经营范围	食品、日用品、办公用品
信用额度	150万元	忠诚度	一般	满意度	高	应收账款	125万元
客户类型	重点型		客户级别	A	
建档时间	2008年8月		维护时间	2022年5月	

表5-2-5 　　　　　　　　　　　客户订单信息（1）

订货方编号		A01		订货单位名称		万家乐超市	
订货单位联系人		张 三		订货单位联系电话		80885888	
序号	名称	商品条码	单位	数量	单价（元）	金额（元）	
1	康师傅矿物质水	6920459905395	箱	13	12	156	
2	农夫山泉	6921168592555	箱	8	15	120	
3	田七牙膏	6903495120021	箱	20	35	700	
4	卷筒卫生纸	6948301000517	箱	5	20	100	
5	夏士莲香皂	6902088306125	箱	6	50	300	
总计	人民币大写：壹仟叁佰柒拾陆元整					1 376	

经办人：张三　　　　　　　　　部门主管：王伟

表5-2-6 　　　　　　　　　　　客户订单信息（2）

订货方编号		B01		订货单位名称		惠民超市	
订货单位联系人		李四		订货单位联系电话		80885999	
序号	名称	商品条码	单位	数量	单价（元）	金额（元）	
1	康师傅矿物质水	6920459905395	箱	10	12	120	
2	农夫山泉	6921168592555	箱	6	15	90	
3	田七牙膏	6903495120021	箱	18	35	630	
4	鲁花坚果调和油	6916168618220	箱	4	300	1 200	
5	卷筒卫生纸	6948301000517	箱	6	20	120	
总计	人民币大写：贰仟壹佰陆拾元整					2 160	

经办人：李四　　　　　　　　　部门主管：王四

表5-2-7 　　　　　　　　　　　客户订单信息（3）

订货方编号		C01		订货单位名称		四季青商贸有限公司	
订货单位联系人		王五		订货单位联系电话		80885777	
序号	名称	商品条码	单位	数量	单价（元）	金额（元）	
1	康师傅矿物质水	6920459905395	箱	16	12	192	
2	农夫山泉	6921168592555	箱	6	15	90	
3	田七牙膏	6903495120021	箱	15	35	525	
4	鲁花坚果调和油	6916168618220	箱	4	300	1 200	
5	夏士莲香皂	6902088306125	箱	8	50	400	
总计	人民币大写：贰仟肆佰零柒元整					2 407	

经办人：王五　　　　　　　　　部门主管：王六

表5-2-8		客户订单信息（4）					
订货方编号		D01	订货单位名称			天天超市	
订货单位联系人		赵六	订货单位联系电话			80885666	
序号	名称	商品条码	单位	数量	单价（元）		金额（元）
1	康师傅矿物质水	6920459905395	箱	20	12		240
2	农夫山泉	6921168592555	箱	30	15		450
3	田七牙膏	6903495120021	箱	26	35		910
4	夏士莲香皂	6902088306125	箱	32	50		1 600
5	鲁花坚果调和油	6916168618220	箱	2	300		600
总计	人民币大写：叁仟捌佰玖拾元整						3 800

经办人：赵六   部门主管：王七

表5-2-9		库存情况		
商品名称	规格型号	库存数量（箱）		价格（元/箱）
农夫山泉	24瓶×550ml	60		15
鲁花坚果调和油	4桶×5l	150		300
大王牌大豆酶解蛋白粉	32袋×500g	138		450
康师傅矿物质水	24瓶×390ml	39		12
诚诚油炸花生仁	20袋×450g	256		40
田七牙膏	12盒×150g	80		35
卷筒卫生纸	24卷×550mm	30		20
康师傅红烧牛肉面	24袋×500g	15		60
休闲黑瓜子	32袋×500g	54		150
好娃娃薯片	20袋×450g	134		60
夏士莲香皂	24块×100g	86		50

要求：

（1）确定客户优先权，并能体现出分析过程。

（2）根据客户优先权及客户订单制作库存分配计划表。

♻ **背景知识**

1.客户优先权的含义

客户优先权是指按照客户的重要程度将客户排出先后顺序，当多个客户针对某一货物的要货量大于该货物库存量时，应对客户进行优先等级划分以确定各自的分配量，以及按照客户的优先权确定各自的服务水平。

2.客户优先权的评价标准

（1）根据客户与本公司的联系紧密程度。

客户与本公司的联系紧密程度，主要体现在相互间的隶属关系、资本的参与程度以及战略协同性等指标。依据此标准划分客户优先权依次为分公司、母子公司（控股公司）、参股公司、加盟公司、合作伙伴公司（重点公司）及普通公司等。

（2）根据客户的表现情况进行加权求和。

对客户对公司营业额的贡献程度、合作年限、客户级别、忠诚度等公司认为比较重要的指标，分别赋予不同的权重，并对客户按照加权求和数由高到低进行排序，从而确定客户的优先权。

任务实施

★步骤1：检查订单有无问题并处理问题订单（参考技能训练5.1，具体过程略）。

★步骤2：将任务中客户信息整理后填入表5-2-10。

表5-2-10 **客户信息整理**

客户名称	天天超市	惠民超市	四季青商贸有限公司	万家乐超市
忠诚度	高	高	高	一般
满意度	高	高	高	高
信用额度	50万元	180万元	200万元	150万元
客户订单总额	3 800元	2 160元	2 407元	1 376元
客户类型	普通型	重点型	母公司	重点型
应收账款	42万元	152.5万元	99.5万元	125万元

万家乐超市和惠民超市都是重点型客户，那么如何排优先顺序呢？虽然都是重点型客户，但是重要程度有不同，排序时看信用额度即可，惠民超市的信用额度大于万家乐超市，所以惠民超市排在万家乐超市前面。

依据客户与本企业的联系紧密程度排出客户优先权如下：四季青商贸有限公司、惠民超市、万家乐超市和天天超市。

★步骤3：核算每家公司订货金额是否在规定的信用额度范围内。

（1）算出剩余信用额度。

剩余信用额度是用信用额度减去应收账款。应收账款是赊销的款项，货已经发出但没有收到款项，在会计核算时按照权责发生制计入应收账款项目下，所以在计算剩余信用额度时应把应收账款减掉。

（2）核对是否在信用额度范围内。

把每家公司的订货金额汇总到一起，同各自的剩余信用额度比较，如超出剩余信用额度，那这份订单就是无效订单，不予发货。任务中每家公司的订货金额都在剩余信用额度范围内。

★步骤4：将任务书中订单及库存信息填入表5-2-11。

表5-2-11　　　　　　　　　　　　订单和库存信息整理　　　　　　　　　　　　单位：箱

产品名称	订单数量				需求总量	库存数量	供需差额
	四季青商贸限公司	惠民超市	万家乐超市	天天超市			
康师傅矿物质水	16	10	13	20	59	39	-20
卷筒卫生纸	0	6	5	0	11	30	19
田七牙膏	15	18	20	26	79	80	1
农夫山泉	6	6	8	30	50	60	10
鲁花坚果调和油	4	4	0	2	10	150	140
夏士莲香皂	8	0	6	32	46	86	40

★步骤5：制作库存货物分配计划表。

四家公司订单金额都在信用额度内。如果库存数量能同时满足订单需求就按照订单数量发货，如果库存数量不能同时满足订单需求就按照客户优先权发货，顺序如下：四季青商贸有限公司、惠民超市、万家乐超市和天天超市。将库存货物分配数量填入表5-2-12中。

表5-2-12　　　　　　　　　　　　库存货物分配计划表　　　　　　　　　　　　单位：箱

产品名称	库存货物分配数量				备注
	四季青商贸有限公司	惠民超市	万家乐超市	天天超市	
康师傅矿物质水	16	10	13	0	缺货
卷筒卫生纸	0	6	5	0	
田七牙膏	15	18	20	26	
农夫山泉	6	6	8	30	
鲁花坚果调和油	4	4	0	2	
夏士莲香皂	8	0	6	32	

★步骤6：不能及时满足需求的订单处理。

对于不能满足需求的订单要及时与客户沟通，争取客户的理解和支持，并积极地想办法予以补救。

【课堂讨论】

（1）如何建立供应商档案？

（2）是否有必要给客户分级、排序、分类？

技能强化

已知 A、B、C、D 共 4 个客户发来订单（分别见表 5-2-13、表 5-2-14、表 5-2-15、表 5-2-16）。我公司配送中心客户优先权分析评价主要通过单品利润、订单紧急程度、客户去年对该货物的需求量占总需求量的比例、客户合作年限及客户信誉度等几个指标。4 家公司具体表现情况及指标权重参数分别见表 5-2-17 和表 5-2-18。假定该 4 家公司都是普通型客户，每家公司订单都在信用额度内。

表5-2-13　　　　　　　　　　客户订单（1）

订单编号：O20220415A01　　　　　　业务单号：F20220415-10

订货方编号		A01	订货单位名称		客户A	
订货单位联系人		张 三	订货单位联系电话		80885888	
序号	名称	商品条码	单位	数量	单价（元）	金额（元）
1	康师傅矿物质水	6920459905395	箱	13	12	156
2	农夫山泉	6921168592555	箱	8	15	120
3	田七牙膏	6903495120021	箱	20	35	700
4	卷筒卫生纸	6948301000517	箱	5	20	100
5	夏士莲香皂	6902088306125	箱	6	50	300
总计	人民币大写：壹仟叁佰柒拾陆元整					1 376

经办人：　　　　　　　　部门主管：

表5-2-14　　　　　　　　　　客户订单（2）

订单编号：O20220415A02　　　　　　业务单号：F20220415-11

订货方编号		B01	订货单位名称		客户B	
订货单位联系人		李四	订货单位联系电话		80885999	
序号	名称	商品条码	单位	数量	单价（元）	金额（元）
1	康师傅矿物质水	6920459905395	箱	10	12	120
2	农夫山泉	6921168592555	箱	6	15	90
3	田七牙膏	6903495120021	箱	18	35	630
4	鲁花坚果调和油	6916168618220	箱	4	300	1 200
5	卷筒卫生纸	6948301000517	箱	6	20	120
总计	人民币大写：贰仟壹佰陆拾元整					2 160

经办人：　　　　　　　　部门主管：

表5-2-15   **客户订单（3）**

订单编号：O20220415A03   业务单号：F20220415-12

订货方编号	C01	订货单位名称		客户C	
订货单位联系人	王五	订货单位联系电话		80885777	
序号	名称	商品条码	单位	数量	单价（元）	金额（元）
1	康师傅矿物质水	6920459905395	箱	16	12	192
2	农夫山泉	6921168592555	箱	6	15	90
3	田七牙膏	6903495120021	箱	15	35	525
4	鲁花坚果调和油	6916168618220	箱	4	300	1 200
5	夏士莲香皂	6902088306125	箱	8	50	400
总计	人民币大写：贰仟肆佰零柒元整					2 407

经办人：   部门主管：

表5-2-16   **客户订单（4）**

订单编号：O20220415A04   业务单号：F20220415-13

订货方编号	D01	订货单位名称		客户D	
订货单位联系人	赵六	订货单位联系电话		80885666	
序号	名称	商品条码	单位	数量	单价（元）	金额（元）
1	康师傅矿物质水	6920459905395	箱	20	12	240
2	农夫山泉	6921168592555	箱	30	15	450
3	田七牙膏	6903495120021	箱	26	35	900
4	夏士莲香皂	6902088306125	箱	32	50	1 600
5	鲁花坚果调和油	6916168618220	箱	2	300	600
总计	人民币大写：叁仟柒佰玖拾元整					3 790

经办人：   部门主管：

表5-2-17   **公司表现情况**

客户	A公司	B公司	C公司	D公司
单品利润（十万元）	4	5	6	6.5
订单紧急程度（天）	1.2	1.6	2.4	3.6
客户去年对该货物的需求量占总需求量的比例	12%	10%	30%	48%
客户合作年限（年）	1	2	3	1
客户信誉度	优	优	良	良

表5-2-18 客户优先权评价指标的权重

评价指标	单品利润	订单紧急程度	客户去年对该货物的需求量占总需求量的比例	客户合作年限	客户信誉度
权重	0.25	0.25	0.25	0.1	0.15

要求：

（1）确定客户优先权。

（2）根据配送中心库存信息（见表5-2-19），制作库存分配计划表。

表5-2-19 配送中心库存信息

货品名称	规格型号	库存数量（箱）	价格（元/箱）
农夫山泉	24瓶×550ml	23	15
鲁花坚果调和油	4桶×5l	12	300
大王牌大豆酶解蛋白粉	32袋×500g	138	450
康师傅矿物质水	24瓶×390ml	39	12
诚诚油炸花生仁	20袋×450g	256	40
田七牙膏	12盒×150g	42	35
卷筒卫生纸	24卷×550mm	30	20
康师傅红烧牛肉面	24袋×500g	15	60
休闲黑瓜子	32袋×500g	54	150
好娃娃薯片	20袋×450g	134	60
夏士莲香皂	24块×100g	16	50

效果评价

"客户分析"技能训练评价，见表5-2-20。

表5-2-20 "客户分析"技能训练评价

考核项目	考核内容	得分	备注
训练任务（集体50%）	学习态度端正（10分）		
	按时上交完成（10分）		
	团队分工协作（10分）		
	积极主动训练（10分）		
	优先级判定正确（25分）		
	库存分配合理（25分）		
	未配送客户处理得当（10分）		
	合计		

续表

考核项目	考核内容	得分	备注
练习任务 （个人50%）	学习态度端正（10分）		
	按时上交完成（10分）		
	独立自主思考（10分）		
	积极主动训练（10分）		
	优先级判定正确（25分）		
	库存分配合理（25分）		
	未配送客户处理得当（10分）		
	合 计		
总分			
小组名称		小组成员	
自我评价			
教师点评			

技能训练 5.3
拣选作业

■ 实训目标
■ 实训要求
■ 实训过程
■ 技能强化
■ 效果评价

■ **实训目标**

知识目标：

（1）掌握货架及货位编号的意义。

（2）掌握摘果式和播种式两种拣货方式。

能力目标：

（1）能制作摘果式和播种式拣货单。

（2）能够进行摘果式和播种式拣选作业。

素养目标

（1）培养学生一丝不苟的工作态度。

（2）培养学生勇于创新的精神。

■ **实训要求**

（1）事先分组，每4~6名同学分为1组，每组选出1名组长，相互协作，共同完成任务，需要提交小组作业和个人练习作业。

（2）用电脑完成，需要在机房上课。

（3）如果有电子拣货的设施设备则可利用。

实训过程 ///////////

👩 任务发布

根据以下 3 张库存货物分配单（分别见表 5-3-1、表 5-3-2、表 5-3-3），分别绘制摘果式拣货单和播种式拣货单。拣货单设计要求如下：

技能训练5.3

表单下载

（1）规范、项目齐全、拣选作业流畅。

（2）尽可能减少拣选次数、优化拣选路径及缩短拣选时间，从而提高拣货效率。

表5-3-1　　　　　　　　　　**库存货物分配单（1）**

订货方编号	A01	订货单位名称			客户 A		
订货单位联系人	张 三	订货单位联系电话			80885888		
序号	名称	商品条码	单位	数量	单价（元）	金额（元）	分配量
1	康师傅矿物质水	6920459905395	箱	13	12	156	13
2	农夫山泉	6921168592555	箱	8	15	120	8
3	田七牙膏	6903495120021	箱	20	35	700	20
4	鲁花坚果调和油	6916168618220	箱	6	300	1 800	6
5	夏士莲香皂	6902088306125	箱	6	50	300	6

表5-3-2　　　　　　　　　　**库存货物分配单（2）**

订货方编号	C01	订货单位名称			客户 B		
订货单位联系人	王五	订货单位联系电话			80885777		
序号	名称	商品条码	单位	数量	单价（元）	金额（元）	分配量
1	康师傅矿物质水	6920459905395	箱	16	12	192	16
2	农夫山泉	6921168592555	箱	6	15	90	6
3	田七牙膏	6903495120021	箱	15	35	525	15
4	鲁花坚果调和油	6916168618220	箱	4	300	1 200	4
5	夏士莲香皂	6902088306125	箱	8	50	400	8

表5-3-3   **库存货物分配单（3）**

订货方编号	D01	订货单位名称		客户C		
订货单位联系人	赵六	订货单位联系电话		80885666		
序号	名称	商品条码	单位	数量	单价（元）	金额（元）	分配量
1	康师傅矿物质水	6920459905395	箱	20	12	240	20
2	农夫山泉	6921168592555	箱	30	15	450	30
3	田七牙膏	6903495120021	箱	26	35	910	26
4	夏士莲香皂	6902088306125	箱	32	50	1 600	32
5	鲁花坚果调和油	6916168618220	箱	2	300	600	2

♻ 背景知识

1.摘果式拣货

摘果式拣货是针对每一份订单（即每个客户）进行拣货，拣货人员或设备巡回于各个货物储位，将所需的货物取出，形似摘果。摘果式拣货如图5-3-1所示。

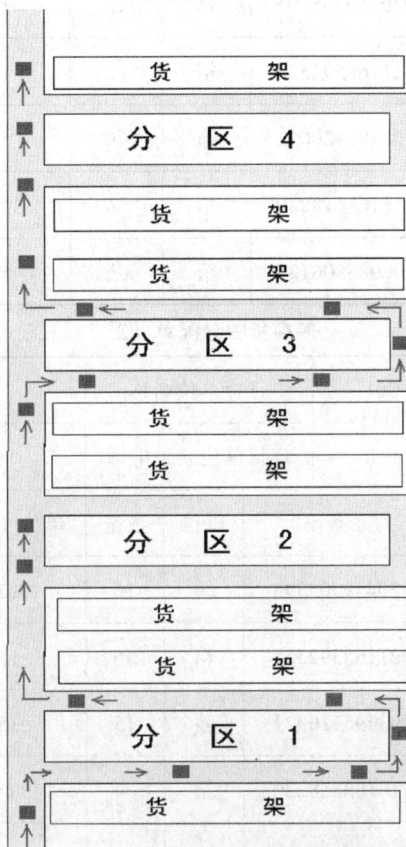

图5-3-1 摘果式拣货示意图

摘果式拣货的特点如下：

（1）每人每次只处理一份订单或一个客户，简单易操作，不容易出错。

（2）由于订单分别拣货，所以会导致行走路线长，订单较多时效率较低。

2.播种式拣货

播种式拣货是把多份订单（多个客户的要货需求）集合成一批，把相同商品汇总到一起，将多份订单需求的商品统一拣选出来后再逐个品种对订单客户进行分货，形似播种，因此称其为"商品汇总分播"更为恰当。播种式拣货如图5-3-2所示。

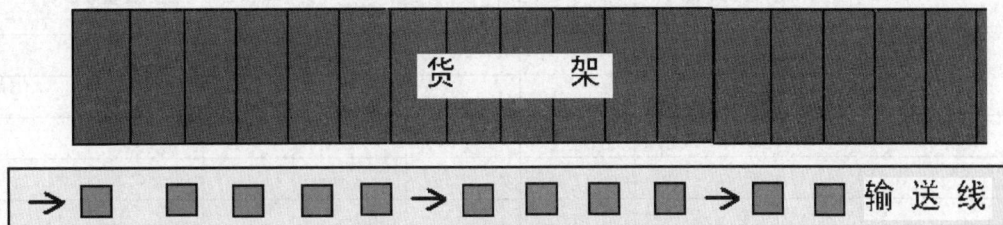

货 架

→ ■ ■ ■ ■ ■ → ■ ■ ■ → ■ ■ 输 送 线

图5-3-2 播种式拣货示意图

播种式拣货的特点如下：

（1）每次处理多份订单或多个客户，操作复杂，容易出错。

（2）由于订单需要先汇总再拣货，所以拣货时行走路线短，订单多时效率较高。

摘果式拣货和播种式拣货库房的平面布局分别如图5-3-3和图5-3-4所示。

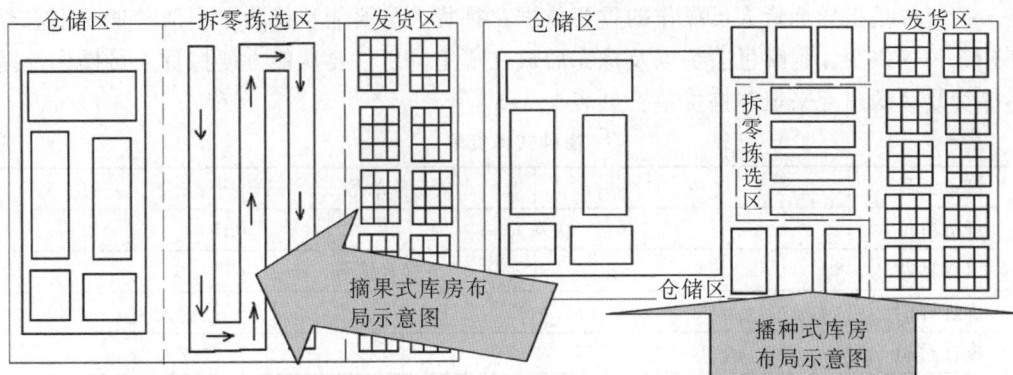

图5-3-3 摘果式拣货平面布局

图5-3-4播种式拣货平面布局

3.货物分配单与订单的关系

如果库存足够满足订单需求，那么货物分配单和订单就没有区别；如果库存货物不能完全满足客户订单需求的话，需要根据客户优先权制作库存货物分配单，这时就需要根据库存货物分配单制作拣货单。

任务实施

★步骤1：制作播种式拣货单。

由于播种式拣货是采用先将多份订单汇总到一起拣货、再按照客户需求进行分货的方式，所以只需要制作一张拣货单即可，见表5-3-4。

表5-3-4   播种式拣货单

订单编号				业务单号			
订货单位		联系人				电话	
出货日期				出货货位号			
拣货日期						拣货人	
核查时间						核查人	
货位号	货品名称	订货单位分配数量			单位	拣货数量	备注
		客户A	客户B	客户C			
月台							
托运人 （签章） 日期： 年 月 日				承运人（签章） 日期： 年 月 日			

★步骤2：将拣货数据填入播种式拣货单。

拣货单是指导拣货人员操作的重要依据，拣货人员要能从拣货单中清楚地看出需要拣什么、拣多少、到哪里去拣以及拣完后放在哪里。所以要从能方便拣货人员操作及提高拣货效率的角度来填制拣货单，见表5-3-5。

表5-3-5   播种式拣货单

订单编号	-			业务单号		-	
订货单位	-	联系人		-	电话		-
出货日期	-			出货货位号		-	
拣货日期		-			拣货人		-
核查时间		-			核查人		-
货位号	货品名称	订货单位分配数量			单位	拣货数量	备注
		客户A	客户B	客户C			
H1-01-02-01	农夫山泉	8	6	30	箱	44	
H1-01-02-02	康师傅矿物质水	13	16	20	箱	49	
H1-01-02-03	田七牙膏	20	15	26	箱	61	
H1-01-03-01	夏士莲香皂	6	8	32	箱	46	
H1-01-06-02	鲁花坚果调和油	6	4	2	箱	12	
月台		1	2	3			
托运人 （签章） 日期： 年 月 日				承运人（签章） 日期： 年 月 日			

★步骤3：制作摘果式拣货单。

由于摘果式拣货是订单分别拣选，所以要根据订单数量制作相应数量的拣货单，具体如下：

（1）客户A拣货单（见表5-3-6）。

表5-3-6　　　　　　　　　　　　　客户A拣货单

订单编号	-		业务单号		-	
订货单位	客户A	联系人		-	电话	-
出货日期	-		出货货位号		-	
拣货日期	-				拣货人	-
核查时间	-				核查人	-
货位号	货品名称		分配数量		单位	备注
H1-01-02-02	康师傅矿物质水		13		箱	
H1-01-02-01	农夫山泉		8		箱	
H1-01-02-03	田七牙膏		20		箱	
H1-01-03-01	夏士莲香皂		6		箱	
H1-01-06-02	鲁花坚果调和油		6		箱	
月台	月台3					
托运人（签章） 日期：　年　月　日			承运人（签章） 日期：　年　月　日			

（2）客户B拣货单（见表5-3-7）。

表5-3-7　　　　　　　　　　　　　客户B拣货单

订单编号	-		业务单号		-	
订货单位	客户B	联系人		-	电话	-
出货日期	-		出货货位号		-	
拣货日期	-				拣货人	-
核查时间	-				核查人	-
货位号	货品名称		分配数量		单位	备注
H1-01-02-02	康师傅矿物质水		16		箱	
H1-01-02-01	农夫山泉		6		箱	
H1-01-02-03	田七牙膏		15		箱	
H1-01-03-01	夏士莲香皂		8		箱	
H1-01-06-02	鲁花坚果调和油		4		箱	
月台	月台3					
托运人（签章） 日期：　年　月　日			承运人（签章） 日期：　年　月　日			

（3）客户C摘果式拣货单（见表5-3-8）。

表5-3-8　　　　　　　　　　　客户C拣货单

订单编号	-		业务单号		-	
订货单位	客户C		联系人	-	电话	-
出货日期	-		出货货位号		-	
拣货日期	-				拣货人	-
核查时间	-				核查人	-
货位号	货品名称		分配数量		单位	备注
1	康师傅矿物质水		20		箱	
2	农夫山泉		30		箱	
3	田七牙膏		26		箱	
5	夏士莲香皂		32		箱	
4	鲁花坚果调和油		2		箱	
月台	月台3					
托运人（签章）			承运人（签章）			
日期：　年　月　日			日期：　年　月　日			

注：表5-3-5至表5-3-8中的"-"为省略的地方，可根据实际情况填写。

点评：表5-3-8中的货位号是按照阿拉伯数字排列的，这样排列会增加找寻货位的时间，因此会降低拣货效率。

【课堂讨论】

什么时候适用摘果式拣货？什么时候适用播种式拣货？

技能强化 ////////○○○○○○○○○

拣货单是拣货人员用以完成拣货作业的依据，因此管理者所设计的拣货单应尽可能减少拣选次数、优化拣选路径及缩短拣选时间，从而提高拣货效率。拣货人员应拿到拣货单就能迅速走到货物所在的货位，而不能有寻找货物的时间。这需要在拣货单中设计出简明、高效的货位编号。根据以下3张货物分配单（分别见表5-3-9、表5-3-10、表5-3-11），绘制播种式拣货单。

表5-3-9　　　　　　　　　　　货物分配单（1）

订货方编号		A01	订货单位名称			客户A	
订货单位联系人		张三	订货单位联系电话			80885888	
序号	名称	商品条码	单位	数量	单价（元）	金额（元）	分配量
1	农夫山泉	6920459905395	箱	13	12	156	13
2	鲁花坚果调和油	6921168592555	箱	8	150	1 200	8
3	大王牌大豆酶解蛋白粉	6903495120021	箱	20	350	7 000	20
4	康师傅矿物质水	6948301000517	箱	5	20	100	5
5	诚诚油炸花生仁	6902088306125	箱	6	50	300	6

表5-3-10   货物分配单（2）

订货方编号	C01	订货单位名称		客户B		
订货单位联系人	王五	订货单位联系电话		80885777		
序号	名称	商品条码	单位	数量	单价（元）	金额（元）	分配量
1	农夫山泉	6920459905395	箱	16	12	192	16
2	鲁花坚果调和油	6921168592555	箱	6	150	900	6
3	大王牌大豆酶解蛋白粉	6903495120021	箱	15	350	5 250	15
4	康师傅矿物质水	6948301000517	箱	4	20	800	4
5	诚诚油炸花生仁	6902088306125	箱	8	50	400	8

表5-3-11   货物分配单（3）

订货方编号	D01	订货单位名称		客户C		
订货单位联系人	赵六	订货单位联系电话		80885666		
序号	名称	商品条码	单位	数量	单价（元）	金额（元）	分配量
1	农夫山泉	6920459905395	箱	20	12	240	20
2	鲁花坚果调和油	6921168592555	箱	30	150	4 500	30
3	大王牌大豆酶解蛋白粉	6903495120021	箱	26	350	9 100	26
4	康师傅矿物质水	6948301000517	箱	32	20	640	32
5	诚诚油炸花生仁	6902088306125	箱	2	50	100	2

效果评价

"拣选作业"技能训练评价，见表5-3-12。

表5-3-12   "拣选作业"技能训练评价

考核项目	考核内容	得分	备注
训练任务（集体50%）	学习态度端正（10分）		
	按时上交完成（10分）		
	团队分工协作（10分）		
	积极主动训练（10分）		
	播种式拣货单设计规范（10分）		

考核项目	考核内容	得分	备注
训练任务 （集体50%）	播种式拣货单内容正确（20分）		
	摘果式拣货单设计规范（10分）		
	摘果式拣货单内容正确（20分）		
	合计		
练习任务 （个人50%）	学习态度端正（10分）		
	按时上交完成（10分）		
	独立自主思考（10分）		
	积极主动训练（10分）		
	播种式拣货单设计规范（10分）		
	播种式拣货单内容正确（20分）		
	摘果式拣货单设计规范（10分）		
	摘果式拣货单内容正确（20分）		
	合计		
总分			
小组名称		小组成员	
自我评价			
教师点评			

技能训练 5.4
装车配载

- 实训目标
- 实训要求
- 实训过程
- 技能强化
- 效果评价

■ 实训目标

知识目标：

（1）了解装车配载的基本原则。

（2）掌握配载软件的操作方法。

（3）掌握装车作业的方法、技巧。

能力目标：

（1）能够利用配载软件制订车辆配载计划。

（2）能够根据实际货物和车辆进行装车作业。

素养目标：

（1）培养学生吃苦耐劳的工作态度。

（2）培养学生勇于创新的信息素养。

■ 实训要求

（1）事先分组，每4~6名同学分为1组，每组选出1名组长，相互协作，共同完成任务，需要提交小组作业和个人练习作业。

（2）用电脑完成，需要安装配载软件，在机房上课。

实训过程 ////////.........

技能训练5.4

表单下载

任务发布

2023年6月29日，万通物流配送中心现有一批电脑产品的配送任务，货物详细情况见表5-4-1。企业有两种类型配送车辆（为方便装车实操，选用实训模拟配送小车），见表5-4-2。请完成这批货物的配载计划，并进行装车实操训练。

表5-4-1
发货详情

名称	规格（长×宽×高）	毛重（kg）	数量（箱）
DELL键盘	430mm×210mm×270mm	25	6
DELL鼠标	360mm×220mm×230mm	33	12
HP微型计算机	395mm×295mm×275mm	33	8
HP显示器	460mm×260mm×230mm	30	6

表5-4-2
配送车辆基本情况

车型	车厢内尺寸	载重	成本（元）
大车	长1.55m、宽1.06m、高0.8m	2t	500
小车	长1.35m、宽0.90m、高0.83m	1t	300

背景知识

1.配载

配载是指充分利用运输工具的载质量和容积，采用先进的装载方法，合理安排货物的装载。配载时应注意的几点原则：

（1）轻重搭配的原则。车辆装货时，必须将重货置于底部，轻货置于上部，重心下移确保运输工具的稳定性，同时避免重货压坏轻货，以保证运输安全。

（2）大小搭配的原则。货物包装的尺寸有大有小，大小搭配以减少车厢内的空隙，确保稳固，同时充分利用了车厢的内容积。

（3）货物性质搭配原则。拼装在一个车厢内的货物，其化学性质、物理属性、灭火方法等不能互相抵触，以保证运输安全。

（4）到达同一地点的适合配装的货物应尽可能一次装载。

（5）根据车厢的尺寸、容积，货物外包装的尺寸等来确定合理的堆码层次及方法。

（6）装载时不允许超过车辆所允许的最大载重量。

（7）装载易滚动的卷状、桶状货物，要垂直摆放。

（8）货与货之间，货与车厢之间应留有空隙并适当衬垫。

（9）装货完毕，应在门端处采取适当的稳固措施，以防开门卸货时，货物倾倒砸伤人员或造成货损。

（10）尽量做到"后送先装"。

2.配载软件

配载软件主要解决单一种类货物和多种规格货物在集装箱、厢式货车、卡车、拖车、托盘和纸盒等容器中的最大装载量和最佳装载方式问题，通过优化装载方案使装载容器能够装下更多的货物，提高装载效率，从而降低企业的物流成本，提高资金使用效率。

目前市面上，配载软件种类很多，但能实现的功能相似，一般都需设置货物信息、车辆信息及装载规则。装载规则即确定货物在集装箱等容器中以何种方式装载的规则。一款装箱软件应具备的主要装载规则基本包括以下几个：

（1）货物方向设置，即货物在集装箱等中以何种摆放方向装载。

（2）最大堆码层数，同种类货物能够垂直叠加的最大层数。

（3）承重能力，不同货物的承重能力会决定不同货物的互叠方式。

（4）能否承载其他种类货物，该规则适用于货物为易碎品或其他不宜承载其他类型货物的货物。

（5）悬空比率，上层货物能够不被支撑的最大比率。

（6）容器最大载重量。

（7）优先级，即货物的装载顺序，适用于多站式装载。

（8）模拟缝隙，在需要填充缓材的情况下对填充材料占用的空间进行模拟。

（9）预留空间，确保空气流通或使集装箱等中的某部分不装货物。

（10）相同货物相邻摆放。

（11）显示容器中心和已装载货物重心。

任务实施

★步骤1：设置装箱模式。

打开软件，进入界面，选择"多货多柜"模式。

★步骤2：设置货物信息。

添加新的货物，需要填写货物的名称、长度、宽度、高度、重量等信息，如图5-4-1所示。

★步骤3：设置车辆信息。

添加新的车辆，需要填写车辆的名称、内尺寸、载重等信息。

★步骤4：设置装载规则。

选择车辆，选择货物，设置货物允许码放的方向，正放、侧放、立放是否允许；设置货物最大堆码层数、承重能力等。

★步骤5：求解。

点击按钮，进行求解，自动输出3D装车配载图，可进行多角度拖拽查看，可分步查看装车顺序和对应商品数量，也可打印装车指导书。详细装车步骤分别如图5-4-2、图5-4-3、图5-4-4、图5-4-5所示。

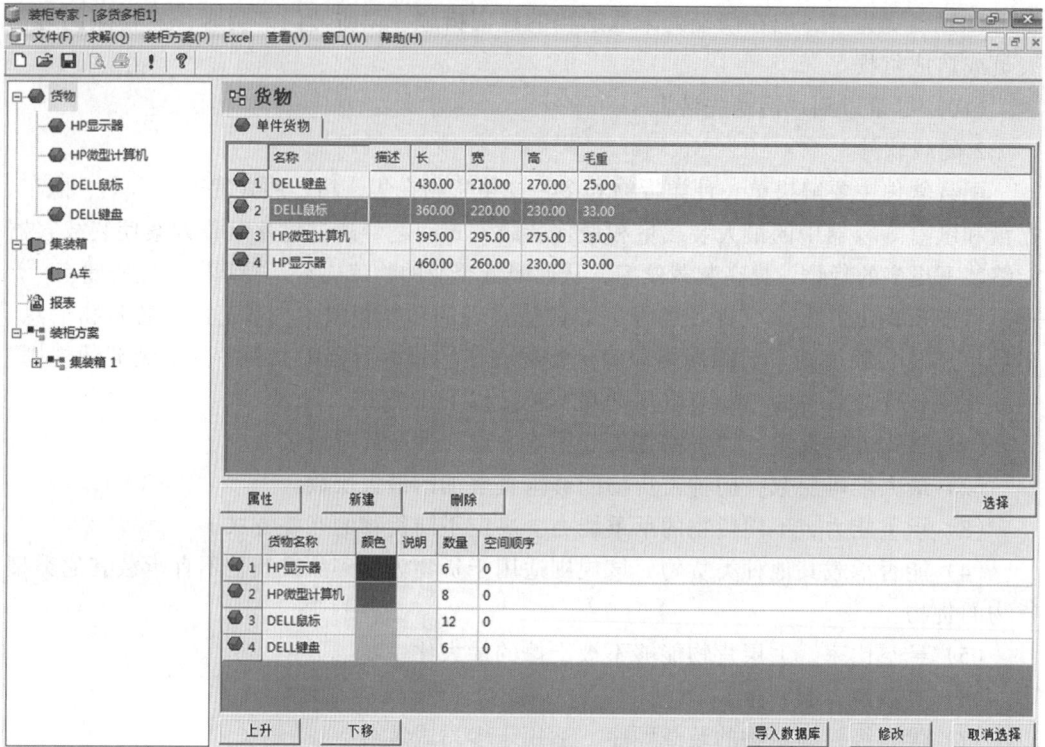

图5-4-1 设置货物信息

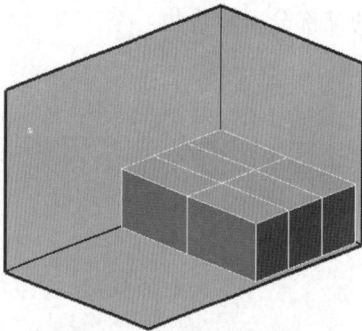

图5-4-2 装车第1步

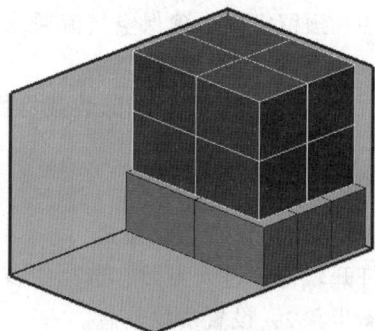

图5-4-3 装车第2步

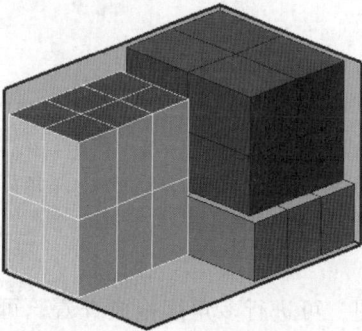

图5-4-4 装车第3步

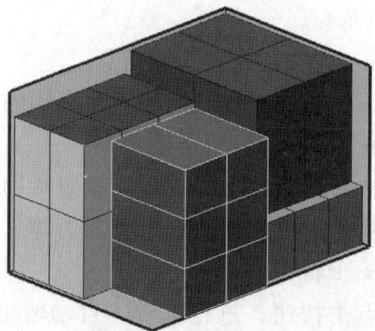

图5-4-5 装车第4步

★步骤6：现场装车。

利用实训室现有包装箱、模拟配送小车进行装车计时比赛，如不具备条件，也可以地面画线或画图的方式进行。

【课堂讨论】

(1) 有了配载软件是不是就不需要人的思考和经验了？

(2) 装车配载软件有没有弊端？

技能强化 ///////○○○○○○○○○○○

2023年6月30日，万通物流配送中心现有一批电脑产品的配送任务，货物详细情况见表5-4-3。企业有两种类型配送车辆（为方便装车实操，选用实训模拟配送小车），见表5-4-4。请完成这批货物的配载计划，并进行装车实操训练。

表5-4-3　　　　　　　　　　　　　　发货详情

名称	规格（长×宽×高）	毛重（kg）	数量（箱）
DELL键盘	430mm×210mm×270mm	25	18
DELL鼠标	230mm×220mm×360mm	33	16
HP微型计算机	395mm×295mm×275mm	33	12
HP显示器	460mm×260mm×230mm	30	8
联想笔记本电脑	295mm×245mm×240mm	24	16

表5-4-4　　　　　　　　　　　　　　配送车辆基本情况

车型	车厢内尺寸	载重	成本（元）
大车	长1.55m、宽1.06m、高0.8m	2t	500
小车	长1.35m、宽0.90m、高0.83m	1t	300

效果评价 ///////○○○○○○○○○○○

"装车配载"技能训练评价，见表5-4-5。

表5-4-5　　　　　　　　　　　"装车配载"技能训练评价

考核项目	考核内容	得分	备注
训练任务 （集体50%）	学习态度端正（10分）		
	按时上交完成（10分）		
	团队分工协作（10分）		

续表

考核项目	考核内容	得分	备注
训练任务 （集体50%）	积极主动训练（10分）		
	配载方案正确（30分）		
	按方案规范装车（30分）		
	合计		
练习任务 （个人50%）	学习态度端正（10分）		
	按时上交完成（10分）		
	独立自主思考（10分）		
	积极主动训练（10分）		
	配载方案正确（30分）		
	按方案规范装车（30分）		
	合计		
总分			
小组名称		小组成员	
自我评价			
教师点评			

技能训练5.5
路线优化

- ■ 实训目标
- ■ 实训要求
- ■ 实训过程
- ■ 技能强化
- ■ 效果评价

■ **实训目标**

知识目标：

(1) 熟悉路线优化的原则、方法。

(2) 掌握节约里程法路线优化的步骤。

(3) 掌握节约里程法的分析思路。

能力目标：

(1) 能用节约里程法完成路线优化。

(2) 能阐述节约里程法的分析思路。

素养目标：

(1) 培养学生的认真态度和责任意识。

(2) 培养学生的优化思维和节约意识。

■ **实训要求**

(1) 事先分组，每4~6名同学分为1组，每组选出1名组长，相互协作，共同完成任务，需要提交小组作业和个人练习作业。

(2) 能够体现出节约里程法路线优化的过程。

实训过程 ///////.○○○○○○○○○

任务发布

已知某配送中心P向美家（A）、美兰（B）、美鄠（C）、美麟（D）、美福（E）、美来（F）、美程（G）、美翔（H）、美乐（I）共9家公司配送货物，配送路线如图5-5-1所示，连线上的数字表示公路里程（公里），靠近各公司括号内的数字，表示各公司对货物的需求量（吨）。该配送中心备有2吨和4吨载重量的汽车，要求汽车一次巡回行走里程不能超过35公里，假设货物送到时间均符合用户需要。

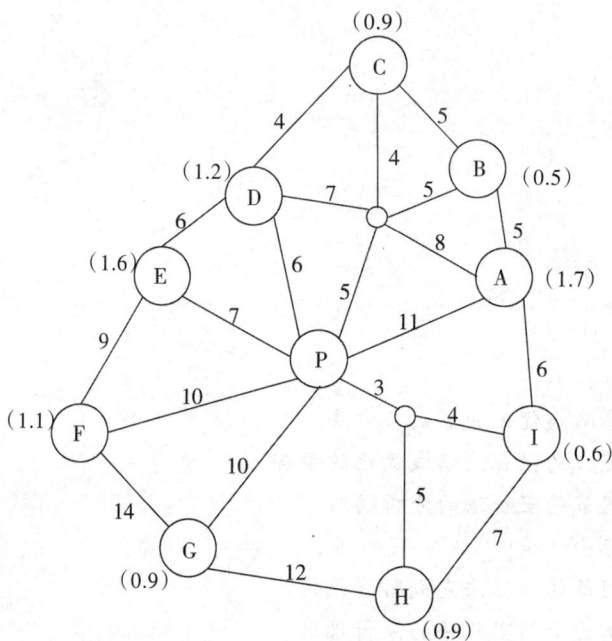

图5-5-1　配送路线图

要求：用节约里程法优化配送路线。

背景知识

1.节约里程法的基本原理

节约里程法的目标是使车辆行驶的总里程最短，并尽可能减少配送车辆的数量。其基本原理是循环配送相较不循环配送车辆会节约行走里程。不循环配送是假定每一个站点都有一辆车提供服务，随后返回配送中心，车辆行走里程是2PA+2PB，如图5-5-2所示。循环配送是将相邻两个站点合并到同一条行车路线上，这样既可以减少配送车辆，又可以相应地缩短路线里程。如图5-5-3所示，循环配送车辆行走里程是PA+PB+AB，那么循环配送相较不循环配送节约的行走里程就是2PA+2PB-（PA+PB+

AB）=PA+PB-AB。根据三角形任意两条边之和大于第三边可知，循环配送可以节省配送车辆的行走距离。

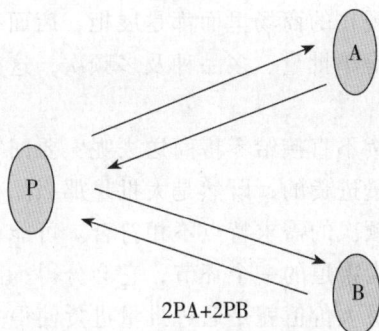

图5-5-2　不循环配送示意图

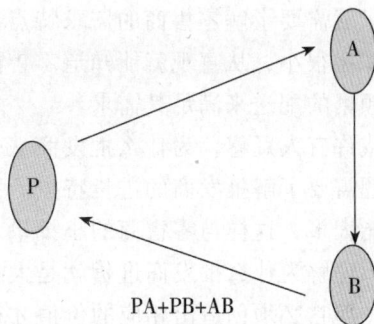

图5-5-3　循环配送示意图

2.路线优化的原则

（1）首先考虑使用吨位大的车。

（2）优先考虑路程节约多的点。

（3）要充分利用车辆的载重吨位。

（4）路线尽可能不要交叉，最好呈泪滴状。

（5）相邻配送点的货装在一辆车上。

3.配送

配送是同城、短途和末端的运输。完成配送功能需要根据客户的要求进行拆装、分拣、包装及流通加工等，并在指定的时间送到指定的地点，满足客户个性化、多样化的需求。现代物流理论中物流的众多功能里面，运输功能是最重要的。其实准确来说，应该是指运输当中的配送功能，因为配送涵盖了物流的主要功能，它是满足客户个性化需求、提高物流服务水平的重要因素，也是衡量物流发展水平的重要标志。

在很多教材里面都没有介绍清楚什么是配送，原因是没说清楚为什么要进行配送以及如何进行配送，有鉴于此，需要花点篇幅介绍一下配送的相关问题。要想真正理解配送，需要把配送放到供应链里面理解。下面仅以一个简单的供应链为例来说明，图5-5-4是一个生产企业简单的供应链。生产企业要想连续和稳定地生产，必须有稳定和连续的原材料供应，且产成品要能及时销售出去。生产企业销售通常以分销的形式完成，即产成品先由生产企业卖给批发商，然后由批发商卖给零售商，最后由零售商卖给消费者。当然企业销售形式可能是多种多样的，但这种分销的形式仍然是多数企业的主流形式。配送是同城、短途、末端的运输，这种末端的运输主要指的是图5-5-4中批发商到零售商的运输。当然也有少数实力强的物流公司给生产企业做物流配送，但大多数物流公司做物流配送是做批发商到零售商这一段，所以我们仅以这一段为例来说明配送的重要意义。

图5-5-4　供应链示意图

配送的意义或作用其实就是为什么要进行配送。为什么要进行配送呢？那一定是为了满足零售商的需求，或者说只有通过配送才能满足零售商的需求。要想满足零售商的需求，就需要了解零售商的需求特点。我们都知道现在的商场里面都是展柜，店面很大但是库房很小，从直观就能知道零售商的需求特点是小批量、多品种及多频次，这就需要用频繁的配送来满足其需求。

或许有人疑惑，为什么批发商从生产企业进完货不直接给零售商送去呢？要回答这个问题需要了解批发商的进货特点。批发商是大批量进货的，既然是大批量那么品种就不可能太多，这样与零售商的小批量、多品种、多频次的需求特点不相符合。可能有人还是不理解为什么批发商进货就是大批量的呢？作为渠道的一个环节，它会分得一部分利润，那它必须创造出相应的价值才行，批发商的最大价值就是通过批量进货使得生产企业能集中精力搞好生产。试想，如果批发商不是大批量进货那还要批发商这一环节做什么呢？配送正好解决了批发商和零售商进货特点不同的矛盾。

任务实施

★步骤1：求出各节点之间的最短距离。

任意两点间的最短距离见表5-5-1，表中第二列是P点到其他各点的最短距离，第三列是A点到其他各点的最短距离，第四列是B点到其他各点的最短距离，依此类推。需要注意的是一定要填最短距离，比如P点到B点有多条路径可走，不同路径距离不同，需要填最短距离，另外填表时一定要认真仔细，数据不能填错。

表5-5-1　　　　　　　　　　　　最短路径表　　　　　　　　　　　单位：公里

	P								
A	11	A							
B	10	5	B						
C	9	10	5	C					
D	6	14	9	4	D				
E	7	18	15	10	6	E			
F	10	21	20	19	15	9	F		
G	10	21	20	19	16	17	14	G	
H	8	13	18	17	14	15	18	12	H
I	7	6	11	16	13	14	17	17	7	I

★步骤2：根据表5-5-1计算各节点之间的节约里程。

表5-5-2是任意两点的节约里程，需要应用节约里程法的原理计算，即循环配送相较不循环配送距离节约为PA+PB-AB。比如第二列的第一个数字16是A—B两点的循环

配送的距离节约，计算为 PA+PB−AB=11+10−5=16，第二个数字 10 是 A—C 两点的循环配送的距离节约，计算为 PA+PC−AC=11+9−10=10；第三列第一个数字 14 是 B—C 两点的循环配送的距离节约，计算为 PB+PC−BC=10+9−5=14；第四列的第一个数字 11 是 C—D 两点的循环配送的距离节约，计算为 PC+PD−CD=9+6−4=11。表 5-5-2 中其他数字，依此类推。

表5-5-2　　　　　　　　　　　　　　　　　节 约 里 程 表　　　　　　　　　　　　　　　　单位：公里

	A								
B	16	B							
C	10	14	C						
D	3	7	11	D					
E	0	2	6	7	E				
F	0	0	0	1	8	F			
G	0	0	0	0	0	6	G		
H	6	0	0	0	0	0	6	H	
I	12	6	0	0	0	0	0	8	I

★步骤 3：节约里程排序。

根据表 5-5-2 按照节约里程由多到少排列，编制节约里程排序表，见表 5-5-3。

表5-5-3　　　　　　　　　　　　　　　　节 约 里 程 排 序 表　　　　　　　　　　　　　　单位：公里

序号	路径	节约里程	序号	路径	节约里程	序号	路径	节约里程
1	A—B	16	7	H—I	8	13	F—G	6
2	B—C	14	8	B—D	7	14	G—H	6
3	A—I	12	9	D—E	7	15	A—D	3
4	C—D	11	10	A—H	6	16	B—E	2
5	A—C	10	11	B—I	6	17	D—F	1
6	E—F	8	12	C—E	6	⋮		

★步骤 4：绘出配送路线示意图。

（1）确定路径 1。

确定配送路径依据表 5-5-3 和路线优化原则。根据原则（1）首先考虑使用吨位大的车，显然要选择 4 吨的车；原则（2）优先考虑路程节约多的点，A—B 两点节约里程为 16 公里排在第一，所以先把 AB 两点的货装在 4 吨的车上；原则（3）要充分利用车辆的载重吨位，AB两点的货加一起是2.2吨，要充分利用车辆的载重吨位，显然还得装货。选择里程节约第二位的B—C段，节约里程是14公里，所以把C点的0.9吨货装上车，再选择节约里程排在第三位的A—I段，把I点的货物0.6吨装上车，这样IABC这4点货物共3.7吨，不能超载所以不能再装了。路径1如图5-5-5所示。

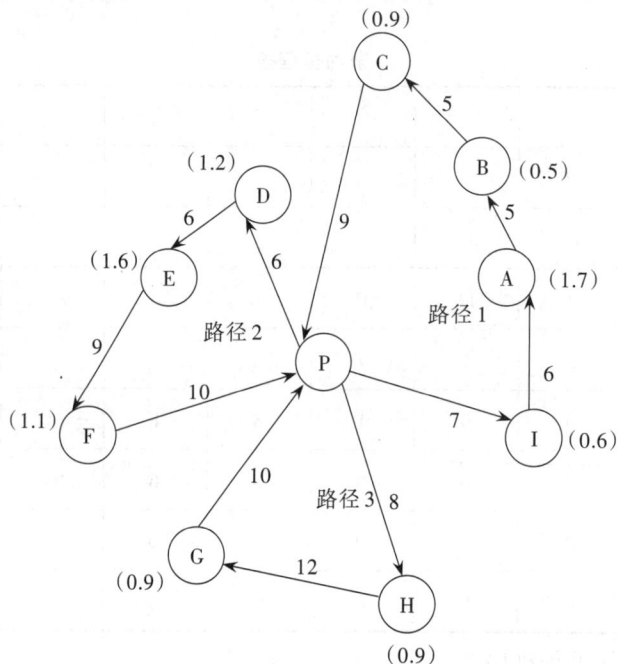

图5-5-5　路径规划

（2）确定路径2。

根据原则（1），再选一辆4吨的车，然后选择节约里程排在第四位的C—D段，把D点的1.2吨货装上车，根据原则（5），相邻配送点的货装在一辆车上，再把EF两点的货装上车，这时算一下载货吨位是3.9吨，不能再装了。这样就形成了路径2，如图5-5-5所示。

（3）确定路径3。

剩下H、G两点货物共计1.8吨，选载重量为2吨的车完成配送。我们说优先考虑吨位大的车是有前提条件的，就是货要足够多，如果只有1.8吨货了那显然选载重量为2吨的车比较合适。路径3如图5-5-5所示。

路径1（P-I-A-B-C-P）：4吨车，行32公里，载重3.7吨。

路径2（P-D-E-F-P）：4吨车，行31公里，载重3.9吨。

路径3（P-H-G-P）：2吨车，行30公里，载重1.8吨。

总共行走里程93公里，共节约里程：（16+14+12）+（8+7）+6=63（公里）。

【课堂讨论】

路径确定出来后，车辆到底是按顺时针行走还是逆时针行走呢？比如路径1，是先到C点还是先到I点？

技能强化 ⫸⫸⫸⫸⫸........

位于牡丹江市内的百家姓配送中心（P）向它旗下的 10 家连锁商店（A，B，C，…，J）配送商品，其配送网络如图 5-5-6 所示。图 5-5-6 中括号内的数字表示每一家连锁店的需求量（吨），路线上的数字表示两节点之间的距离（公里）。配送中心现有 2 吨和 4 吨车辆可供使用，并且每辆车配送巡回行走距离不得超过 35 公里。

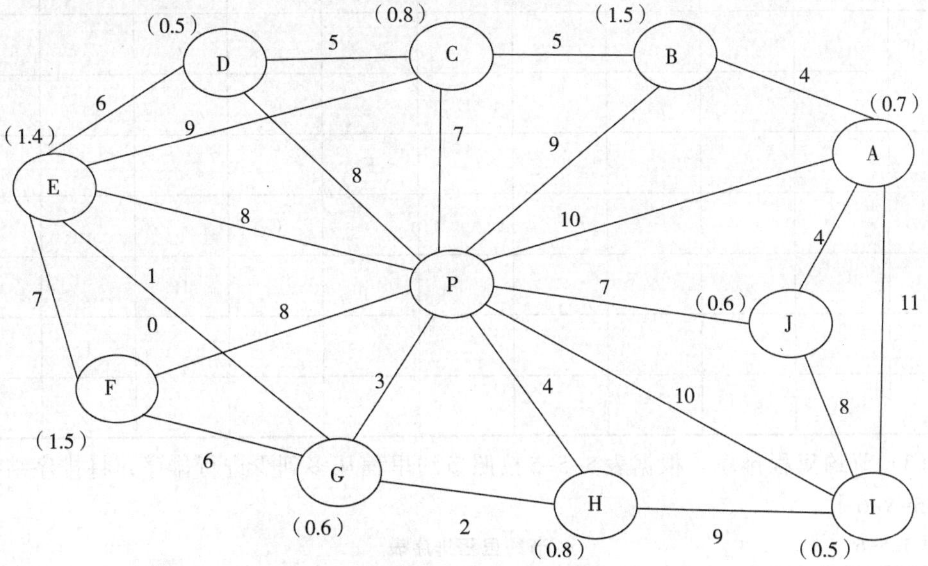

图5-5-6　配送网络示意图

要求：请为百家姓配送中心制订最优的配送方案。

（1）求出各节点间的最短距离。准确算出各节点间的最短距离，将计算结果填入表 5-5-4 中。

表5-5-4 　　　　　　　　　　　　　　　**最短路径表**　　　　　　　　　　　　　单位：公里

	P									
A		A								
B			B							
C				C						
D					D					
E						E				
F							F			
G								G		
H									H	
I										I
J										J

（2）计算各节点之间的节约里程。根据表5-5-4算出任意两点的节约里程，将结果填入表5-5-5中。

表5-5-5　　　　　　　　　　　　　　　节约里程表　　　　　　　　　　　　　　单位：公里

	A								
B	B								
C		C							
D			D						
E			E						
F				F					
G					G				
H						H			
I							I		
J								J	

（3）节约里程排序。根据表5-5-5按照节约里程从多到少进行排序，将排序结果填入表5-5-6中。

表5-5-6　　　　　　　　　　　　　　节约里程排序表　　　　　　　　　　　　单位：公里

序号	路径	节约里程	序号	路径	节约里程	序号	路径	节约里程
1								
2								
3								
4								
5								
6								

（4）绘出配送路线示意图。

效果评价

"路线优化"技能训练评价，见表5-5-7。

表5-5-7　　　　　　　　　　　**"路线优化"技能训练评价**

考核项目	考核内容	得分	备注
训练任务 （集体50%）	学习态度端正（10分）		
	按时上交完成（10分）		
	团队分工协作（10分）		
	积极主动训练（10分）		
	最短路径表填写正确（10分）		
	节约里程表填写正确（20分）		
	节约里程排序表正确（10分）		
	路线优化结果正确（20分）		
	合计		
练习任务 （个人50%）	学习态度端正（10分）		
	按时上交完成（10分）		
	独立自主思考（10分）		
	积极主动训练（10分）		
	最短路径表填写正确（10分）		
	节约里程表填写正确（20分）		
	节约里程排序表正确（10分）		
	路线优化结果正确（20分）		
	合计		
总分			
小组名称		小组成员	
自我评价			
教师点评			

项目6　成本管理

【项目概要】

物流成本管理是物流管理的重要内容，降低物流成本与提高物流服务水平构成了企业物流管理最基本的课题。物流成本管理的意义在于，通过对物流成本的有效把握，利用物流要素之间的效益背反关系，科学、合理地组织物流活动，加强对物流活动过程中费用支出的有效控制，降低物流活动中的物化劳动和活劳动的消耗，从而达到降低物流总成本，提高企业和社会经济效益的目的。

本项目以科学方法管理、降低物流成本为目标，通过给出的采购与库存资料，依据《企业物流成本构成与计算》（GB/T 20523—2006）、《物流园区绩效指标体系》（GB/T 37102—2018）、《运输通道物流绩效评估与监控规范》（GB/T 28531—2012）和《物流管理职业技能等级标准》等，制定了物流成本核算与物流绩效分析两个实训任务，使学生掌握物流成本管理的核算和分析方法，能够为企业物流进行问题诊断和提出优化意见。

【项目导学】

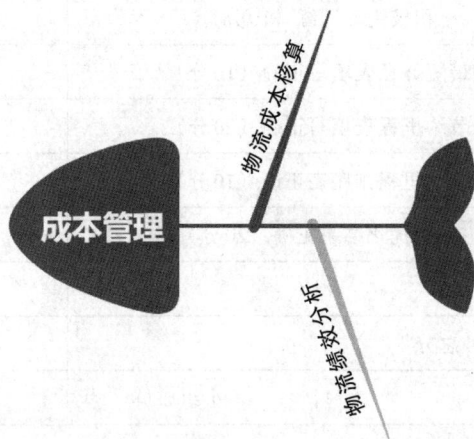

成本管理

物流成本核算

物流绩效分析

技能训练 6.1
物流成本核算

■ 实训目标
■ 实训要求
■ 实训过程
■ 技能强化
■ 效果评价

■ **实训目标**

知识目标：

（1）了解物流成本的概念和分类。

（2）掌握核算间接成本的方法。

能力目标：

（1）能够应用作业成本法分离间接费用。

（2）能够根据业务数据进行物流成本核算。

素养目标：

（1）培养学生严谨细致的工作态度。

（2）培养学生成本意识和节约意识。

■ **实训要求**

（1）事先分组，每4~6名同学分为1组，每组选出1名组长，相互协作，共同完成任务，需要提交小组作业和个人练习作业。

（2）利用Excel完成任务，需要在机房上课。

（3）能够体现间接成本分配的过程。

实训过程 //////........

技能训练6.1

表单下载

任务发布

嘉和物流2023年6月主要为美乐美和乐美乐两家连锁超市提供仓储服务，企业采用共用资源为两家提供服务，因此需要采用作业成本法对间接费用进行分摊。除此之外，企业想了解什么经费项目花费最多、以后在物流成本管理应以什么为重点。企业2023年6月份物流费用发生支出情况见表6-1-1。

表6-1-1　　　　　　　　　　嘉和物流6月物流费用情况　　　　　　　　　单位：元

序号	日期	费用名称	金额
1	2023年6月1日	信息员工资	10 000
2	2023年6月1日	质检员工资	15 000
3	2023年6月1日	叉车工工资	15 000
4	2023年6月1日	库管员工资	20 000
5	2023年6月5日	信息设备维修费	12 000
6	2023年6月5日	验收设备维修费	34 000
7	2023年6月9日	叉车折旧费	60 000
8	2023年6月11日	验收工具费	5 000
9	2023年6月15日	库房租赁费	44 000
10	2023年6月19日	出入库打包耗材费	5 000
11	2023年6月23日	存储用扎带、缠绕膜等耗材费	5 000
12	2023年6月30日	叉车燃料费	10 000
13	2023年6月30日	业务单据费	5 000
14	2023年6月30日	信息处理区水电费分摊	5 000
15	2023年6月30日	验收区水电费分摊	4 000
16	2023年6月30日	货物进出口区水电费分摊	4 000
17	2023年6月30日	存储区水电费分摊	7 000
合计			260 000

要求：

（1）按照费用发生情况及企业核算需求，确定物流成本核算方式。

（2）分析并确定物流成本核算项目。

（3）采用作业成本法核算间接成本。

♻ 背景知识

根据《物流术语》（GB/T 18354—2021），物流成本是物流活动中所消耗的物化劳动和活劳动的货币表现，包括货物在运输、存储、包装、装卸搬运、流通加工、物流信息、物流管理等过程中所耗费的人力、物力和财力的总和以及与存货有关的流动资金占用成本、存货风险成本和存货保险成本。物流成本管理就是对物流活动发生的相关成本进行计划、组织、协调与控制。

1.物流成本的构成

根据《企业物流成本构成与计算》（GB/T 20523—2006），企业物流成本包括企业物流成本项目构成、企业物流成本范围构成和企业物流成本支付形态构成3种类型，如图6-1-1所示。

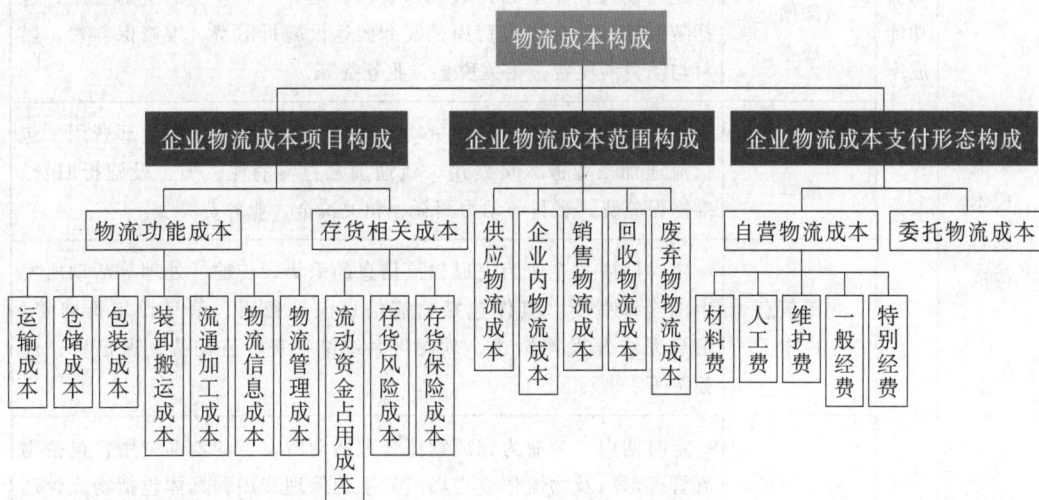

图6-1-1 企业物流成本构成

（1）按成本项目划分。

按成本项目划分，物流成本由物流功能成本和存货相关成本构成。物流功能成本包括企业在物流活动过程中所发生的运输成本、仓储成本、包装成本、装卸搬运成本、流通加工成本、物流信息成本和物流管理成本；存货相关成本包括企业在物流活动过程中所发生的与存货有关的流动资金占用成本、存货风险成本和存货保险成本，详见表6-1-2。

（2）按形成范围划分。

按物流成本形成的范围划分为供应物流成本、企业内物流成本、销售物流成本、回收物流成本以及废弃物物流成本，详见表6-1-3。

表6-1-2　　　　　　　　　　　　　企业物流成本项目构成

成本项目			成本说明
企业物流成本项目构成	物流功能成本	运输成本	一定时期内，企业为完成货物运输业务而发生的全部费用，包括运输业务人员费用，车辆（包括其他运输工具）的折旧费、维修保养费、燃料费、保险费、租赁费、养路费、过路过桥费、年检费，事故损失费，相关税金，业务费等
		仓储成本	一定时期内，企业为完成货物存储业务而发生的全部费用，包括仓储业务人员费用，仓储设施的折旧费、维修保养费，水电费，燃料与动力消耗费，相关税金，业务费等
		包装成本	一定时期内，企业为完成货物包装业务而发生的全部费用，包括包装业务人员费用，包装材料消耗，包装设施折旧费、维修保养费，包装技术设计、实施费用，包装标记的设计、印刷费，相关税金，业务费等
		装卸搬运成本	一定时期内，企业为完成货物装卸搬运业务而发生的全部费用，包括装卸搬运业务人员费用，装卸搬运设施折旧费、维修保养费，燃料与动力消耗费，相关税金，业务费等
		流通加工成本	一定时期内，企业为完成货物流通加工业务而发生的全部费用，包括流通加工业务人员费用，流通加工材料消耗，加工设施折旧费、维修保养费，燃料与动力消耗，相关税金，业务费等
		物流信息成本	一定时期内，企业为完成物流信息的采集、传输、处理等活动所发生的全部费用，具体包括物流信息人员费用，信息设施折旧费，信息系统开发摊销费，软硬件系统维护费，咨询费，通信费，业务费等
		物流管理成本	一定时期内，企业为完成物流管理活动所发生的全部费用，包括物流管理部门及物流作业现场所发生的管理费用，具体包括物流管理人员费用，差旅费，办公费，会议费，水电费，以及国际贸易中发生的报关费、检验费、理货费等
	存货相关成本	流动资金占用成本	一定时期内，企业在物流活动过程中因持有存货占用流动资金所发生的成本，包括存货占用银行贷款所支付的利息和存货占用自有资金所发生的机会成本
		存货风险成本	一定时期内，企业在物流活动过程中所发生的物品跌价、损耗、毁损、盘亏等损失
		存货保险成本	一定时期内，企业在物流活动过程中，为预防和减少因物品丢失、损毁造成的损失，而向社会保险部门支付的物品财产保险费用

表6-1-3 企业物流成本范围构成

成本项目		成本说明
企业物流成本范围构成	供应物流成本	企业在采购环节所发生的物流费用
	企业内物流成本	货物在企业内部流转所发生的物流费用
	销售物流成本	企业在销售环节所发生的物流费用
	回收物流成本	退货、返修物品和周转使用的包装容器等从需方返回企业（供方）的物流活动过程中所发生的物流费用
	废弃物物流成本	企业将经济活动中失去原有使用价值的物品，根据实际需要进行收集、分类、加工、包装、搬运、存储等，并分送到专门处理场所的物流活动过程中所发生的物流费用

（3）按支付形态划分。

按物流成本支付形态划分为自营物流成本和委托物流成本。自营物流成本由材料费、人工费、维护费、一般经费和特别经费构成；委托物流成本包括企业向外部物流机构所支付的各项费用，详见表6-1-4。

表6-1-4 企业物流成本支付形态构成

成本项目			成本说明
企业物流成本支付形态构成	自营物流成本	材料费	包括资材费、工具费、器具费等
		人工费	包括工资、福利、奖金、津贴、补贴、住房公积金、人员保险费、职工劳动保护费、按规定提取的福利基金、职工教育培训费等
		维护费	包括各类物流设施设备的折旧费、维护维修费、租赁费、保险费、税金、燃料与动力消耗费等
		一般经费	包括办公费、差旅费、会议费、通信费、咨询费、水电费、煤气费以及各物流功能成本在材料费、人工费和维护费3种支付形态之外反映的费用细目
		特别经费	包括存货流动资金占用费，存货跌价、损耗、盘亏和毁损费，存货保险费
	委托物流成本		包括企业向外部物流机构所支付的各项费用

2.物流成本核算的方法

（1）按支付形态核算物流成本。

按照表6-1-4所列项目进行成本核算，可以了解物流成本总额，也可以了解什么经费项目花费最多。这对认识物流成本合理化的重要性，以及考虑物流成本管理应以什么为重点，十分有效。

（2）按物流功能核算物流成本。

按照表6-1-2所列项目进行成本核算，从这种方法可以看出哪种功能更耗费成本，比按支付形态核算成本的方法能更加容易找出阻碍实现物流合理化的症结，而且可以核算出标准物流成本（单位个数、质量、容器的成本），为作业管理设定合理化目标。

（3）按适用对象核算物流成本。

按适用对象核算物流成本，可以分析出物流成本都用在哪一种对象上。如可以分别把商品、地区、顾客或营业单位作为适用对象来进行计算。

按支店或营业所核算物流成本，就是要算出各营业单位物流成本与销售金额或毛收入的对比，用来了解各营业单位物流成本中存在的问题，以加强管理。

按顾客核算物流成本的方法，又可分为按标准单价计算和按实际单价计算两种计算方式。按顾客计算物流成本，可用来作为选定顾客、确定物流服务水平等的参考。

按商品核算物流成本是指通过把按功能计算出来的物流费，用各自不同的基准，分配到各类商品的方法计算出来的物流成本。这种方法可以用来分析各类商品的盈亏，在实际运用时，要考虑进货和出货差额的毛利率与商品周转率之积的交叉比率。

3.物流作业成本法

（1）定义。

根据《物流术语》（GB/T 18354—2021），物流作业成本法是以特定物流活动成本为核算对象，通过成本动因来确认和计算作业量，进而以作业量为基础分配间接费用的物流成本管理方法。

（2）原理。

作业成本法的理论基础是：生产导致作业的发生，作业消耗资源并导致成本的发生，产品消耗作业，因此作业成本法下成本计算程序就是把各种资源成本分配给各作业，再将各作业成本分配给最终产品或劳务。也就是说，它是以作业为基础，把企业消耗的资源按资源动因分配到作业，以及把作业收集的作业成本按作业动因分配到成本对象的核算方法。

（3）步骤。

应用作业成本法核算企业物流成本并进行管理可分为如下4个步骤：

①确定作业内容。界定企业物流业务中涉及的各个作业。作业是工作的各个单位，作业的类型和数量会随着企业的不同而不同。例如，一项运输业务的作业包括接单、调度、发货、运输、交付5项作业内容。

②确定资源成本库。资源是成本的源泉，一个企业的资源包括人工、材料、燃料等。资源的界定是在作业界定的基础上进行的，每项作业涉及相关的资源，与作业无关的资源应从物流核算中剔除。

③确定作业动因。作业决定着资源的耗用量，作业动因反映了成本对象对资源消耗的逻辑关系。例如，检验更多的产品会产生更多的检验费用，故按检验产品的数量（此处作为作业动因）把检验费这项成本分配到相应的客户中去。

④ 计算作业成本。首先，确定作业分配系数：

作业分配系数=作业成本÷作业量

接下来，将作业成本分配到产品或服务中：

作业成本=作业分配系数×作业动因数

任务实施

★步骤1：确定成本核算方式。

因为嘉和物流想要分别核算为两家客户物流服务的成本，因此需要按对象核算，又因为两家客户共用资源，为间接物流成本，还需要采用作业成本法进行成本分摊，同时结合企业想了解什么经费项目花费最多、以后在物流成本管理应以什么为重点，还需要按支付形态核算物流成本。综上所述，本任务中嘉和物流应按支付形态确定成本核算项目、采用作业成本法分摊两家客户的间接成本。

★步骤2：确认物流成本核算项目。

根据已确定的物流成本核算方式，需要对核算月中发生的费用按照支付形态进行甄别和统计，可参考表6-1-4。例如，因为各类物流设施设备的折旧费、维护维修费、租赁费、保险费、税金、燃料与动力消耗费等都属于维护费，因此6月5日发生的信息设备维修费、验收设备维修费，6月15日发生的库房租赁费、6月9日计提的叉车折旧费、6月30日发生的叉车燃料费，都属于维护费，因此维护费总计发生160 000元。其他项目依此类推，最终列出按支付形态确定的费用项目及其发生额，见表6-1-5。

表6-1-5   物流成本支付形态汇总表   单位：元

项目序号	支付形态费用项目	明细序号	支付明细	相关费用
1	人工费	1	信息员工资	10 000
		2	质检员工资	15 000
		3	叉车工工资	15 000
		4	库管员工资	20 000
			合计	60 000
2	维护费	1	信息设备维修费	12 000
		2	验收设备维修费	34 000
		3	叉车折旧费	60 000
		4	库房租赁费	44 000
		5	叉车燃料费	10 000
			合计	160 000

续表

项目序号	支付形态 费用项目	明细序号	支付明细	相关费用
3	材料费	1	业务单据费	5 000
		2	验收工具费	5 000
		3	出入库打包耗材费	5 000
		4	存储用扎带、缠绕膜等耗材费	5 000
			合计	20 000
4	一般经费	1	信息处理区水电费分摊	5 000
		2	验收区水电费分摊	4 000
		3	货物进出口区水电费分摊	4 000
		4	存储区水电费分摊	7 000
			合计	20 000
		总计		260 000

★步骤3：核算隐性物流成本。

（1）确定作业内容。

根据企业物流业务活动，确定作业内容为订单处理、质量检验、货物出入库、仓储管理4项。

（2）确定资源成本库。

将步骤2中核算出来的人工费、维护费、材料费、一般经费几项费用，将其费用明细，归集到相应的作业活动中。例如，信息设备维修费为订单处理作业发生，计入12 000元；验收设备维修费为质量检验作业发生，计入34 000元；叉车折旧费、叉车燃料费均为货物出入库作业发生，计入70 000元；库房租赁费为仓储管理作业发生，计入44 000元，合计160 000元。依此类推，建立资源成本库表，见表6-1-6。

表6-1-6　　　　　　　　　　　资源成本库表　　　　　　　　　　　单位：元

作业 费用	订单处理	质量检验	货物出入库	仓储管理	合计
人工费	10 000	15 000	15 000	20 000	60 000
维护费	12 000	34 000	70 000	44 000	160 000
材料费	5 000	5 000	5 000	5 000	20 000
一般经费	5 000	4 000	4 000	7 000	20 000
合计	32 000	58 000	78 000	92 000	260 000

（3）确定作业动因。

分析订单处理、质量检验、货物出入库、仓储管理这4项作业的成本动因。订单处理主要与订单数量相关，质量检验主要与质量检验次数相关、货物出入库主要与人工工时相关、仓储管理主要与使用仓库面积相关。作业动因表见表6-1-7。

表6-1-7　　　　　　　　　　　作业动因表

作业	成本动因
订单处理	订单数量
质量检验	质量检验次数
货物出入库	人工工时
仓储管理	使用仓库面积

（4）计算作业成本。

按照作业动因统计两家企业的订单情况及资源占用情况，见表6-1-8。

表6-1-8　　　　　　　　　　客户订单及资源占用表

项目（单元）	美乐美	乐美乐	合计
月订单总数（份）	10 000	6 000	16 000
质量检验次数（次）	600	400	1 000
货物出入库人工总工时（小时）	1 000	500	1 500
使用仓库面积（平方米）	13 000	10 000	23 000

使用作业分配系数计算公式，计算并填写作业分配系数表，见表6-1-9。

表6-1-9　　　　　　　　　　作业分配系数表

作业	订单处理	质量检验	货物出入库	仓储管理	合计
作业成本	32 000元	58 000元	78 000元	92 000元	260 000元
作业量	16 000份	1 000次	1 500小时	23 000平方米	—
作业分配系数	2元/份	58元/次	52元/小时	4元/平方米	—

根据表6-1-9的作业分配系数，即可求得客户美乐美和乐美乐两家客户的实际服务成本，见表6-1-10。

表6-1-10　　　　　　　　　　客户实际服务成本表

作业	作业分配系数	实际耗用成本动因数		实际成本（元）	
		美乐美	乐美乐	美乐美	乐美乐
订单处理	2元/份	10 000份	6 000份	20 000	12 000
质量检验	58元/次	600次	400次	34 800	23 200
货物出入库	52元/小时	1 000小时	500小时	52 000	26 000
仓储管理	4元/平方米	13 000平方米	10 000平方米	52 000	40 000
合计				158 800	101 200
总计				260 000	

【课堂讨论】

如何进行作业成本控制？

技能强化

任务发布

东买电商仓储部同时服务于甲、乙、丙共3个客户，其中甲客户为自营业务，乙、丙客户为第三方卖家。2023年6月份的物流成本见表6-1-11，资源成本库见表6-1-12、员工总工时见表6-1-13，甲、乙、丙客户订单及占用资源表见表6-1-14。请采用作业成本法核算间接成本。

表6-1-11　　　　　　　　　　　　　物流成本表　　　　　　　　　　　　　单位：元

支付明细	费用
固定资产折旧	100 000
单证处理人员工资	14 000
货物验收人员工资	14 000
货物出入库作业人员工资	18 000
仓储管理人员工资	14 000
材料费	20 000
水电费	10 000
合计	190 000

表6-1-12　　　　　　　　　　　　　资源成本库表　　　　　　　　　　　　　单位：元

费用	订单处理	货物验收	货物出入库	仓储管理	合计
人工费	14 000	14 000	18 000	14 000	60 000
维护费	10 000	10 000	30 000	50 000	100 000
材料费	6 000	2 000	6 000	6 000	20 000
一般经费	2 000	1 000	2 000	5 000	10 000
合计	32 000	27 000	56 000	75 000	190 000

表6-1-13　　　　　　　　　　　　　员工总工时表　　　　　　　　　　　　　单位：小时

员工类别	总工时
单证处理人员	700
货物验收人员	700
货物出入库作业人员	1 000
仓储管理人员	700

表6-1-14 甲、乙、丙客户订单及占用资源表

项目（单元）	甲客户	乙客户	丙客户	合计
订单总数（份）	400	240	160	800
占用托盘总数（个）	800	400	300	1 500
货物出入库总工时（小时）	550	280	170	1 000
使用仓库面积（平方米）	15 000	9 000	6 000	30 000

效果评价

"物流成本核算"技能训练评价见表6-1-15。

表6-1-15 "物流成本核算"技能训练评价

考核项目	考核内容	得分	备注
训练任务（集体50%）	学习态度端正（10分）		
	按时上交完成（10分）		
	团队分工协作（10分）		
	积极主动训练（10分）		
	成本核算项目正确（20分）		
	成本核算表正确（15分）		
	作业成本法计算正确（25分）		
	合计		
练习任务（个人50%）	学习态度端正（10分）		
	按时上交完成（10分）		
	独立自主完成（10分）		
	积极主动训练（10分）		
	成本核算项目正确（20分）		
	成本核算表正确（15分）		
	作业成本法计算正确（25分）		
	合计		
总分			
小组名称	小组成员		
自我评价			
教师点评			

技能训练 6.2
物流绩效分析

■ 实训目标
■ 实训要求
■ 实训过程
■ 技能强化
■ 效果评价

■ **实训目标**

知识目标:

(1) 熟悉物流管理绩效指标体系。

(2) 掌握物流绩效分析的方法和工具。

能力目标:

(1) 能够选择和计算相应的绩效指标。

(2) 能够对物流绩效结果进行分析和评价。

素养目标:

(1) 培养学生追求卓越的进取精神。

(2) 培养学生努力拼搏的职业精神。

■ **实训要求**

(1) 事先分组,每4~6名同学分为1组,每组选出1名组长,相互协作,共同完成任务,需要提交小组作业和个人练习作业。

(2) 利用Excel完成任务,需要在机房上课。

(3) 能够体现绩效指标的数据来源和计算过程。

实训过程 //////......

任务发布

2023年7月初，嘉和物流要对运输部门6月份的运营绩效进行考核，丁嘉收集了6月1日至6月30日（6月工作日为25天）运输部门的运营信息，得到以下数据：

技能训练6.2

表单下载

（1）运输部门共有运输车辆100辆，6月份实际工作车日为1 800车日；6月份车辆处于完好状态的车日累计数为2 400车日。

（2）6月份总行驶里程为90万公里，其中载重行程为63万公里。

（3）6月份运营车辆总载货15万吨，运营车辆总载货额定为25万吨（按营运车次累计）。

（4）6月份25个工作日中，运输部门共发生事故90次，当月违章1 080次，当月维修费用36万元；6月份部门所有车辆平均每百公里油耗为26升，车辆标准油耗为25升。

绩效考核包括车辆运行效用考核、车辆正确使用绩效考核和变动绩效考核。

（1）车辆运行效用方面，公司要求车辆完好率保证不低于90%，车辆工作率不低于85%，车辆行程利用率不低于75%，车辆吨位利用率不低于85%。

（2）车辆正确使用绩效方面，车辆事故频率管理目标为每万公里不超过1次，车辆违章频率管理目标为每千公里不超过1次，车辆维修费用率管理目标为每公里不超过0.5元，油耗考核标准有4个等级，见表6-2-1。

表6-2-1   车辆油耗考核标准

类别	A类	B类	C类	D类
标准	A类≤1	1<B类≤1.1	1.1<C类≤1.3	1.3<D类

（3）在变动绩效考核方面，在6月份指标基础上，提出7月份的绩效目标：车辆工作率提高10%，车辆完好率保持6月水平，车辆行程利用率提高5%，车辆吨位利用率提高10%，车辆事故频率降低5%，车辆违章频率降低20%。

请根据上述资料完成以下任务：

（1）请根据任务中所给资料，选取绩效考核指标。

（2）对选取的绩效考核指标进行计算并分析。

（3）采用变动绩效考核的方式确定7月份考核目标。

♻ 背景知识

企业物流绩效是指在一定的经营期间内企业的物流经营效益和经营者的物流业绩，就是企业根据客户要求在组织物流运作过程中的劳动消耗和劳动占用与所创造的物流价值的对比关系。企业进行物流绩效管理的目标，一是分析服务水平和物流成本以向管理者提供评估依据，二是依据物流系统的标准化体系进行实时控制，三是评价物流组织和物流人员的工作绩效。

1.仓储作业绩效考核指标

仓储作业绩效考核指标主要包括资源利用率指标、服务水平指标、仓储能力与质量指标、库存效率指标、仓储作业效益指标等。

（1）资源利用率指标见表6-2-2。

表6-2-2　　　　　　　　　　　资源利用率指标

指标名称	计算公式
仓库面积利用率	$仓库面积利用率 = \dfrac{仓库可利用面积}{仓库建筑面积} \times 100\%$
仓容利用率	$仓容利用率 = \dfrac{库存商品实际数量或容积}{仓库应存商品数量或容积} \times 100\%$
设备完好率	$设备完好率 = \dfrac{期内设备完好台日数}{同期设备总台日数} \times 100\%$
设备利用率	$设备工作日利用率 = \dfrac{期内设备实际工作天数}{期内设备计划工作天数} \times 100\%$ $设备工时利用率 = \dfrac{设备每日实际工作时间}{设备每日计划工作时间} \times 100\%$
设备作业能力利用率	$设备作业能力利用率 = \dfrac{期内设备实际作业能力}{期内设备计划作业能力} \times 100\%$
装卸设备起重量利用率	$装卸设备起重量利用率 = \dfrac{期内设备每次平均起重量}{期内设备额定起重量} \times 100\%$
劳动生产率	$劳动生产率 = \dfrac{期内利润总额}{同期全员平均人数}$

（2）服务水平指标见表6-2-3。

表6-2-3　　　　　　　　　　　服务水平指标

指标名称	计算公式
客户满意程度	$客户满意程度 = \dfrac{满足客户要求数量}{客户要求数量} \times 100\%$
缺货率	$缺货率 = \dfrac{缺货次数}{客户订货次数} \times 100\%$
准时交货率	$准时交货率 = \dfrac{准时交货次数}{总交货次数} \times 100\%$
货损货差赔偿费率	$货损货差赔偿费率 = \dfrac{货损货差赔偿总额}{同期业务收入总额} \times 100\%$

（3）仓储能力与质量指标见表6-2-4。

表6-2-4 **仓储能力与质量指标**

指标名称	计算公式
货物吞吐量	货物吞吐量=期内货物总进库量+期内货物总出库量+期内货物直拨量
账货相符率	账货相符率 $= \dfrac{\text{账货相符笔数}}{\text{库存货物总笔数}} \times 100\%$
进发货准确率	进发货准确率 $= \dfrac{\text{期内货物吞吐量} - \text{期内进发货差错总量}}{\text{期内货物吞吐量}} \times 100\%$
商品缺损率	商品缺损率 $= \dfrac{\text{期内商品缺损量}}{\text{期内库存商品总量}} \times 100\%$
平均存储费用	平均存储费用 $= \dfrac{\text{期内存储费用总额}}{\text{期内平均存储量}}$

（4）库存效率指标。

库存效率指标主要通过库存周转率来反映。库存周转率是用于计算库存货物的周转速度、反映仓储工作水平的重要效率指标。

库存周转率的表示方法：

①基本表示法。一般情况下，货物的周转速度可以通过周转次数和周转天数来反映。其计算公式为：

$$货物周转次数（次/年）= \dfrac{\text{年发货总量}}{\text{年货物平均储存量}}$$

$$货物周转天数（天/次）= \dfrac{360}{\text{货物年周转次数}}$$

②库存数量表示法。其计算公式为：

$$库存周转率 = \dfrac{\text{使用数量}}{\text{库存数量}} \times 100\%$$

③库存金额表示法。其计算公式为：

$$库存周转率 = \dfrac{\text{使用金额}}{\text{库存金额}} \times 100\%$$

（5）仓储作业效益指标见表6-2-5。

2.配送作业绩效考核指标

配送作业绩效考核指标主要包括资源利用率指标、服务水平指标、配送能力与质量指标、配送安全率指标、配送作业效益指标等。

（1）资源利用率指标见表6-2-6。

表6-2-5   仓储作业效益指标

指标名称	计算公式
利润总额	利润总额=仓库营业利润+投资净损益+营业外收入−营业外支出 仓库营业利润=仓库主营业务利润+其他业务利润−管理费用−财务费用
每吨保管商品利润	$每吨保管商品利润 = \dfrac{报告期利润总额}{报告期商品储存总量}$
资金利用率	$资金利用率 = \dfrac{利润总额}{固定资产平均占用额 + 流动资金平均占用额} \times 100\%$
收入利润率	$收入利润率 = \dfrac{利润总额}{仓储营业收入} \times 100\%$
人均实现利润	$人均实现利润 = \dfrac{报告期利润总额}{报告期全员平均人数}$

表6-2-6   资源利用率指标

指标名称	计算公式
车辆装载率	$车辆装载率 = \dfrac{车辆实际装载量}{车辆最大装载量} \times 100\%$
车辆空车率	$车辆空车率 = \dfrac{空车行驶距离}{配送总距离} \times 100\%$

（2）服务水平指标见表6-2-7。

表6-2-7   服务水平指标

指标名称	计算公式
客户满意度	$客户满意度 = \dfrac{物流企业服务次数 - 客户抱怨次数}{物流企业服务次数} \times 100\%$
配送正确率	$配送正确率 = \dfrac{配送正确笔数}{配送总笔数} \times 100\%$
配送准时率	$配送准时率 = \dfrac{实际准时到货次数}{总到货次数} \times 100\%$

（3）配送能力与质量指标见表6-2-8。

表6-2-8   配送能力与质量指标

指标名称	计算公式
平均每人配送量	$平均每人配送量 = \dfrac{出货量统计}{配送人员数}$
拣货差错率	$拣货差错率 = \dfrac{拣取错误笔数}{订单总笔数} \times 100\%$
订单延迟率	$订单延迟率 = \dfrac{延迟交货订单数}{订单数量} \times 100\%$

（4）配送安全率指标主要参考车辆肇事率，其计算公式如下：

$$车辆肇事率 = \frac{车辆肇事次数}{总配送次数} \times 100\%$$

（5）配送作业效益指标见表6-2-9。

表6-2-9   **配送作业效益指标**

指标名称	计算公式
净资产收益率	$净资产收益率 = \dfrac{净利润总额}{平均净资产} \times 100\%$
配送成本费用利润率	$配送成本费用利润率 = \dfrac{本期配送利润总额}{本期配送成本费用} \times 100\%$
单位配送成本	$单位配送成本 = \dfrac{商品配送费用总额}{商品配送总额} \times 100\%$

3.车辆运营绩效考核指标

车辆运营绩效考核指标主要包括车辆运行效用考核指标、车辆正确使用绩效考核指标和变动绩效考核指标等，其中车辆运行效用考核指标和车辆正确使用绩效考核指标为固定绩效考核指标，主要反映当月运行状态，而变动绩效考核指标反映考核的完成情况。

（1）车辆运行效用考核指标见表6-2-10。

表6-2-10   **车辆运行效用考核指标**

指标名称	计算公式
车辆时间利用指标	$车辆工作率 = \dfrac{工作车日}{总工作车日} \times 100\%$ $车辆完好率 = \dfrac{完好车日}{总车日} \times 100\%$ $平均日出车时间 = \dfrac{计算期每日出车时间累计}{同期工作车日总数}$ $出车时间利用率 = \dfrac{运行时间}{出车时间} \times 100\%$ $昼夜时间利用率 = \dfrac{平均每日出车时间(小时)}{24(小时)} \times 100\%$
车辆速度利用指标	$技术速度 = \dfrac{总行程}{同期运行时间}$ $营运速度 = \dfrac{总行程}{同期出车时间}$ $平均车日行程 = \dfrac{计算期总行程}{同期工作车日}$
车辆行程利用指标	$车辆行程利用率 = \dfrac{载重行程}{总行程} \times 100\%$
车辆载重能力利用指标	$车辆吨位利用率 = \dfrac{实际载重量}{额定载重量} \times 100\%$

（2）车辆正确使用绩效考核指标见表6-2-11。

表6-2-11　　　　　　　　　　　　车辆正确使用绩效考核指标

指标名称	计算公式
车辆事故频率	$车辆事故频率 = \dfrac{期内事故次数}{期内行驶里程}$
车辆违章频率	$车辆违章频率 = \dfrac{期内违章次数}{期内行驶里程}$
车辆维修费用率	$车辆维修费用率 = \dfrac{期内维修费用}{期内行驶里程}$
货损货差率	$货损货差率 = \dfrac{货损货差金额}{运输总金额} \times 100\%$
油耗考核	$油耗考核 = \dfrac{车辆每单位里程的实际油耗量}{车辆标准油耗}$

（3）变动绩效考核指标。

变动绩效考核指标主要反映考核的完成情况，如上月车辆行程利用率为60%，下月制定车辆行程利用率为提高20%。此指标更多的是体现改善状况，变动绩效考核可以根据当月考核的数据，再参考考核的标准，通过对比来发现哪些指标没有达标、哪些指标需要控制。具体考核内容，企业可以根据实际经营情况做出具体规定，举例见表6-2-12。

表6-2-12　　　　　　　　　　　　变动绩效考核指标举例

考核指标	考核标准	上月指标	本月指标	变动率	是否达成
车辆工作率					
车辆行程利用率					
车辆吨位利用率					
车辆事故频率					
车辆违章频率					
货损货差率					

任务实施

★步骤1：确定绩效评价指标。

根据收集的业务资料，企业要考核运输部门的运营绩效，可以从车辆运行效用考核和车辆正确使用绩效考核两个方面选取绩效评价指标。在车辆运行效用方面选择车辆工作率、车辆完好率、车辆行程利用率和车辆吨位利用率4个指标；在车辆正确使用绩效方面选择车辆事故频率、车辆违章频率、车辆维修费用率和油耗考核4个指标。

★步骤2：计算绩效评价指标。

确定了绩效考核指标后，参见表6-2-10和表6-2-11所列的公式计算对应的指标值，如下：

（1）车辆工作率 $= \dfrac{工作车日}{总工作车日} \times 100\% = \dfrac{1\,800}{2\,400} \times 100\% = 75\%$

（2）车辆完好率 $= \dfrac{完好车日}{总车日} \times 100\% = \dfrac{2\,400}{25 \times 100} \times 100\% = 96\%$

（3）车辆行程利用率 $= \dfrac{载重行程}{总行程} \times 100\% = \dfrac{630\,000}{900\,000} \times 100\% = 70\%$

（4）车辆吨位利用率 $= \dfrac{实际载重量}{额定载重量} \times 100\% = \dfrac{150\,000}{250\,000} \times 100\% = 60\%$

（5）车辆事故频率 $= \dfrac{期内事故次数}{期内行驶里程} = \dfrac{90}{90} = 1次/万公里$

（6）车辆违章频率 $= \dfrac{期内违章次数}{期内行驶里程} = \dfrac{1\,080}{900\,000 \div 1\,000} = 1.2次/千公里$

（7）车辆维修费用率 $= \dfrac{期内维修费用}{期内行驶里程} = \dfrac{360\,000}{900\,000} = 0.4元/公里$

（8）油耗考核 $= \dfrac{车辆每单位里程的实际油耗量}{车辆标准油耗} = \dfrac{26}{25} = 1.04$

★步骤3：分析绩效评价指标。

根据任务中给出的企业绩效管理目标，可知，6月份车辆完好率、车辆事故频率、车辆维修费用率3项指标达到标准要求，车辆油耗考核为B类，尚可，但是车辆工作率、车辆行程利用率、车辆吨位利用率、车辆违章频率4项指标表现不佳，说明企业在运输调度安排、车辆和司机运行管理方面应采取措施，改善目前经营和管理现状。

★步骤4：制定7月绩效考核目标。

在计算出的6月份考核指标值的基础上，采用变动绩效考核的方式确定7月份考核目标，见表6-2-13。

表6-2-13　　　　　　　　　　　　　　　　**7月考核目标**

考核指标	考核标准	6月指标	7月目标	变动率	是否达成
车辆工作率	75%	+10%	82.5%		
车辆完好率	96%	0%	96%		
车辆行程利用率	70%	+5%	73.5%		
车辆吨位利用率	60%	+10%	66%		
车辆事故频率	1次/万公里	−5%	0.95次/万公里		
车辆违章频率	1.2次/千公里	−20%	0.96次/千公里		

【课堂讨论】

如何建立绩效考核体系?

技能强化 /////////∘∘∘∘∘∘∘∘∘∘

任务发布

2023年7月初,嘉和物流要对配送部门6月份的运营绩效进行考核,龚禾收集了6月1日至6月30日(6月工作日为25天)配送部门的运营信息,得到以下数据:

6月份数据统计显示:

配送部门拥有配送车辆100台,所有车辆配送总距离为40万公里,其中空驶距离为10万公里;每辆车平均最大装载能力为6吨;每辆车平均实际装载量为4.8吨;在所有总配送作业出车2 500次中,共发生5次交通事故。

6月份完成配送订单数为6万单,客户投诉(不满意)的订单数为1 000单,出现错误的订单数为800单,延迟的订单数为300单,拣货出错的订单数为500单。6月份实现商品配送利润总额15万元,商品配送成本为80万元。

请根据上述资料完成以下任务:

(1)请根据任务中所给资料,选取绩效考核指标。

(2)对选取的绩效考核指标进行计算和分析。

效果评价 /////////∘∘∘∘∘∘∘∘∘∘

"物流绩效分析"技能训练评价见表6-2-14。

表6-2-14　　　　　　　　"物流绩效分析"技能训练评价

考核项目	考核内容	得分	备注
训练任务 (集体50%)	学习态度端正(10分)		
	按时上交完成(10分)		
	团队分工协作(10分)		
	积极主动训练(10分)		
	指标选取正确(10分)		
	指标计算正确(30分)		
	指标分析正确(20分)		
	合计		

续表

考核项目	考核内容	得分	备注
练习任务（个人50%）	学习态度端正（10分）		
	按时上交完成（10分）		
	独立自主完成（10分）		
	积极主动训练（10分）		
	指标选取正确（10分）		
	指标计算正确（30分）		
	指标分析正确（20分）		
	合计		
总分			
小组名称		小组成员	
自我评价			
教师点评			

主要参考文献

［1］崔大巍. 物流采购管理［M］. 北京：中国人民大学出版社，2011.

［2］薛威. 智慧物流实训［M］. 北京：高等教育出版社，2021.

［3］李祖武，范生万，赖礼芳. 物流管理专业岗位技能训练教程［M］. 长春：吉林大学出版社，2009.

［4］陈丰照，梁子婧. 物流实验实训教程［M］. 2版. 北京：清华大学出版社，2021.

［5］李如姣. 物流综合实训［M］. 北京：化学工业出版社，2015.

［6］北京中物联物流采购培训中心. 物流管理职业技能等级认证教材（中级）［M］. 2版. 南京：江苏凤凰教育出版社，2021.

［7］北京中物联物流采购培训中心. 物流与供应链职业基础［M］. 南京：江苏凤凰教育出版社，2021.

［8］李超锋，缪兴锋，等. 物流系统规划与设计［M］. 武汉：华中科技大学出版社，2012.

［9］陈英华. 现代物流实训手册［M］. 武汉：武汉大学出版社，2013.

［10］李浩，刘桂云. 物流系统规划与设计［M］. 3版. 杭州：浙江大学出版社，2021.

［11］王术峰. 物流系统规划与设计：理论与方法［M］. 2版. 北京：机械工业出版社，2022.

［12］张威，田峰. 物流成本管理（活页版）［M］. 苏州：苏州大学出版社，2022.

［13］梁金萍，齐云英. 运输管理［M］. 3版. 北京：机械工业出版社，2021.

［14］郑时勇. 仓储管理：从入门到精通［M］. 北京：化学工业出版社，2020.

［15］鲁楠，刘明鑫. 采购管理与库存控制［M］. 4版. 大连：大连理工大学出版社，2018.